高等学校教材

企业应用文写作

李勤 刘波 吴昊 李福宝 主编

化学工业出版社

·北京·

内容简介

《企业应用文写作》专门介绍企业经营、生产管理、科技研发等活动中涉及的应用文写作，讲述各类应用文的特点、结构及写作方法和规范，主要包括管理、会议、生产类应用文，科技计划项目类应用文、专利类公文、技术合同类应用文、科技基金项目和科技奖励申报类应用文、招投标应用文、科技论文，以及企业标准和技术交流材料等多种常用文体，从适用范围、写作格式、注意事项等方面做了系统阐述，并提供了大量实际范例供读者参考、借鉴。

《企业应用文写作》可供高等学校理、工、农、医等领域各专业学生使用，也可供有应用文写作需求的企业工作人员参考。

图书在版编目（CIP）数据

企业应用文写作/李勤等主编．—北京：化学工业出版社，2023.10
　ISBN 978-7-122-43656-6

Ⅰ.①企⋯　Ⅱ.①李⋯　Ⅲ.①企业—应用文—写作　Ⅳ.①H152.3

中国国家版本馆 CIP 数据核字（2023）第 105255 号

责任编辑：丁建华　马泽林
责任校对：边　涛　　　　　装帧设计：关　飞

出版发行：化学工业出版社
　　　　　（北京市东城区青年湖南街 13 号 邮政编码 100011）
印　　刷：北京云浩印刷有限责任公司
装　　订：三河市振勇印装有限公司
710mm×1000mm　1/16　印张 17　字数 342 千字
2023 年 10 月北京第 1 版第 1 次印刷

购书咨询：010-64518888　　售后服务：010-64518899
网　　址：http://www.cip.com.cn

凡购买本书，如有缺损质量问题，本社销售中心负责调换。

定　　价：46.00元　　　　　版权所有　违者必究

前言

随着社会发展和人才结构需求的改变,应用型本科教育要面向人才需求最前端,紧贴企业实际,培养适合企业需求的人才。因此,我们开展了多种形式的调研工作,确定了指向性培养模式,即培养的学生分配到什么企业、在什么岗位、在这个岗位上干什么工作,这个工作岗位需要什么样的知识体系支撑,以此为核心建立培养体系。在企业专家的建议下,我们充分梳理了编写思路,以实际案例为模板,完成了本书的编写工作。

本书的编写坚持守正创新、立德树人的宗旨,力求做到实用性、可读性强。全书共11章,内容主体结构大致分为四部分:①概述(包括基本概念、特点、分类、作用等);②总体架构;③细节注释;④例文。先介绍基本概念,厘清思路,给出文章总体架构,再通过细节注释,阐述各个部分的写作方法和要求,最后利用例文,使读者掌握文章的完整性,达到通过阅读本书能较易上手而写出相应文章的目的。

本书由沈阳工业大学李勤教学团队联合兄弟院校及合作企业的专家根据多年教学、科研及企业管理经验编写,李勤教授、刘波副教授、吴昊副教授、李福宝教授担任主编。其中第1章由王辉、张秀丽、刘达京、徐飞、孙方圆(中石油辽阳石化分公司)编写;第2章由张秀丽、王辉、刘达京、李赫编写;第3章由刘达京、孙方圆、张秀丽、王辉、孙博、侯硕编写;第4章由吴昊、李勤、江远鹏、何恩球编写;第5章由谢宝玲、刘波、李福宝、沈耀鹏编写;第6章由朱小平、李勤、刘波编写;第7章由朱小平、李勤、吴昊、谢宝玲、郭玉华(湖州师范学院工学院)编写;第8章由沈耀鹏、李福宝、王张勇(上海纽京工业设备有限公司,董事长)编写;第9章由李勤、朱小平和刘雄飞(银川科技学院信息工程学院,院长、教授)编写;第10章由刘波、吴昊、李福宝编写;第11章由李福宝、赵岩(中海油惠州石化有限公司,总经理、教授级高级工程师)、王张勇编写,全书由李勤教授、李福宝教授统稿。

在调研和编写过程中,得到了企业、高校、科研院所等同行的关怀和指导,同时沈阳工业大学博士、硕士研究生霍英妲、肖丰锟、郁文威、胡泽浩、王莹、周强、马志锐、狄军涛、高亚男、杨焱焱、高敬凯、吴恒、王悦、郑康宁、陈叶等也做出了贡献,在此一并表示衷心感谢。

由于企业应用文所涉及的内容范围广泛,限于篇幅不能一一涉猎,本书只针对常见的企业公文进行编写,并且由于水平有限,书中不足之处,敬请读者批评指正。

微信扫码获取
免费配套资源

编者
2023年4月

目录

第1章 管理类应用文 / 1

- 1.1 工作简报 ……………………………… 1
  - 1.1.1 概述 ……………………………… 1
  - 1.1.2 总体架构 ………………………… 1
  - 1.1.3 细节注释 ………………………… 1
  - 1.1.4 例文 ……………………………… 4
- 1.2 通知 …………………………………… 4
  - 1.2.1 概述 ……………………………… 4
  - 1.2.2 总体架构 ………………………… 4
  - 1.2.3 细节注释 ………………………… 4
  - 1.2.4 例文 ……………………………… 5
- 1.3 规定 …………………………………… 6
  - 1.3.1 概述 ……………………………… 6
  - 1.3.2 总体架构 ………………………… 6
  - 1.3.3 细节注释 ………………………… 7
  - 1.3.4 例文 ……………………………… 7
- 1.4 办法 …………………………………… 7
  - 1.4.1 概述 ……………………………… 7
  - 1.4.2 总体架构 ………………………… 7
  - 1.4.3 细节注释 ………………………… 8
  - 1.4.4 例文 ……………………………… 8
- 1.5 总结 …………………………………… 9
  - 1.5.1 概述 ……………………………… 9
  - 1.5.2 总体架构 ………………………… 9
  - 1.5.3 细节注释 ………………………… 9
  - 1.5.4 例文 ……………………………… 11
- 1.6 方案 …………………………………… 11
  - 1.6.1 概述 ……………………………… 11
  - 1.6.2 总体架构 ………………………… 12
  - 1.6.3 细节注释 ………………………… 12
  - 1.6.4 例文 ……………………………… 13
- 1.7 安排 …………………………………… 13
  - 1.7.1 概述 ……………………………… 13
  - 1.7.2 总体架构 ………………………… 13
  - 1.7.3 细节注释 ………………………… 14
  - 1.7.4 例文 ……………………………… 14

第2章 会议类应用文 / 15

- 2.1 会议纪要 ……………………………… 15
  - 2.1.1 概述 ……………………………… 15
  - 2.1.2 总体架构 ………………………… 16
  - 2.1.3 细节注释 ………………………… 16

2.1.4 例文 …… 18	2.2.2 总体架构 …… 19
2.2 会议记录 …… 18	2.2.3 细节注释 …… 19
2.2.1 概述 …… 18	2.2.4 例文 …… 21

第3章　生产类应用文 / 22

3.1 请示书 …… 22	3.4 通知函 …… 26
3.1.1 概述 …… 22	3.4.1 概述 …… 26
3.1.2 总体架构 …… 22	3.4.2 总体架构 …… 26
3.1.3 细节注释 …… 23	3.4.3 细节注释 …… 26
3.1.4 例文 …… 23	3.4.4 例文 …… 27
3.2 征求意见书 …… 23	3.5 工作总结 …… 27
3.2.1 概述 …… 23	3.5.1 概述 …… 27
3.2.2 总体架构 …… 23	3.5.2 总体架构 …… 27
3.2.3 细节注释 …… 24	3.5.3 例文 …… 27
3.2.4 例文 …… 24	3.6 生产安全事故调查报告 …… 28
3.3 意见函 …… 25	3.6.1 概述 …… 28
3.3.1 概述 …… 25	3.6.2 总体架构 …… 28
3.3.2 总体架构 …… 25	3.6.3 细节注释 …… 28
3.3.3 例文 …… 25	

第4章　科技计划项目类应用文 / 30

4.1 概述 …… 30	4.3 科技计划项目相关材料撰写 …… 35
4.1.1 科技计划项目的基本概念 …… 30	4.3.1 立项申报书（项目建议书） …… 35
4.1.2 科技项目的分类 …… 30	4.3.2 可行性研究报告 …… 40
4.1.3 科技计划项目的特点 …… 32	4.3.3 经费预算说明书 …… 44
4.2 科技计划项目管理流程 …… 32	

第 5 章　专利类公文 / 49

5.1　概述 ………………………… 49
   5.1.1　专利的基本概念 ………… 49
   5.1.2　专利的分类及申请途径 … 49
5.2　专利申请、受理和审批流程 … 50
5.3　专利文件的撰写 ……………… 52
   5.3.1　发明、实用新型专利权利
         要求书 ………………… 53
   5.3.2　发明、实用新型专利说明书 … 53
   5.3.3　发明、实用新型专利说明书
         附图 …………………… 55
   5.3.4　发明、实用新型专利说明书
         摘要 …………………… 56
   5.3.5　发明、实用新型专利说明书
         摘要附图 ……………… 56
   5.3.6　外观设计简要说明 ……… 56
   5.3.7　外观设计图片或照片 …… 58
5.4　专利文件的申请样例 ………… 60
   5.4.1　实用新型专利申请样例 … 60
   5.4.2　专利授权文件样例 ……… 60

第 6 章　技术合同类应用文 / 61

6.1　概述 ………………………… 61
   6.1.1　技术合同的基本概念 …… 61
   6.1.2　技术合同的功能 ………… 62
   6.1.3　技术合同的特点 ………… 62
   6.1.4　技术合同的分类 ………… 62
6.2　技术合同签订流程 …………… 63
6.3　技术合同撰写 ………………… 65
   6.3.1　技术合同的构成 ………… 65
   6.3.2　技术开发合同 …………… 67
   6.3.3　技术转让合同和技术许可
         合同 …………………… 82
   6.3.4　技术咨询合同与技术服务
         合同 …………………… 88

第 7 章　科技基金项目和科技奖励申报类应用文 / 90

7.1　科技基金项目申报 …………… 90
   7.1.1　概述 ……………………… 90
   7.1.2　项目申请—评审程序 …… 90
   7.1.3　科技基金项目申请书总体架构及
         写作要点 ……………… 93
   7.1.4　材料整理注意事项 …… 107

7.2 科学技术奖励提名 ………… 108
7.2.1 概述 ………… 108
7.2.2 奖励提名—评审程序 ………… 110
7.2.3 提名书总体架构及写作要点 ………… 112
7.2.4 材料整理注意事项 ………… 128

第8章　招投标应用文 / 129

8.1 概述 ………… 129
8.1.1 招标的分类及招标方式 ………… 129
8.1.2 投标的分类及投标方式 ………… 130
8.2 招标流程及招标文件 ………… 131
8.2.1 企业招标流程 ………… 131
8.2.2 招标文件 ………… 132
8.2.3 例文 ………… 138
8.3 投标流程及投标文件 ………… 138
8.3.1 企业投标流程 ………… 138
8.3.2 投标文件 ………… 138

第9章　科技论文 / 146

9.1 概述 ………… 146
9.1.1 科技论文的概念和特点 ………… 146
9.1.2 科技论文的分类 ………… 147
9.1.3 科技论文写作规范 ………… 147
9.1.4 科技论文发表过程 ………… 147
9.2 中文科技论文 ………… 153
9.2.1 概述 ………… 153
9.2.2 中文科技论文写作方法 ………… 154
9.3 英文科技论文 ………… 172
9.3.1 概述 ………… 172
9.3.2 英文科技论文写作方法 ………… 175
9.3.3 英文科技论文写作示例解析 ………… 187

第10章　企业标准 / 192

10.1 概述 ………… 192
10.1.1 标准的定义和对象 ………… 192
10.1.2 标准的分级和分类 ………… 192
10.1.3 标准的形式和企业标准化的工作内容 ………… 195
10.1.4 标准的内容和层次 ………… 196
10.2 企业产品标准的编写 ………… 203
10.2.1 企业产品标准的编写标准 ………… 203
10.2.2 企业产品标准文件中的要素 ………… 205
10.2.3 企业标准编写的一般规则和要素 ………… 232

第11章 技术交流材料

11.1 什么是技术交流 …… 257
11.2 技术交流材料的主要内容 … 258
    11.2.1 封面 …… 258
    11.2.2 目录 …… 258
    11.2.3 公司简介 …… 258
    11.2.4 主要产品及核心技术 …… 260
    11.2.5 应用案例 …… 261
11.3 技术交流人员应遵守的原则 …… 261
11.4 技术交流材料PPT的注意事项 …… 262
11.5 参考资料的收集 …… 263

参考文献 …… 264

第1章 管理类应用文

1.1 工作简报

1.1.1 概述

1.1.1.1 工作简报的概念

工作简报,从字义上说,就是情况的简要报道。它是党政机关、企事业单位、社会团体为及时反映情况、汇报工作、交流经验、揭示问题而编发的一种简短、灵便的内部事务文书,也称"情况反映""情况交流""简讯""动态""内部参考"等。

1.1.1.2 工作简报的作用

① 便于上级单位掌握情况、指导工作。按照实际情况来决定工作方针,这是一切领导者所应有的工作方法。上级单位通过简报掌握了下级单位各种情况和问题,以便做到"情况明、决心大、方法对"。可以通过简报通报情况、传达有关要求、介绍典型经验,起到上通下联、推动工作的作用。

② 向上汇报工作,争取指导帮助。下级单位编写简报的目的之一是向上级机关汇报工作、反映情况、提供信息,使上级机关了解该下级单位的工作情况、存在的问题、积累的经验、涌现的典型,以便上级单位根据实际情况采取措施,有问题的给予帮助解决,有典型经验的给予表彰推广。

③ 促进单位之间的交流。简报除上送下达外,还可送发兄弟单位和相关单位。通过简报,单位之间可以交换情况、互通信息、交流经验、取长补短。

1.1.2 总体架构

工作简报基本格式如图 1-1 所示。

1.1.3 细节注释

(1) 报头

报头又称版头。一般占首页 1/3 的上方版面,用间隔红线与报体部分隔开。报

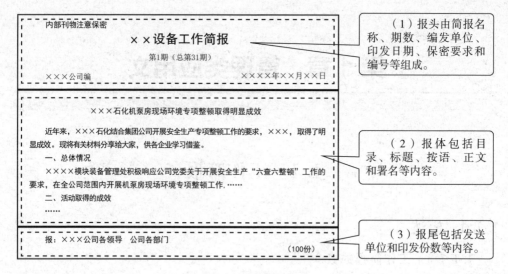

图 1-1 工作简报基本格式

头的内容包括以下几方面。

① 简报名称　位于报头中央，一般用红色大号字体，要求醒目大方，如"工作简报""情况反映""交通简讯"等。

② 期数　排在简报名称的正下方，由年度期数和总期数组成，如"第1期（总第31期）"。也有不标明总期数的。

③ 编发单位　在期数左下方，一般要写全称，如"×××公司编"。

④ 印发日期　在期数右下方标出年、月、日。

⑤ 保密要求　在简报名称左侧上方位置，分别标明"秘密""机密""绝密""内部刊物注意保密"。公开的简报无此项。

⑥ 编号　位于简报名称右侧上方位置。保密简报印多少就有多少号，一份一号，以便保存、查找。一般性简报不必编号。

（2）报体

① 目录　一期简报有多篇报文时，为了使整期简报的内容一目了然和方便阅读，应在报头与报体分界线之下，报体标题之上标明目录或要目，包括每篇简报的标题和页码。当某篇简报的标题不止一行时，在目录中可只标正题（主题）。

② 标题　位于间隔线下方中央。简报的标题与新闻的标题有些类似，可分为单标题和双标题两种基本类型。

a. 单标题。单标题是将报道的核心事实或其主要意义概括为一句话作为标题，如《×××石化机泵房现场环境专项整顿取得明显成效》。

b. 双标题。前一个标题是正题，概括简报的内容或特点，后一个标题是副题，对正题加以补充说明，如《再展宏图，创全国一流市场——××农贸市场荣获市信誉市场称号》。

③ 按语　又称"编者按"或"编者的话"，是简报编者根据文章内容，为说明有关情况、提示本期简报内容、强调有关要求或领导指示意见而加写的一段文字。按语一般有三种写法。

　　a. 说明性按语。介绍稿件的来源、编发原因和发送范围。

　　b. 提示性按语。提示稿件内容，帮助读者领悟稿件的精神。一般用于内容重要、篇幅较长的文稿。

　　c. 批示性按语。批示性按语也叫要求性按语，主要用于具有典型意义或指导作用的稿件。一般要声明意义、表明态度，并对下级提出要求或提供办法。不一定每篇简报都配按语，是否需要按语，根据稿件的情况而定。按语写作要求文字简练、用语准确、观点鲜明、针对性强。

④ 正文　一般包括导语、主体和结尾三个部分。

　　a. 导语。导语是简报的开头语，要用简短的文字准确地概括报道的内容，说明报道的宗旨，引导读者阅读全文。常用的导语有以下几种形式：用概括叙述的方法介绍简报的主要内容，叫作叙述式；把简报里的主要事实或某个有意义的侧面加以形象描写，以引起读者的阅读兴趣，叫作描写式；把简报反映的主要问题用设问的形式提出来，以引起读者的思考，叫作提问式；先将结论用一两句话在开头点出来，然后在主体部分再作必要的解释和说明，叫作结论式。这几种导语形式，各有所长，写作时可根据稿件特点选择运用。

　　b. 主体。主体是简报的主要部分，写好主体是编好简报的关键。主体的内容或是反映具体的情况，或是介绍具体的做法，或是叙述取得的成绩和经验，或是指出存在的问题，或是几项兼而有之，要视具体情况而定，没有固定的框框。这部分要精选材料和数据，紧扣主题、承接导语、突出中心；要层次分明、条理清楚。主体的层次安排有"纵式"和"横式"两种形式。纵式结构是按事件发生、发展的时间顺序来安排材料，这种写法适合于写某一件事。横式结构则是按逻辑顺序安排材料，即按材料之间的因果、主从等内在联系，列出几个问题，分别来写，这种写法适合于写某一经验或某一先进人物事迹。如果内容比较复杂，一般采用小标题形式，或将问题分成若干条，按顺序号码分列层次。

　　c. 结尾。简报要不要结尾，因内容而定。事情比较单一、篇幅比较短小的，可以不写结尾，主体部分话说完就结束，干净利落。事情比较复杂、内容较多的，可以写结尾，或点明主题，或小结全文，或展示前景，或指明事件发展趋向，或提出希望、发出号召。有些带有连续性的简报，为了引起人们注意事态的发展，可用一句交代性的话语作为结束语，如"对事情的发展我们将继续报告""处理结果我们将在下期报告"等。

⑤ 署名　即提供简报材料的单位或个人姓名，写在正文后右下角并用圆括号括上。如果作者是编发单位，则可不署名。

（3）报尾

报尾在正文之下，由一条粗横线与报体分开。报尾内容包括发送单位和印发份数等两项内容。发送单位一般要分别标明"报：××（对上级单位）""送：××（对同级单位或不相隶属的单位）""发：××（对下级单位）"，也可以不加区别，一律写为"发送"。简报的发送单位通常是固定的，如果临时增加发送单位，要注明"本期增发××份"，置于发送单位的右下端。会议简报如果只限于发给与会者，可省去报尾部分，不写发送单位和印发份数。印发份数，位于发送单位右下方，标明本期简报共印份数。

1.1.4 例文

扫描二维码获取

1.2 通知

1.2.1 概述

1.2.1.1 通知的概念

从字面上看，通知就是通达而知晓的意思，在我国的公文中，是一种应用非常广泛且频繁的文种，属于知照性公文。各党政机关、企事业单位、民间团体等均可使用"通知"这一公文文种。通知一般由上级单位进行拟制，通过下发该文书，要求下级单位按照要求办理相关事项、开展相关工作，要求相关单位传达周知某项事项等，或者转发上级单位、同级单位和不同隶属单位的相关公文等。

1.2.1.2 通知的作用

通知适用于发布、传达要求下级机关执行和有关单位周知或者执行的事项，批转、转发公文。通知在周知某项事项、向下级机关和单位发布规章制度、要求下级机关办理相关工作、下达有关指示要求、布置相关工作、传达领导意见、决定具体问题等方面有着非常重要而积极的作用。

1.2.2 总体架构

通知基本格式如图1-2所示。

1.2.3 细节注释

※正文

① 通知缘由：不同的通知，其缘由的侧重点有所不同。比如：指示类通知的

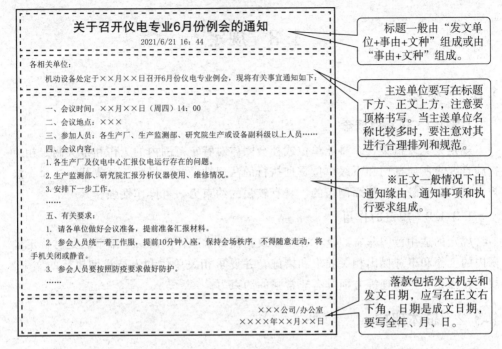

图 1-2 通知基本格式

缘由部分，应该表明当前存在的问题是什么、下发通知的根据是什么、目的是什么、意义是什么等；批转、转发文件的通知，一般情况下要说明转发原因、转发对象和转发决定；发布规章、制度类的通知一般可不说明缘由。

② 通知事项：要写明上级单位的指示要求、方法措施、规划步骤等内容。

③ 执行要求：要明确时间、效果等内容。

不同类型的通知，其正文写法有细微的区别。比如：知照性的通知一般都比较简短，说明发布通知的目的、意义，说明通知的内容，引起受众注意，提出执行要求即可；转发类的通知要写明转发的原因、转发的对象和转发的目的，并提出执行要求。

1.2.4 例文

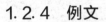

扫描二维码获取

1.3 规定

1.3.1 概述

1.3.1.1 规定的概念

规定是党政机关、企事业单位或社会团体对特定范围内的工作和事务制定相应措施且要求所属部门和下级单位贯彻执行的法规性公文,局限于落实某一法律、法规,是为加强管理工作而制定的,具有较强的约束力,可操作性强。

1.3.1.2 规定的作用

规定的适用范围非常广泛,几乎涉及我们日常工作的每一个细节,是对特定范围内的工作和事务提出相关要求和措施,并要求相关单位和人员贯彻执行的文书。规定在强化工作管理等方面具有非常强的约束力。

1.3.2 总体架构

规定基本格式如图 1-3 所示。

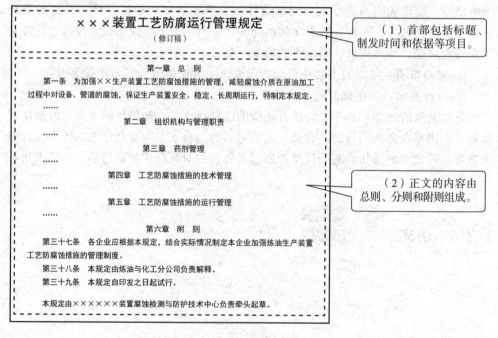

图 1-3 规定基本格式

1.3.3 细节注释

（1）首部

① 标题　规定的标题一般有两种构成形式：一种由"发文单位＋事由＋文种"构成；另一种由"事由＋文种"构成。

② 制发时间和依据　用括号在标题之下注明规定的制发时间和依据。有的规定是随"命令"等文种同时发布的。

（2）正文

总则交代制定规定的缘由、依据、指导思想、适用原则和范围等；分则即规范项目，包括规定的实质性内容和要求具体的执行依据；附则说明有关执行要求等。

规定的正文表述形式一般为条款式或章条式。

1.3.4 例文

扫描二维码获取

1.4 办法

1.4.1 概述

1.4.1.1 办法的概念

办法是党政机关、企事业单位、社会团体等为了对某项工作作出具体的安排或作出具体的管理措施，而依据党和国家的方针、政策及有关法律法规制定的一种规范性文件。

1.4.1.2 办法的作用

办法在我国党政机关、企事业单位、社会团体的日常工作中有非常广泛的应用，这种文体在规范工作秩序、采取相关的管理措施、提高工作效率等方面具有非常积极的作用。比如，国务院曾经颁布过的《国家行政机关公文处理办法》[现已废止，由《党政机关公文处理工作条例》（中办发〔2012〕14号）替代]中，就对公文种类、公文格式、行文规则、公文拟制、公文管理等方面的内容进行了规范，对统一公文格式、理顺公文关系、提高工作效率等起到了很好的积极作用。

1.4.2 总体架构

办法基本格式如图1-4所示。

```
×××公司停用装置设备防腐管理办法
         ×××发〔××××〕××号
         ××××年××月××日印发

              第一章  总  则
    第一条  为加强×××公司(以下简称"公司")停用装置设备的维护保养和防
腐管理,结合公司实际情况,制定本办法。
    第二条  本办法适用于公司所属单位临时、长期停用的装置设备、单体设备的处
理、维护保养和防腐管理。
    ······
              第二章  停用装置设备的处理
    ······
              第三章  单体设备的防护管理
    ······
              第四章  长期停用装置设备的防护管理
    ······
              第五章  临时停用装置设备的防护管理
    ······
              第六章  附  则
    第三十五条  本办法由机动设备处负责解释。
    第三十六条  本办法自印发之日起施行。原《×××公司停用装置设备防腐管理
办法》(×××发〔××××〕××号)同时废止。
```

> 标题涵盖发文单位、事由和文种等内容,在书写上是由"发文机关+事由+文种"构成或由"发文机关+事由+实施办法或者暂行办法"构成。

> ※正文包括事由、内容和结尾三部分。

图 1-4 办法基本格式

1.4.3 细节注释

※正文

① 事由：即制发办法的缘由，主要是写清楚制定办法的依据、目的等，这种依据往往是上级单位的规章、制度等。

② 内容：即办法的具体内容，这部分是办法的重点。在这部分中，一定要把办法的各条内容写具体，将具体措施弄清楚，要切实可行、具体明确，以便受众遵照执行。

③ 结尾：一般情况下，结尾主要是对办法的适用范围、解释权限、实施日期、相关要求等进行说明。

有些办法的内容比较复杂，在这种情况下，可以按照章程的做法，把办法的内容进行分条、分块叙述，如分为总则、分则、附则等部分。

1.4.4 例文

扫描二维码获取

1.5 总结

1.5.1 概述

1.5.1.1 总结的概念

总结是国家机关、企事业单位、社会团体或个人对某个阶段或某个方面的工作进行回顾、检查、分析、研究，从中找出经验教训，获得规律性的认识，以便指导今后工作的一种应用文体。

1.5.1.2 总结的作用

① 指导作用　总结的目的是指导实践。总结所概括出的规律性的东西，对于今后的工作有明显的长远性的指导作用，用以发扬成绩、克服缺点、改进工作、推动发展，进一步搞好工作。它的指导性较之计划，理论色彩浓烈一些，时间要长远一些，指导意义更为普遍。

② 提高认识的作用　从微观角度看，总结可以帮助领导和员工提高认识水平，能认识、发现并掌握本单位工作的本质特点和基本规律，从错误和挫折中吸取教训，总结经验并深化认识，从而搞好本单位工作。从宏观角度看，人们可以通过总结提高认识能力，认识并掌握客观事物的规律，从而更好地、能动地认识和改造客观世界。

③ 积累资料的作用　总结能够为学术研究积累原始资料，也可以作为单位制作计划等公文时的参考资料。因此，机关单位的总结一般均要存档备查。

1.5.2 总体架构

总结基本格式如图1-5所示。

1.5.3 细节注释

（1）标题

一般有以下三种方式。

① 公文式标题　其包括以下几种形式。

四项式：由"单位名称＋时限＋内容范围＋文种"构成，如《×××公司2021年工作总结》。

三项式：如《2021年会计工作总结》（省略单位名称），《××市教育局职教工作总结》（省略时限）。

二项式：如《关于新入职员工军训情况的总结》（省略单位名称和时限）。

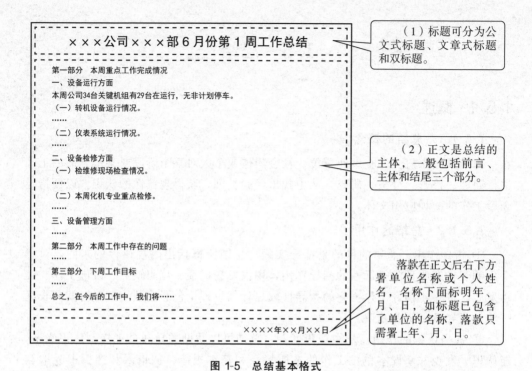

图 1-5　总结基本格式

② 文章式标题　是对总结内容的高度概括。这类标题大多用于专题经验总结，如《实行民主监督，加强廉政建设》。

③ 双标题　由正副题组成，正题用结论性的语言概括总结的内容，副题则标出总结的制作单位、使用时限、内容范围和文种，如《把德才兼备的年轻人推上管理岗位——××公司 2021 年人事工作总结》。

（2）正文

① 前言　也就是"基本情况"，即情况概述，概括说明有关任务和工作完成的基本情况，包括时间、地点、背景、工作全过程的回顾。同时，扼要说明指导思想、成绩、成果，可引用具体数据说明，给人以总体印象和概貌的了解。

② 主体　这是总结的中心或重点，可从以下三个方面进行写作。

a. 成绩和缺点。总结的目的就是要肯定成绩，找出缺点。成绩有多大，表现在哪些方面，是怎样取得的；缺点有多少，表现在哪些方面，是什么性质的，怎样产生的，这些都是总结中不可缺少的内容。

b. 经验和教训。取得成绩一定有经验，存在缺点一定有教训。为了巩固成绩，克服缺点，在总结时，须对以往学习或工作的经验和教训进行分析、研究、概括、集中，并把它提升到理论的高度来认识，作为今后学习或工作的借鉴。

c. 存在的问题。在总结成绩、经验的基础上，还要实事求是地找出存在的问题，总结出教训，并以此为戒，使以后的工作方向明确，跃上新的台阶。

③ 结尾　也就是今后努力的方向。总结要结合前段工作的经验，针对所存在的问题，提出今后努力的方向。总结过去，是为了指导未来。努力方向应当以现实、现状为起点，方向要明确、具体，有指导性，切忌空洞无物的大话、套话。

1.5.4 例文
扫描二维码获取

1.6 方案

1.6.1 概述

1.6.1.1 方案的概念
方案是计划中内容最为复杂的一种。由于一些具有某种职能的具体工作比较复杂，不作全面部署不足以说明问题，因而公文内容构成势必要烦琐一些，一般有指导思想、主要目标、工作重点、实施步骤、政策措施、具体要求等项目。

1.6.1.2 方案的作用
（1）督促作用

人是有惰性的。如果没有一个量化的指标，靠人的自觉性来完成一项工作，很容易出现一些想象不到的偏差。因此，要制订好一个方案，按照方案的步骤、要求来完成一项工作。该方案起到一种督促的作用，预防和纠正执行过程中出现的偏差。

（2）提示作用

人脑不是电脑，很多时候人们忙起来会忘记一些东西。如果简单策划一下就开始执行，没有制订出具体的方案，很容易无意识或有意识地遗忘或忽略一些环节。然而，如果一开始就制订出具体的方案，就可以提示到了某阶段要做哪些工作。

（3）厘清思路的作用

制订方案的过程是个思考的过程，制订好方案以后，基本上对某项工作已经心里有谱了。在制订方案的过程中，已经将工作思路厘清了，做起来就自然"水到渠成"。即使出现一些意外，除有备案方法以外，其最后结果一般也不会有太大的差异。

（4）总结与回顾的作用

在制订方案时，可以回顾以前做的方案中存在的不足，吸取教训，总结出经验，这样才会不断地进步，每一次制订的方案都会比前一次的好。在日后的工作中，可以预防再次出现同类问题，从而做起事来得心应手。

1.6.2　总体架构

方案基本格式如图1-6所示。

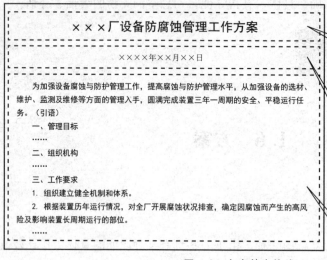

图 1-6　方案基本格式

1.6.3　细节注释

※正文

① 导言　要简明扼要地交代方案或预案制订的目的、意义和依据，一般是以"为了……根据……特制订本方案"的惯常形式来表述的。这是方案生成的基础，一定要有，否则方案就失去了其制订意义和依据，就是盲目随意的。例如，在某方案中，导言强调制订本方案是为了"维护职工的合法权益，依法开展工会工作"，简要地交代了方案要达到的总目标。

② 方案的基本内容　这部分主要包括以下三个方面。

基本情况的交代：诸如重大活动的时间、地点、内容、方式、主题以及主办、协办单位等。其中，时间、地点、方式等应具体明确；内容要概括、精简；"主题"不等于标题，也不等于主要内容或活动本身，而是活动的目的、意义、价值的集中概括表述。例如，《关于加强培训工会法律专业人才的实施方案》的主题不是事件本身，而是维护职工的合法权益，依法开展工会工作。如果是重要工作的方案，基本情况的交代也可以是工作的时限、范围、对象、内容和重点。总之，这部分内容一定要有，但又必须从实际需要出发而或多或少、或轻或重、或详或略地表述，切忌千篇一律。

对相关活动、工作按阶段或进程做具体的部署安排：这部分包括各阶段工作的内容、基本任务目标、主要措施手段、步骤做法、相应的安排和要求。从总体上说，也就是要写明在什么时间、多大范围内由哪些人做哪些工作，采取什么方式、于何时做到何种程度。这是方案的核心内容所在，也是方案价值的集中体现，是方案制订者素质、能力、水平的充分展示，要求既具体详尽又严密可靠，使方案既具可行性又便于操作，做到主次分明、张弛有度、得体自然，以求最大限度地确保工作或活动的顺利开展，促成方案目标的圆满实现。

对相关问题的处理与解决方法：即对方案中涉及的问题要提出合理的解决方法。

1.6.4 例文

扫描二维码获取

1.7 安排

1.7.1 概述

1.7.1.1 安排的概念

安排是对较短时间内的某项工作明确要求、拿出措施、作出安排的一种计划性文体。它的应用范围很广，上至国家机关，下至车间、班组都适用。安排的特点是形式简短，时间性强。是计划的一种简化形式。

1.7.1.2 安排的作用

① 安排是提高工作效率的有效手段，安排的内容远比形式重要。

安排要简单、清楚、可操作，要包含工作内容、分工、方法、进度、反馈要求等，确保工作顺利进行。

② 安排能促进内部沟通协调。

安排能明确个人与部门的分工及合作，保障工作得到贯彻执行。

③ 安排可以起指导和约束作用。

安排的目的就是指导实际工作，既体现政策要求，又结合实际情况，往往还经过充分的论证和领导层的决策。

④ 安排有激励和推动作用。

安排不仅能具体细化各项决策，还能充分调动、发挥全员的工作积极性和主动性，实施高效管理，有力推动各项工作的开展。

⑤ 安排能起到监督和检查作用。

安排可以让人按其提出的任务、步骤和要求等积极主动地去工作，能够推动工作的有效开展。

1.7.2 总体架构

安排基本格式如图 1-7 所示。

图 1-7 安排基本格式

1.7.3 细节注释

※正文

安排是计划中最为具体的一种文体。因为其工作比较确切、单一，不做具体安排就不能达到目的，所以其内容要写得详细一些，这样容易让人把握。

由于安排的内容是涉及范围较小或单位内部的工作，因此其一般有如下两种发文形式。

上级对下级安排工作，尽管安排的涉及面较小，也要用"文件头"形式下发。此时安排包括标题和正文两部分。

如果是单位内部的工作安排，也可直接下发文件，此时的安排就由标题、正文和落款三部分组成。

但不管哪种形式，作为"安排"本身都不该有受文单位，如果必须有，则或以"文件头"形式下发，或以"关于……安排的通知"名义下发。

安排的"开头"同计划的开头差不多，或阐述依据，或简明扼要地概述。

主体是正文的核心，一般包括任务、要求、步骤、措施四方面内容。在结构上编写者可按这四方面内容分项来写；也可把任务和要求合在一起，把步骤和措施合在一起来写；还可以先写总任务，然后按时间先后顺序一项一项地写具体任务，每一项有每一项的要求及措施，其要求及措施要依据工作性质及具体内容来定。但不管采用怎样的结构，其任务都要具体，要求都要明确，措施都要得当。

对于安排一般不要求像计划、规划那样写结尾，这也是安排行文要求单纯、重点要突出的一种表现。

1.7.4 例文

扫描二维码获取

第 2 章 会议类应用文

2.1 会议纪要

2.1.1 概述

2.1.1.1 会议纪要的概念

会议纪要主要是一种用于记载会议主要情况和议定事项的公文。是对会议的重要内容、决定事项,即主要观点、结论等进行整理、综合,并提炼而形成的一种具有纪实性、指导性的公文。

2.1.1.2 会议纪要的特点

会议纪要具有内容纪实性、表达提要性、称谓特殊性等特点。

① 内容纪实性。会议纪要是对会议基本情况的概要纪实,它必须忠实地反映会议的基本情况,传达会议议定的事项和形成的决议。撰文者不能随意增减和更改会议的内容,更不能随意增加自己的观点、评论等。

② 表达提要性。会议纪要应以突出会议主要精神为主,并不是把会议的所有内容都原原本本地记录下来,而应以简洁精练的文字高度概括会议内容和结论,要有所综合、有所概括、有所选择、有所强调。

③ 称谓特殊性。会议纪要一般采用第三人称写法。由于会议纪要反映的是与会人员集体意志和意向,常以会议作为表述主体,使用"会议指出""会议要求""会议决定"等惯用语。

2.1.1.3 会议纪要的分类

按照出席人员的不同,将会议纪要分为工作会议纪要、代表会议纪要、座谈会议纪要、联席会议纪要、办公会议纪要和汇报会议纪要。

工作会议纪要:侧重于记录贯彻有关工作方针、政策及其相应要解决的问题。

代表会议纪要:侧重于记录会议议程和通过的决议,以及今后工作的建议等。

座谈会议纪要:侧重于从工作、思想、理论等角度,提出、学习并总结某一个问题或某一方面的问题,内容比较单一、集中。

联席会议纪要:它是指不同单位或团体为了解决彼此有关的问题而联合举行会

议,在此种会议上形成的纪要,侧重于记录多方达成的共同协议。

办公会议纪要:侧重于对本单位或本系统有关工作问题的讨论、商定、研究、决议进行文字记录,以备考查。

汇报会议纪要:侧重于汇报前一阶段工作情况并研究下一步工作,经常是为召开工作会议进行的准备会议。

2.1.2 总体架构

会议纪要基本格式如图 2-1 所示。

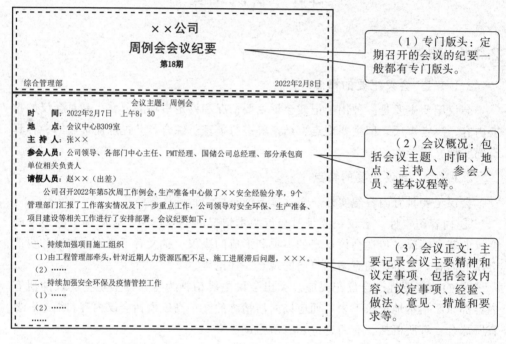

图 2-1 会议纪要基本格式

2.1.3 细节注释

(1)专门版头

定期召开的各类会议一般都有专门的纪要版头。用专门版头的会议纪要,只标注"第×期"。如果会议纪要用报告的形式上报或用通知的形式印发,则用公文版头,编公文文号。专门版头中包含标题、文号、发文单位、成文日期。

① 标题 会议纪要的标题必须概括、简明、准确、通顺。会议纪要的标题有单标题和双标题两种形式。

单标题:书写形式通常有以下两种格式。第一种由"会议名称+文种"组成,如《×× 教育工作会会议纪要》《×× 公司周例会会议纪要》等。第二种由"会议主要内容（事由）＋文种"组成，如《关于解决 ×× 问题的会议纪要》等。

双标题：由"正题＋副题"构成。正题揭示会议主旨，副题标示会议名称和文种，如《探讨新时期 ×× 的发展——×× 研究会第一次学术讨论会会议纪要》。

② 文号　主要由年份、发文顺序号组成，用阿拉伯数字编写，编排在标题的正下方。年份应标全称，并用六角括号"〔〕"括入；发文顺序号不加"第"字，不编虚位（即 1 不编为 01），在阿拉伯数字后加"号"字，如"〔2021〕5 号"。很多情况下，会议纪要对文号并不做强制性要求，但办公例会中一般要有文号，并用"第几期""第几次"标注。

③ 发文单位　发文单位名称一般只用于办公会议纪要，署上召开会议的单位全称，下面写上成文日期，加盖公章即可。用专门版头的会议纪要，发文单位在版头的左下角；一般会议纪要不写发文单位名称，只需要标注成文日期。

④ 成文日期　成文日期用阿拉伯数字将年、月、日标全，年份应标全称，月、日不编虚位。用专门版头的会议纪要，成文日期在版头的右下角，其余会议纪要的成文日期放在会议纪要的标题下方居中并加圆括号或放在正文之后，以会议通过日期或领导人签发日期为准。

（2）会议概况

会议概况主要用来反映会议的组织情况，主要包括会议时间、地点、名称、主持人、参会人员、基本议程等。其中参会人员需要列出出席会议的人员名单，如果有需要，还应该列出列席人员和请假人员的名单。然后用"现将这次会议研究的几个问题做纪要如下"或"现将会议主要精神做纪要如下"等语句转入下文。

这项内容主要用以简述会议基本情况，所以文字必须十分简练。一般可以采用概述式和分项式两种表达形式。

概述式：即将会议的名称、时间、地点、与会人员、主持者、主要议程、讨论的主要问题等会议要素用一段文字叙述。这部分内容表达完毕后，可用"会议纪要如下"或"会议确定了如下事项"等为过渡语句转入主体部分。

分项式：即依次将会议时间、地点、参会人员、主持者、主要议程、讨论的主要问题等会议要素分项列出。

（3）会议正文

会议正文常以会议作为表述主体，主要用来反映会议的议定事项和结果，会议上达成的共识，会议对与会单位布置的工作和提出的要求，会议上各种主要观点及证明情况等，这是会议纪要的核心部分。

根据会议性质、规模、议题等的不同，会议纪要大致可以有以下几种写法。

① 条文式写法　按议定事项写。就是把会议议定的事项写出来。办公会议纪要、工作会议纪要多用这种写法。

② 综述式写法　按问题写。就是将会议所讨论、研究的问题综合成若干部分，

每个部分谈一个方面的内容。较复杂的工作会议或经验交流会议纪要多用这种写法。

③ 摘记式写法　就是把会上具有典型性、代表性的发言加以整理，提炼出内容要点和精神实质，然后按照发言顺序或不同内容，分别加以阐述说明。一般在记录发言人首次发言时，在其姓名后用括号注明发言人所在单位和职务。这种写法能比较如实地反映与会人员的意见。某些根据上级机关布置，需要了解与会人员不同意见的会议纪要，可采用这种写法。

2.1.4　例文

扫描二维码获取

2.2　会议记录

2.2.1　概述

2.2.1.1　会议记录的概念

会议记录是在会议进行过程中由专门人员把会议的基本情况和会议的议程、报告、讨论的问题、发言、决议等内容如实记录下来而形成的文书，是一种没有正式打印和盖章的特殊文件，是会议结束后回顾、检查、总结工作或分析、研究、部署下一步工作的重要依据。

2.2.1.2　会议记录的特点

会议记录具有原始性、完整性和及时性等特点。

① 原始性　会议记录必须如实地记录，不论是详细记录，还是概要记录，都必须忠实原意，不得添加记录者的观点、主张，不能断章取义，尤其是会议决定之类的事项，不能有丝毫出入。

② 完整性　会议记录的所有内容必须完整，包括会议名称、会议情况、会议内容等。如有必要，为了保证完整性记载还需要记录会议动态，如掌声、临时插话等内容。

③ 及时性　会议记录要及时，短暂的迟疑、停顿，就有可能导致记录内容的遗漏、错乱。较长时间的间隔则容易造成记录的失真。

2.2.1.3　会议记录的作用

① 重要依据　会议记录可作为研究和总结会议的重要依据；同时，会议记录还可以为日后分析、研究、处理有关问题提供参照依据。

② 通报信息　会议记录有的可作为文件传达，以使有关人员贯彻会议精神和

决议；有的会议记录也可以向上级汇报，通报信息，使上级机关了解有关决议、指示的执行情况。

③ 参考资料　会议记录是编写会议纪要和会议简报的基础、重要的参考资料。

2.2.1.4　与会议纪要的区别

① 性质不同　会议纪要是对会议中的主要内容及议定事项进行整理、概括的文件，具有指导性；会议记录是对会议内容的实时记录，具有实时性。

② 功能不同　会议纪要通常要在一定范围内传达或传阅，要求贯彻执行，有明确的适用范围；会议记录一般不公开，无须传达或传阅，制作资料存档，是撰写会议纪要的原始资料。

③ 书写方式不同　会议纪要一般要以第三人称的方式进行书写，而会议记录是发言者怎么说就怎么记录。

2.2.2　总体架构

会议记录基本格式如图2-2所示。

2.2.3　细节注释

（1）标题

会议记录的标题通常有以下几种格式：第一种由"事项＋文种"构成，这是最常见的一种形式，如《办公会议记录》；第二种由"单位组织＋事项＋文种"构成，如《××企业安全生产培训会议记录》；第三种由"单位组织＋文种"构成，如《××党总支委员会会议记录》。

（2）会议概况

会议概况包括会议时间、会议地点、会议议题（或会议主题）、出席人员、列席人员、缺席人员、主持人、记录人等项目。每个项目分行独立排列，在会议正式宣布开始前就需要写好。

会议时间：要写清年、月、日，会议开始和结束的具体时间，如××××年××月××日××时到××时。

出席人员：根据会议重要程度和出席会议的人员多少，要写清楚参加会议人员的具体单位和出席人员的姓名、职务，特别是决定重大事项的会议，要清楚地记录下有关出席人员。出席会议的单位和个人比较多时或不需要一一列出时，只写主要与会人员或总数就可以了。

列席人员：即不属于本次会议的正式成员，但与会议有关的各方面人员，一般应写清单位、名称和职务。

缺席人员：一般应写清缺席者的姓名和缺席原因，但缺席人员较多时，也可只写缺席人数。

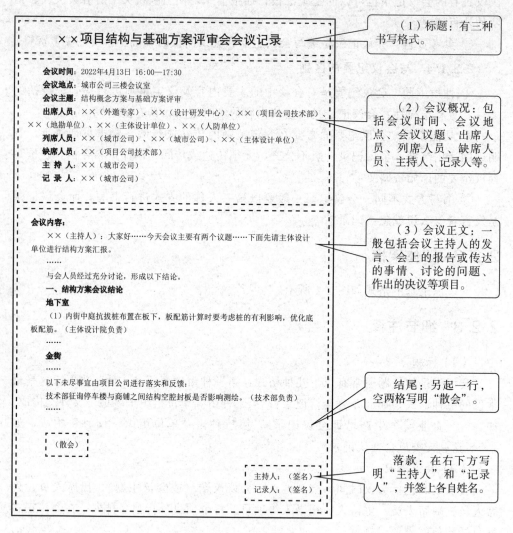

图 2-2 会议记录基本格式

主持人：写明主持人的姓名、职务。

记录人：写上记录人的姓名，必要时注明其职务，以示对所做记录的内容负责。

（3）会议正文

会议正文一般包括会议主持人的发言、会上的报告或传达的事情、讨论的问题、作出的决议等项目。其中，讨论发言的部分，应独立记录每个发言人的发言内容，且开头要写全发言人的姓名，并用括号标注其对应的职务，然后加"："，再记录发言内容。会上如果有讨论决议的事项，应记录最终的结果，与会者无异议时，应写上"一致同意"或"一致通过"；有持异议者或弃权者，应详细记录不同的意见；没有决议时，应写明"暂不决议"字样。

按记录内容的详略不同，可将会议记录分为详细记录和摘要记录两种写法。

详细记录：对于非常重要的会议或发言，应尽可能地记录下会议的一切内容，尤其是对于发言人的讲话和重要的决议，要尽量记录原话，这种记录一般采用速记的方法，会后还要进行整理。

摘要记录：对于一般性的会议，可以有详有略地记录。如果讨论的问题比较简单，没有什么争论、交叉的意见，可以抓住每个人发言的中心、要点，摘要记录；如果讨论的问题比较复杂或是关键性问题，特别是有不同意见，甚至有争论的，就要详细记录。

这两种方法各有优点，对哪一种会议采用哪一种记录方法比较合适，要根据会议的性质、目的、要求及讨论的问题来决定。当然，也不是有话必录，只字不漏，而是在真实、准确的前提下记录其要点，与会议主题有直接联系的话要记全、记准确，对与本次会议议题无关的话，则可略记或不记。

2.2.4 例文

扫描二维码获取

第3章 生产类应用文

企业在生产活动中通常会遇到生产计划的调整与变革。而在调整之前，一般都要伴随着生产计划调整的请示、征求意见、通知以及工作总结、生产安全事故调查。本章将从生产流程的角度，介绍生产类应用文的写作方式。

3.1 请示书

3.1.1 概述

请示是向上级机关请求指示、批准时使用的请求性上行文。行文目的主要是对于有关事项、问题等，请求上级机关给予明确、及时的指示和批准，以便于办理、解决、开展工作。

3.1.2 总体架构

请示书基本格式如图3-1所示。

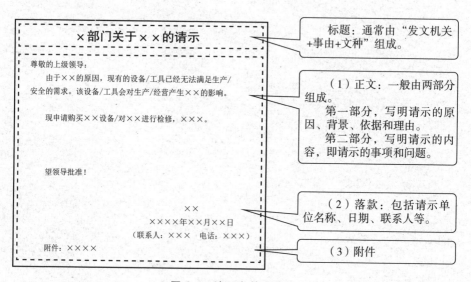

图3-1 请示书基本格式

3.1.3 细节注释

（1）正文

第一部分，写明请示的原因、背景、依据和理由。这是行文的重点，请示的事项和问题能否得到上级的批准，很大程度上取决于请示的理由是否充分、是否具有说服力。因此，该部分的写作应尽量突出请示事项和问题的重要性和必要性。

第二部分，写明请示的内容，即请示的事项和问题。这部分的写作必须具体、清楚、一目了然。

最后，以"以上请示当否，请批示"或"妥否，请批复"为结语。一般来说，求阅性的请示用"请批示"，求准性的请示则用"请批复"或"请批准"。

根据需要，以上第一和第二部分的顺序也可调换，即先写清请示的事项，再表明请示的原因和依据。

（2）落款

请示单位：在正文之后的右下角写明请示单位的机关名称，在标题中已经标明机关名称的，此处可以省去。

日期：即在请示单位名称的下面写明制发此文的年、月、日。

联系人：请示不同于其他文种的格式在于，在请示单位名称和日期后，应用括号注明请示单位的联系人和联系方式。

（3）附件

如有文件、图表类附件，应在正文后按照所附文件的顺序写明文件的名称。

3.1.4 例文

扫描二维码获取

3.2 征求意见书

3.2.1 概述

征求意见书是指某些制度、计划或其他文件在提交正式审议批准或决定之前，向特定部门群体征求修改意见的文件版本。

3.2.2 总体架构

征求意见书基本格式如图 3-2 所示。

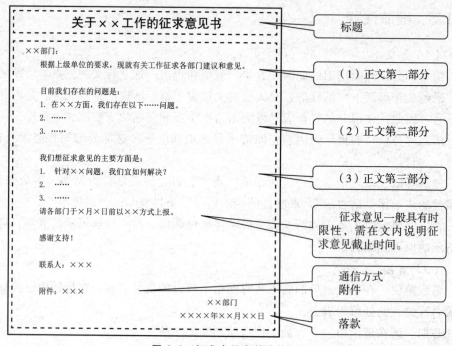

图 3-2　征求意见书基本格式

3.2.3　细节注释

（1）正文第一部分

写明征求意见的对象，征求意见的基本内容。

（2）正文第二部分

阐述基本情况，要系统性地逐条分析现存问题。

（3）正文第三部分

详细写出征求意见的方向与要求。

3.2.4　例文

扫描二维码获取

3.3 意见函

3.3.1 概述

意见函是对征求意见书的回复，是对征求意见书中的内容进行修改与补充的建议。

3.3.2 总体架构

意见函基本格式如图3-3所示。

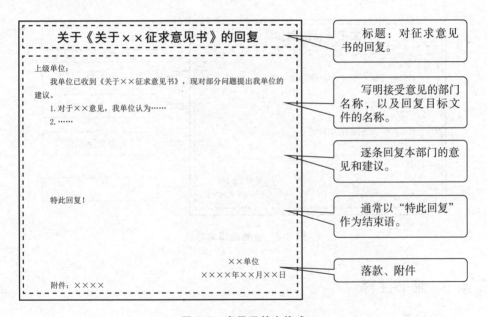

图3-3 意见函基本格式

3.3.3 例文

扫描二维码获取

3.4 通知函

3.4.1 概述

生产类应用文中的"通知"主要包括生产指示性通知和生产告知性通知,其适用文种为通知函。

3.4.2 总体架构

通知函基本格式如图3-4所示。

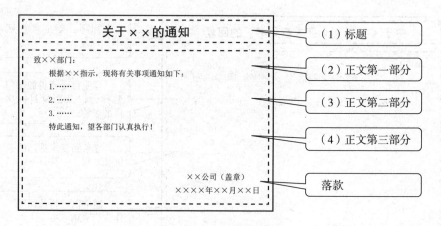

图3-4 通知函基本格式

3.4.3 细节注释

（1）标题

标题一般由"发文机关＋事由＋文种"组成,如《××厂关于停产检修的通知》；或由"事由＋文种"组成,如《关于恢复生产的通知》。

（2）正文第一部分

对通知事项的总体概括,按照具体通知的需要应交代清楚通知事项的背景、原因以及它所依据的政策和文件等,即写明为何要制发该通知。然后以"现将有关事项通知如下"的过渡语引出第二部分。

（3）正文第二部分

写明通知事项,包括具体的要求和安排。这部分的写作可采用条款形式,做到条理清晰。如需提出要求，所要求的内容应根据制发的单位达到相应的高度。

（4）正文第三部分

对通知接收单位的要求和希望。这部分通常采用"特此通知，望××××认真执行"的形式，也可直接以"特此通知"作结语。

3.4.4 例文

扫描二维码获取

3.5 工作总结

3.5.1 概述

工作总结是生产单位对某一项工作或者某一时间段内的工作完成后进行的一次全面系统的总检查、总评价、总分析、总研究，并分析成绩和不足，从而得出经验和教训。

3.5.2 总体架构

工作总结基本格式如图 3-5 所示。

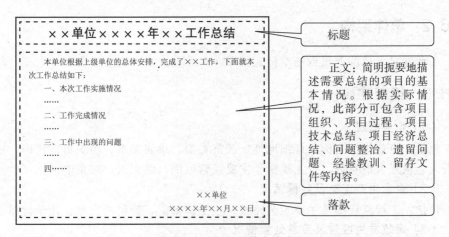

图 3-5　工作总结基本格式

3.5.3 例文

扫描二维码获取

3.6 生产安全事故调查报告

3.6.1 概述

生产安全事故是指生产经营单位在生产经营活动（包括与生产经营有关的活动）中突然发生的，伤害人身安全和健康，或者损坏设备，或者造成经济损失，导致原生产经营活动暂时中止或永远终止的意外事件。而生产安全事故调查报告则包括以下内容：事故发生单位概况、事故发生经过和事故救援情况、事故造成的人员伤亡和直接经济损失情况、事故发生的原因和事故性质等。

生产安全事故调查报告的依据：

① 生产经营活动中发生的造成人身伤亡或者直接经济损失事故参见《中华人民共和国安全生产法》和《生产安全事故报告和调查处理条例》；

② 环境污染事件参见我国环境保护方面的法律，包括《中华人民共和国环境保护法》《中华人民共和国水污染防治法》《中华人民共和国大气污染防治法》《中华人民共和国噪声污染防治法》和《中华人民共和国固体废物污染环境防治法》等；

③ 核设施事故参见《国防科研生产安全事故报告和调查处理办法》和《国家突发公共事件总体应急预案》；

④ 国防科研事故参见《国防科研生产安全事故报告和调查处理办法》。

3.6.2 总体架构

生产安全事故调查报告基本格式如图3-6所示。

3.6.3 细节注释

（1）企业概况

包括：企业详细名称、详细地址、经济类型、隶属关系、组织机构代码、法定代表人、从业人员总数、企业规模、主要经营范围、联系人、联系电话。

（2）企业生产工艺及数量情况

包括：工程流程图及主要工艺路线，主要设备图，物料的物理、化学性质等。

（3）事故发生经过及应急处置情况

包括：①事故发生前，事故发生单位生产作业状况；②事故发生的具体时间、地点；③事故现场状况及事故现场保护情况；④事故发生后采取的应急处理措施情况；⑤事故报告的经过；⑥事故抢救及事故的救援情况；⑦事故的善后处理情况等。

（4）直接原因

包括：①物的不安全状态（使事故能发生的不安全的物体条件或物质条件）；

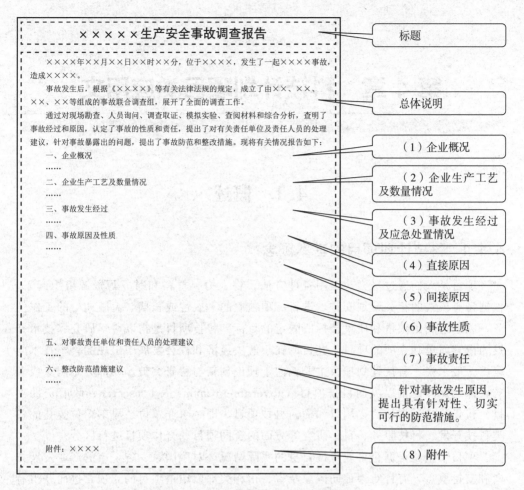

图 3-6　生产安全事故调查报告基本格式

②环境原因；③人的原因。

（5）间接原因

有技术、设计的原因和言论上的原因。

（6）事故性质

事故性质（等级）按《生产安全事故报告和调查处理条例》分为特别重大事故、重大事故、较大事故、一般事故。

（7）事故责任

写明直接责任者、主要责任者、领导责任者。

（8）附件

包括：①调查人员名单（签字）；②事故有关材料；③现场照片及事故现场示意图［反映事故现场设备、设施、装置的布置，事故地点参数、位置（注明距离尺寸），伤亡人员位置及倒向，有关设备、设施事故前后位置等］。

第 4 章 科技计划项目类应用文

4.1 概述

4.1.1 科技计划项目的基本概念

项目是人们通过努力，运用各种方法，将人力、材料和财务等资源组织起来，根据特有模式的相关策划安排，进行一项独立的一次性或长期（无限期）的工作任务，以期达到由数量和质量指标所限定的目标。科技项目是指以科学研究和技术开发为内容而单独立项的项目，其目的在于解决经济和社会发展中出现的科学技术问题。一般来说，科技计划项目主要偏向于理论创新与科研突破。大部分是国家或者省属课题，因此常以纵向科技项目（government sponsored research，政府资助项目）代指科技计划项目，用以和横向科技项目，即企事业单位、兄弟单位委托的各类科技开发、科技服务、科学研究等方面的合同项目、合作项目进行区分。

项目申报是根据企事业单位自身的实际情况，对照国家、省、市的产业发展方向和支持重点，有针对性地向国家及省、市相关部门申请项目的立项，进而获得有关资金或政策支持。

4.1.2 科技项目的分类

不同的科技项目，根据其性质、实施范围和运作特点有不同的分类。

（1）根据项目的性质划分

① 计划项目　计划项目既包括政府计划项目，也包括企事业单位、科研单位以及高等院校等组织机构的计划项目。其中，由各种类型、各个层次的政府科技计划而形成的项目就称为政府计划项目。此外，各企事业单位或科研单位、高等院校根据本单位科技发展的需要也会编制各类科研和开发计划：凡是被列入某一组织机构科研计划的项目，也可以称为计划项目。

② 合同项目　这里所说的合同项目，是指科研单位和企业接受政府或企事业单位的委托，承担某一方面的研究或开发课题，通过合同约束双方权利与义务的科学技术项目。

③ 合作项目　由两个或两个以上的科研单位或地区共同承担，协作配合承担的科学技术项目就称为合作项目。合作项目又可进一步划分为国际合作项目、省际合作项目、行业合作项目和基层合作项目等几种类型。

（2）按照项目的投资部门划分

① 政府资助项目　如我国国家科技支撑（攻关）计划项目、国家863计划项目、火炬计划等。

② 行业部门资助项目　如中央地质勘查基金项目、国家环境保护工程技术中心建设项目等。

③ 科研群体（机构）自筹项目。

④ 有关国际组织或国内外知名人士资助项目。

（3）按照项目研究所产生的成果划分

① 基础研究项目　指为获得关于现象和可观察事实的基本原理及新知识而进行实验性和理论性工作的项目，这类项目一般不以任何专门或特定的应用或使用为目的。

② 应用研究项目　指为获得新知识而进行的创造性研究的项目，这类项目主要是针对某一特定的实际目的或目标。

③ 实验发展类项目　指利用从基础研究、应用研究和实际经验中所获得的现有知识，为产生新的产品、材料和装置，建立新的工艺、系统和服务，以及对已产生和建立的上述各项做实质性的改进而实施的项目。

（4）按照项目的设立部门级别划分

① 国家、部委级项目　一般指科学技术部、国家发展和改革委员会、财政部、国家自然科学基金委员会、国家社会科学基金委员会下达的项目，如国家自然科学基金项目、国家社会科学基金项目等。

② 省、厅级项目　一般指科学技术厅、省发展和改革委员会、财政厅、省自然科学基金委员会下达的项目，如科学技术厅重点研发计划项目、教育厅科学研究经费项目、财政厅科研基金项目等。

③ 市、局级项目　一般指市级项目、局级项目，如××市新型研发机构建设专项、协同创新基金、关键技术攻关项目等。

（5）国家部委部分项目划分

① 国家发展和改革委员会　国家高技术产业发展项目；国家高技术产业化示范工程；国家高技术产业化光电子专项计划；国家高技术西部专项计划；国家高技术产业化信息网络专项计划；国家技术创新计划；国家振兴软件产业行动计划；高技术产业化新材料专项计划；中小企业发展专项补助基金；现代农业高技术示范工程；生物医学工程高技术产业化专项计划；国家高技术产业化电子、新型电子元器件专项计划；利用国债资金建设优良林木种苗繁育高技术产业化示范工程等。

② 科学技术部　火炬计划；星火计划；科技攻关计划；国家重点新产品计划；

科技成果推广计划；高技术研究发展计划（863 计划）；重点基础研究发展计划（973 计划）；中小企业技术创新基金；科技成果转化基金；农业科技成果转化基金；技术创新工程等。

③ 工业和信息化部　国家振兴软件产业行动计划；电子发展基金等。

④ 农业农村部　农业科技跨越计划；丰收计划；引进国际先进农业科学技术计划（948 计划）；科教兴农和可持续发展综合示范县工程；节水农业示范基地工程等。

⑤ 商务部　高技术出口产品技改项目贴息或无偿支持；中小企业开拓国际市场专项基金等。

4.1.3　科技计划项目的特点

① 政策引导为主　各级科技投入虽然都在逐年增长，但科技投入总体有限，属于引导性资金，通过政策引导，带动企事业单位和社会加大科技创新投入，发挥"四两拨千斤"作用。

② 注重同级支撑　各级科技投入主要以项目为载体，科技计划项目投入完全不同于其他部门项目的切块资金投入形式，而是更加注重同级支撑，本级科技计划项目资金主要投入在本级科技创新活动上。

③ 项目竞争性强　科技计划项目为竞争性项目，科技计划项目资金主要支持有技术领先优势或一定科研基础的单位，要求建有工程技术研究中心、院士工作站、重点实验室等创新平台，或拥有科技创新团队，择优支持，门槛相对较高。

④ 监督管理严格　科技计划项目要求高，从项目征集、评审、立项到验收等管理全过程中都有相应管理制度，涉及面广，监督管理程序严格。

由于纵向科技项目是由政府部门（或者受政府部门委托）下达的，虽然经费不多，但带有一定的指导性，且很难获得，因此纵向科技项目往往成为衡量一个单位（如高等院校、科研机构）科研水平的重要指标，在科研评价体系中，具有比横向科技项目更高的权重价值——虽然后者的经费往往成倍地大于前者。

4.2　科技计划项目管理流程

科技计划项目管理工作从项目生成到项目受理、项目立项、项目管理、项目变更和最终的项目验收，共经历六个阶段，如图 4-1 所示，由项目主管单位负责组织，主管职能部门或委托机构负责实施。如果进一步细化，则可以分为项目预申报、预申报受理、预申报形式审查和评议、项目正式申报、正式申报形式审查、视频答辩评审、项目评审、确定项目立项（公示）、签订任务书（合同）、拨付项目经费、项目过程管理、中期检查、综合绩效评价等步骤。

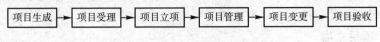

图 4-1　科技计划项目管理流程

（1）项目生成

以省级科技计划项目为例，首先由各厅（委）计划处提出编制项目《申报通知》的相关要求，相关处室提出申报重点领域建议，分管厅领导审核同意后，再经征询各相关处室意见，报请厅长办公会议审批，最终形成《科技计划项目申报通知》并对外发布，如图 4-2 所示。

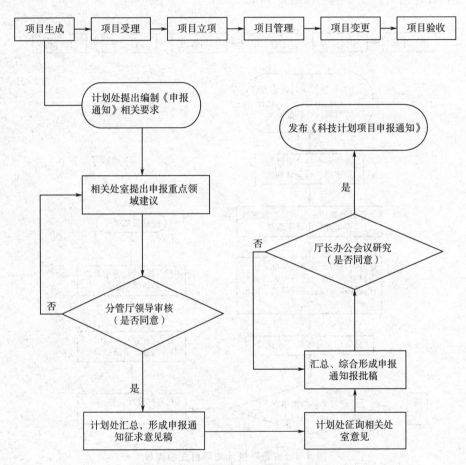

图 4-2　省级科技计划项目生成流程

（2）项目受理

项目受理是项目主管单位对申请单位进行形式审查的过程，只有通过审查的企事业单位才具备申报立项资格。项目受理过程一般由申请单位网上注册，填写申报项目信息，省直主管单位在线审核，对申报数据审核确认，各业务处室进行形式审查，形式审查通过的进入项目申报评审环节。

（3）项目立项

项目的立项申报和审批是企事业单位获得科技计划项目资金或政策扶持的关键步骤，立项申报书等相关文件的撰写也是申报单位的重要工作内容。企事业单位根据政府的政策编写申报文件，然后根据相关申报要求和流程进行申报。省厅业务处制订项目评审方案，包括项目分组、选择评分模板以及匹配专家，在现场调研的基础上组织项目管理评审，综合专家评审与管理评审对项目进行筛选，提出立项建议。经过分管厅领导审批、厅长办公会议审定，与省财政厅会签，最终下达计划。省级科技计划项目立项流程如图4-3所示。

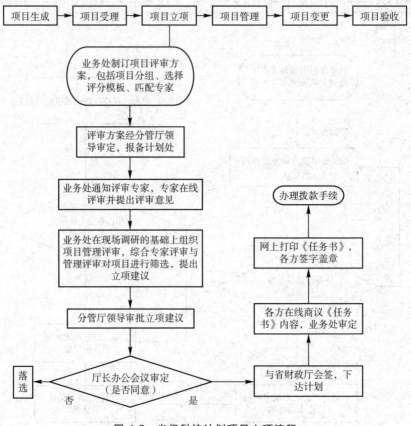

图4-3 省级科技计划项目立项流程

（4）项目管理

项目管理是对以项目形式进行的科学研究活动的全过程管理。科技计划项目立项后，为保证项目顺利完成，需要对项目的执行过程进行监督管理，即项目的实施管理。科技计划项目的实施管理一般采取两种方式：一是以计划任务书或合同书为依据的最终目标管理法；二是分阶段检查管理法。第一种方式是忽略对项目执行的过程监理，而只对项目在规定时间内的完成质量进行认定和评价。第二种方式将项目的执行过程分成若干目标段，每段都有相应的质量要求和研究目标，在项目的执行过程中，阶段性地对项目进行检查。

（5）项目变更

项目的变更有中止/撤销和修改/延期两种类型，由项目承担单位提出变更申请，业务处室审查并提出处理意见，并报审批。项目立项后，项目名称、承担单位、归口管理部门、验收考核指标和专项经费总额度等，原则上不予变更。

（6）项目验收

项目的验收也称范围核实或移交。它是核查项目计划规定范围内各项工作或活动是否已经全部完成，可交付成果是否令人满意，依据项目的原始章程和合法变更行为，对项目成果和之前全部的活动过程进行审验和接收，并将核查结果记录在验收文件中的一系列活动。在项目验收过程中，项目验收组织对于项目整体的九项主要的验收活动，简称项目九验，包括项目目标验收、项目性质验收、项目空间验收、项目质量验收、项目技术验收、项目损耗验收、项目时间验收、项目安全验收、项目信息验收。

4.3 科技计划项目相关材料撰写

科技计划项目在立项申报、中期检查、结题验收各个环节，需要项目承担单位撰写相关报告并提供材料，主要内容如图 4-4 所示。其中，立项申报书、可行性研究报告和经费预算说明书是撰写的重点内容。

4.3.1 立项申报书（项目建议书）

4.3.1.1 概述

立项申报书是用来向国家、省市各级部门，项目立项单位和机构申报资助项目的一种报告文本。立项申报书中既可以同时包括项目计划、可行性分析和经费预算三个组成部分，也可以只有项目计划（也称项目建议书），但是无论形式如何，大部分科技计划项目都会要求申请者将项目可行性研究报告和经费预算说明书作为两个更详细的、独立的文件进行提供，在立项申报书中相应的部分则以表格的形式出现，可以适当简略。也有个别特例，如国家重点研发计划项目中"揭榜挂帅"项目，申报时不填立项申报书，只需填写拟申请国拨经费总额，评审时取消预算评估，成功揭榜并签署任务书时，仅对预算进行合规性审核。

立项申报材料中，立项申报书仅占申报材料比重的 20%，可行性研究报告则

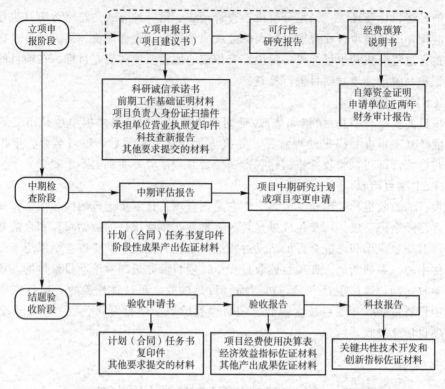

图 4-4 科技计划项目所需撰写材料

要占据材料比重的 80%,是专家评审的重要材料,而经费预算说明书则作为最重要的也是必需的参考材料。

科技计划项目的立项申报书一般指正式申报,但一些高层次、重量级的计划项目,流程相对较长,如国家重点研发计划等,存在预申报环节,因此有预申报书和正式申报书的区别。两者均由项目申报单位提交,其中预申报书控制在 3000 字左右为宜,详细说明申报项目的目标和指标,简要说明创新思路、技术路线和研究基础,并由项目申报单位提出所需专项资金预算总额。预申报之后通过形式审查、评审等环节才能进入正式申报。

4.3.1.2 立项申报书的总体架构

(1) 封面与申报说明

立项申报书封面可以包括以下内容:项目受理编号、计划名称、技术领域、指南编号、所属高新区、项目名称、项目负责人、申报单位、通信地址、邮政编码、电子邮箱、固定电话、传真、推荐单位、初审单位、申报日期。立项申报书封面基本格式如图 4-5 所示。

申报说明是对申报所需填写各个项目的具体说明文字,包括申报书的用途、组成、各栏目所需填写的具体内容、格式要求,以及附件材料和材料报送方式要

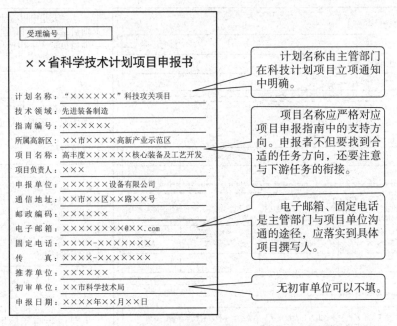

图 4-5 立项申报书封面基本格式

求等。

（2）基本信息表

基本信息表是各类基本计划和专项计划必报的通用表格。用于表述申报项目及负责人与申报单位简况、项目组人员配备、项目相关基本信息摘要等。其内容包括基本信息简表、项目组人员配备简表、预计培养人才简表、项目背景、主要内容与指标、创新点简表、项目实施可行性、预期目标与效果前景分析简表、项目现有工作基础、合作单位支撑承诺简表，项目简介项目预期实施进度安排与经费预算简表等一系列表格。基本信息表基本格式如图 4-6 所示。

（3）其他部分

其他部分包括专项信息表、可行性研究报告、申报单位及管理部门意见以及所需提供的附件列表等。其中，可行性研究报告作为撰写重点，是申报项目成败的关键因素之一。

4.3.1.3 立项申报书的写作要点

立项申报书通常以表格形式，由项目主管部门制表，作为科技计划项目立项通知的附件材料提供给项目申报单位。项目申报单位在获得立项通知及相关材料之后，并不是第一时间填写申报书，而是要首先了解、确认是否满足申报条件，以及项目申报指南中有哪些支持方向，从而做好选题工作。同一份指南里，各个支持方向的设置都是相互关联、有机衔接的，所以在申报的时候，申报者不但要找到最适合自己的任务方向，还要注意与下游任务的衔接。专项中基础前沿技术的最新成

【1.1 基本信息简表】

申报	项目名称	
	受理编号	
	计划名称	

> 主要是申报项目概要、项目基本属性和预期以及项目负责人、申请项目单位等的基础信息。

【1.2 项目组人员配备简表】

1.2.1 项目组主要成员

　1.2.1.1 项目组主要成员构成与分工

年龄	56岁以上	46~55岁	36~45岁
数量/人			

> 不仅有项目组人员基本情况，还要包括成员构成和分工、项目负责人和成员资历等。

【1.3 预计培养人才简表】

说明：科技创新领军人才、重点领域团队、科技创业领军人才、海外引进人才限制最多只能填写一个，当预计培养数量大于0时，需要填写该类人才详细信息。

科技创新领军人才	重点领域创新团队	科技创业领军人才	海外引进人才

> 填写预计培养人才的数量和类别，预期获得的成果以及情况简介等，如果是培养团队，还应填写团队核心成员构成等信息。

【1.4 项目背景、主要内容与指标、创新点简表】

项目提出	【提示】相关领域国内外发展现状与趋势；本单位现有技术基础；立题必要性；项目申报单位实施该项目的优势：

> 项目背景包括国内外发展现状与趋势，本单位现有基础及优势；主要内容与指标填写主要研发内容，拟解决技术关键点及主要技术指标；创新点包括创新点描述和预期获得的知识产权简况。

【1.5 项目实施可行性、预期目标与效果前景分析简表】

项目实施	【提示】项目拟采取的研究方法（或技术路线、实施方案）的可行性简况：

> 简述项目拟采取研究方法的可行性；各方面的前景分析；项目支持期内，新承担科研任务，获得科研学术奖励，获得授权专利，重要国际学术会议报告，发表论文等情况。

【1.6 项目现有工作基础、合作单位支撑承诺简表】

项目	【提示】项目现有工作基础（本单位已有的相关支撑条件和主要仪器设备等）简况：

> 本单位已有的支撑条件和主要仪器设备；合作单位在本领域或同行业的研发水平、能力、实力、国内位次，为该项目提供支撑条件等。

【1.7 项目简介】

项目简介	

> 要分时间段安排项目实施进度，每一段都要有明确的起止时间、工作要点和预期目标。

【1.8 项目预期实施进度安排与经费预算简表】

1.8.1 项目预期实施进度安排

预计开始时间	预计结束时间	工作要点

> 可以是粗略概算，也可以填写详细表格，具体内容在后面章节中详细讲述。

图 4-6　基本信息表基本格式

果，要有后端的任务设置才能够真正承接。

要撰写一份好的科技计划项目申报书，首先在开始写之前就要认真对待，掌握企业的基础，了解项目的核心技术，避免写空话、套话，要直截了当、一针见血地写。

（1）提出问题

行业现状：描述所处行业的现状是不可缺少的。

行业问题：用数据分析行业存在的问题。巧妙利用数据、图表来分析问题，能够更直观地表达意图，也更能说服人。

项目（课题）目标：本项目将采用怎样的方法解决哪些亟待解决的问题，这些问题应该是契合国家或地区发展方向的，或者社会关注度高的、关乎国计民生的、涉及核心技术的、解决"卡脖子问题"的，等等。

这是一个连贯性的逻辑关系，即行业现状→行业问题→本项目的目标。

（2）逻辑性

数字表达：能用数字说话，就不要用纯文字论述。文字是主观性的，数字是客观性的，因而适当地在文字中插入数字数据可以更客观地表达和论证，避免让专家看到过多含有个人想法的主观性论述。

数学逻辑：申报书中有关投入分配、人员占比等数据必须能相互支撑，不可以出现数学性的错误。

效益的合理化：投入与产出的估算要具备合理性，并且估算值的估算依据是什么必须注明，要有理有据，有调查论证，经得起推敲。撰写者能说服得了自己，才有可能说服专家。

（3）可行性

不同于可行性研究报告需要对投资必要性、技术可行性、组织可行性等各个方面进行细致论证，立项报告当中更多的是表达"可行"的观点以寻求评审专家的初步认可，更多的是对项目申报目的和意义的描述，因此常用"顶天立地"来形容这一部分的撰写。

一份申报书要保证既高端大气又贴近生活。高端大气的材料要体现在申报项目的目的和意义与国家、地区的政策和行业趋势高度吻合。在申报项目之前的准备阶段，通过科技服务获取的资料中不可缺少的便是政策研究，时时刻刻保持对政策的敏感度，平时更多的积累也能在申报书撰写中体现出来。贴近生活则要体现出可实现性，技术有深度，论述有支撑，整个项目有完整的框架，框架内有完整有力的说明。撰写者要做的是，把高端大气的技术项目清清楚楚地告诉专家："目标宏大，我能实现，只因技术过硬。"

例如，"人工智能"（AI）是目前流行的热词，可以将其应用在项目申报书撰写中成为技术支撑点之一。然而，其低端的应用早已悄悄普及化［如音乐 App（应用程序）的个性化推荐］，中端应用发展则向着自我学习、自适应方向发展（如语音助手软件),而高端方向则是智能制造、大数据分析等(工业 4.0 数字化开发),因而许多企业也在向"AI+"的概念靠拢。那么,撰写者所在的行业趋势有哪些,其项目是响应潮流,站在技术前沿,还是单纯地"蹭一下热度",这正是撰写者要好好表达和剖析给专家看的内容。

(4)关联性

这主要包含技术关联度、产品关联度、项目人员关联度等概念,这三大关联度主要靠专利数量和类别、产品性质和用途,以及项目人员的学历背景、科研经验、前期研究积累来体现。

(5)亮点

所谓亮点,主要体现在凝练创新性、带动性上面,一直以来是项目申报获批的制胜法宝。科学技术的创新是最根本的,还有运行模式、管理方法等的创新。具备带动性的产业化项目是项目主管部门十分乐意看见的,它不仅仅意味着带动整个产业的发展,产生了巨大的效益,还能吸引人才流入本地区。

4.3.2 可行性研究报告

根据申报的不同项目和要求,科技计划项目的可行性研究报告(以下简称"项目可研报告")既可由企业自己编写,也可请有资质的中介服务机构编写。项目建议书可纳入可研报告,不需要单独编写。

4.3.2.1 概述

项目可研报告是在设立某一科研项目之前,对该项目实施的可能性、有效性、技术方案及技术政策进行具体、深入、细致的技术论证和经济评价,以求确定一个在技术上合理、经济上合算的最优方案和最佳时机而写的书面报告。

项目可研报告是可行性研究中一个重要的环节,首先经历先期的机会研究和预可行性研究(部分项目申报要求在前一阶段项目建议书获得审批通过的基础上),通过对项目的研究背景和意义,国内外的研究现状和发展趋势,本单位或组织的前期研究基础和技术优势,拟采用的理论或技术创新方法、工艺路线,科研创新点以及拟采取的具体研究计划、方案等各方面进行全面、系统的分析,从而形成可行性研究报告,就本单位或组织承担某一科技计划项目的能力,提出综合分析评价。

可行性研究报告是项目建设论证、审查、决策的重要依据,也是以后筹集资金或者申请资金的一个重要依据。可行性研究编写时要注意数据方面的真实性和合理性,尽可能详细地列出经费使用预算和人力、物力支撑情况。只有报告通过审核后,才能得到资金支持,同时也能为项目以后的发展提供重要的依据。

同时,可行性研究报告应尽可能全面翔实,不仅阐述项目研究内容、预期成果和研究单位能力,还要进行详细的效益分析。其内容不仅仅涉及所能创造的经济价值,还包括项目成果是否符合政治和政策导向、社会和区域群体效益、环境影响和可持续发展等方方面面。

4.3.2.2 可行性研究报告的总体架构

按照项目可研报告框架和行文逻辑,一份可行性研究报告的内容框架可以包括如图4-7所示的几个方面。在撰写不同类型的项目可研报告过程中,可以对报告内容进行详略增减。

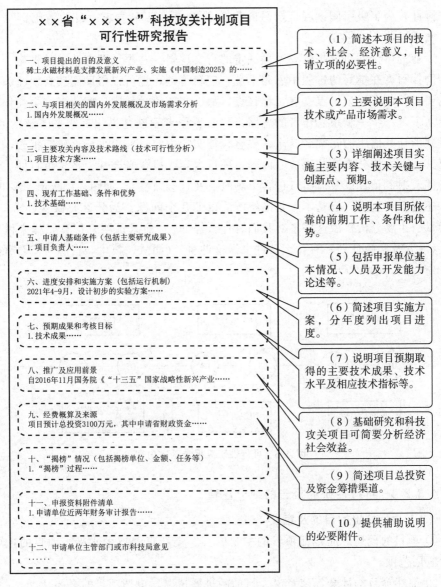

图4-7 可行性研究报告基本格式

4.3.2.3 可行性研究报告的写作要点

项目建议书是给决策者看的，项目预可行性研究报告是给上级主管机构的项目评审专家看的，其阅读者群体有个共同特质——决策者，或者说是可以影响决策者下决定的人，工作性质决定了其必须高效完成对项目可研报告的翻阅。因此，撰写项目可研报告必须在几分钟之内就能打动他们，至少让他们有仔细阅读项目可研报告具体内容的兴趣。只有让阅读者有兴趣，项目可研报告的撰写才算是迈出了成功的第一步。

因此，为了吸引阅读者，撰写的报告就要满足几个要求：目的清晰，意义明确，数据准确，论据充分。

专业的可行性研究报告要遵循一定的行文逻辑。首先，要有清晰的框架。这既能帮助撰写者在撰写的过程中思路不乱、逻辑清楚，也可以帮助阅读者快速掌握文章的要点，或者说记忆点。有了记忆点，那么在阅读过程中，阅读者就会在作者的引导之下，一步一步跟着作者的思路走，看着作者不断地抛出其想要了解的问题，再得到能让其信服的答案。其次，要有较翔实的内容。一份可行性研究报告，万变不离其宗，大体分为这几项核心内容：项目内容、投资必要性、技术可行性、组织可行性、财务预算以及产出（包含市场效益及社会效益），如图4-8所示。展开写，也许还会涉及更多，但基本上是围绕解决以下几个问题：为什么要做这件事？（项目背景、市场分析）做这件事对我们有什么好处？（前景预测）打算怎样来做这件事？（内容及实施计划）有什么条件来做这件事？（团队、技术、资源）需要哪些支持？（资金、资源、政策）。

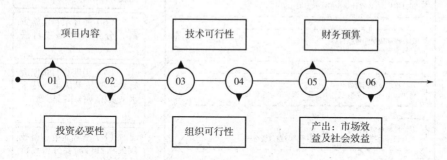

图4-8　可行性研究报告基本内容

4.3.2.4 可行性研究报告的细节注释

（1）项目提出的目的及意义

① 项目的概述　应包括项目的主要内容、创新点、技术水平、项目的主要用途及应用范围。

② 简述项目的社会经济意义、目前的进展情况、申请项目的必要性。

③ 简述本单位实施项目的优势和风险。

（2）与项目相关的国内外发展概况及市场需求分析

① 简述本项目国内外发展现状、存在的主要问题及近期发展趋势，并将本项目与国内外同类技术或产品进行对比说明。

② 目前主要使用领域的需求量，未来市场预测。分析项目国内外市场竞争能力，预测市场占有份额。

（3）主要攻关内容及技术路线

① 详细说明本项目实施的主要技术内容、解决的关键技术，描述项目的技术或工艺路线。

② 重点说明本项目的创新点，包括技术创新、产品结构创新、生产工艺创新、产品性能及使用效果的创新等。

③ 说明项目的技术来源、合作单位情况、知识产权归属情况。

（4）现有工作基础、条件和优势

说明本项目已开展的前期工作，项目实施在技术、设备、人才、资金等方面所具备的条件和优势，项目实现预期目标的基础条件。

（5）申请人基础条件

① 申报单位基本情况　包括单位名称、通信地址、注册时间、注册资本、单位登记注册类型、主管单位（部门）名称。

② 单位人员及开发能力论述　这主要包括以下几项。

单位法定代表人的基本情况：包括学历、所学专业、主要经历、技术专长、创新意识、开拓能力及主要工作业绩。

单位人员基本情况：包括单位人员总数、大专以上人员数、主要管理人员数、文化水平、年龄结构；技术开发、生产、销售人员比例等。

新产品开发能力情况：包括单位上一年技术开发投入额，其中的研究开发投入额，以及研究开发投入占单位年销售收入比例、科研开发队伍情况、与本项目相关的技术储备情况等。

项目技术负责人的基本情况：包括学历、所学专业、主要工作经历、技术专长和工作业绩；项目技术负责人与单位之间的任用关系；项目主要人员情况。

③ 单位财务经济状况　包括上年末单位总资产、总负债、固定资产总额、总收入、产品销售收入、净利润、上交税费。

④ 单位管理情况　包括单位管理制度、质量保障体系的建设情况；单位信用等级、单位商誉、单位获奖情况。

⑤ 单位发展思路

（6）进度安排和实施方案（包括运行机制）

分年度列出项目实施进度、年度主要工作内容和主要目标。

简述项目实施方案、组织方式、管理措施、课题分解等。

（7）预期成果和考核目标

① 说明项目实施各阶段及项目完成后预期取得的主要技术成果（包括新技术、

新工艺、新产品等）、技术水平及相应技术指标等。产业化项目可以是成果工程化或中试成果，以及产业化过程中的技术创新、产品创新、机制创新等。基础研究项目主要是学术论文、著作等。

②项目计划目标（此栏目各项指标是项目立项后签订合同的主要内容，也是项目验收的主要依据）。其可以包括以下内容。

总体目标：项目完成时达到的阶段（中试或批量生产）、实现的年生产能力（阶段成果）。

科研目标：项目预期取得的科学技术成果产出、形成的理论研究成果、技术创新成果、科技成果转化目标等。

经济目标：包括项目完成时累计实现的工业增加值、销售收入、缴税总额、净利润、创汇额等。

技术、质量指标：包括项目执行期结束时达到的主要技术与性能指标（需用定量的数据描述）、执行的质量标准、通过的国家相关行业许可认证及单位通过的质量认证体系等。

主要技术经济指标对比（项目实施前后的比较）。

（8）推广及应用前景

基础研究和科技攻关项目，可对项目完成后预期的经济社会效益作简要分析。中试和产业化项目，应对项目完成后的规模及产品生产成本和销售收入情况的估算、新增产值、利润、税收、创汇、投资回报情况以及社会效益进行综合分析，并就项目的风险性进行实事求是的阐述。

（9）经费预算及来源

简述项目总投资及资金筹措渠道，注明申请的应用技术研究与开发资金，包括拨款和借款经费数量。根据项目进度和筹资方式，编制资金使用计划。对申请借款的，应对还款来源、还款能力进行分析。

（10）申报材料附件清单

以下材料可作为附件，在提交项目可行性研究报告时根据项目情况任选：高新技术企业认定证书、科技成果（新产品）鉴定证书、专利证书、获奖证书、技术合同（转让合同、合作合同等）、查新报告、特殊产品生产许可证、临床批文、环保证明等。

提交的项目可研报告文本需打印（A4），立项通知中会注明一式几份（是否附软盘、光盘），每份必须盖章。

4.3.3 经费预算说明书

4.3.3.1 概述

项目经费预算一般指项目承担单位按其科技计划项目实施过程中的经费支出和

经费来源科目编制的预算。项目经费预算不同于传统预算。传统预算是工作部门按单位时间成本开支编制的年度预算,项目经费预算通常不以时间作为量度,而是以申报项目的实施成本为对象,按分配于各科目上的总成本编制的预算。这样可将真正的成本显示出来,易于配合项目实施过程,便于成本控制,有利于对项目实施过程和取得的成果进行评价、考核。

4.3.3.2 经费预算说明的总体架构

科技计划项目经费预算表如表4-1所示。

表4-1 ××省科技计划项目经费预算表

项目名称: 金额单位:万元

序号	预算科目名称	合计	财政经费	自筹经费
1	一、经费支出（合计）			
2	1. 设备费			
3	（1）购置设备费			
4	（2）试制（改造）设备费			
5	（3）设备租赁费			
6	2. 材料费			
7	3. 测试化验加工费			
8	4. 燃料动力费			
9	5. 差旅费			
10	6. 会议费			
11	7. 合作/协作研究与交流费			
12	8. 出版/文献/信息传播/知识产权事务费			
13	9. 人员劳务费			
14	10. 专家咨询费			
15	11. 中期检查和验收费			
16	12. 管理费			
17	13. 其他费用（填写具体科目）			
18	二、经费来源（合计）			
19	1. 申请财政经费获得的资助			
20	2. 自筹经费来源			
21	（1）配套财政拨款			

续表

序号	预算科目名称	合计	财政经费	自筹经费
22	（2）单位自有货币资金			
23	（3）其他资金			
	财政科技经费拨付进度申请	第1年	第2年	第3年
	金额			
	比例/%			

注：支出预算按照经费开支范围确定的支出科目和不同经费来源编列，同一支出科目一般不同时在财政拨款经费和自筹经费中预算。支出预算应在预算说明中对各项支出的主要用途和测算理由等进行详细说明。

科技计划项目经费预算编制说明如图4-9所示。

4.3.3.3 经费预算说明的细节注释

在编制项目经费预算说明书之前，应认真阅读有关国家和省、市科技计划项目与经费管理办法，并了解其他相关制度的要求与规定。编制项目预算必须以项目研究任务为依据，项目预算应与项目任务目标相关。预算应符合有关政策法规，项目预算支出中的有关标准，应按照国家和省、市科技计划专项经费管理办法中的具体规定执行。预算应经济合理，在不影响项目研发任务的前提下，提高资金的使用效率，不得在各科目间重复列支。

（1）差旅费

差旅费是指项目研究过程中开展科学实验（试验）、科学考察、业务调研、学术交流等所发生的外埠差旅费、市内交通费用等。差旅费的开支标准应当按照有关规定执行。

（2）专家咨询费

专家咨询费是指项目研究过程中支付给临时聘请的咨询专家的费用。专家咨询费不得支付给参与项目管理的工作人员。

（3）管理费

管理费是指项目研究过程中对使用本单位现有仪器设备及房屋，日常水、电、气、暖消耗，以及其他有关管理费用的补助支出。管理费按照项目专项经费预算分段超额累退比例法核定，核定比例一般参照如下：项目财政资助经费预算在100万元及以下的部分按照8%的比例核定；超过100万元至500万元的部分按照5%的比例核定；超过500万元至1000万元的部分按照2%的比例核定；超过1000万元的部分按照1%的比例核定。

项目管理费实行总额控制，由项目承担单位管理和使用。

（4）人员劳务费

人员劳务费是指项目研究过程中支付给项目组成员中没有工资性收入的相关人

项目	说明	
差旅费	本课题支出差旅费5万元。骨干研究人员共8人，以每人次1800元（往返交通费1200元，食宿费230元/天，平均每次3天，市内交通费等）标准计……	（1）项目研究过程中发生的外埠差旅费、市内交通费用等。
专家咨询费	本课题支出专家咨询费3万元。具体如下：举行项目论证会议，800元/（人•天），请10位专家，每年1次…… 专家咨询费共计：2.4+0.6=3万元	（2）项目研究过程中支付给临时咨询专家的费用。
管理费	本课题支出管理费10.5万元，经费来源于省财政拨款。管理费支出严格执行国家关于科技计划项目预算规定，预计10.5万元。具体计算如下： 100×8%+50×5%=10.5万元	（3）项目研究过程中仪器设备及房屋、水、电、气、暖消耗，管理补助支出。
中期检查和验收费	本课题支出中期检查和验收费2万元，经费来源于省财政拨款。主要包括：举行会议，以每次1万元（场地租赁费、资料费等）标准计，3年按照2次计算，为1×2=2万元	
人员劳务费	本课题支出人员劳务费15.6万元。具体如下：课题临时聘用技术人员：3人，每年10月，3年…… 劳务费共计：10.8+4.8=15.6万元	（4）项目研究过程中支付相关人员劳务性费用。
出版/文献/信息传播/知识产权事务费	本课题支出出版/文献/信息传播/知识产权事务费3万元。主要包括：SCI论文2篇以上，文献查阅、打印费和版面费等申请国内专利2项以上。2项国内专利约5000元/项 总计支出：1.2+1+0.8=3万元	（5）项目研究过程中的出版、资料、专利申请及其他知识产权事务等费用。
合作/协作研究与交流费	本课题支出合作/协作研究与交流费48万元。主要包括：6种药物敏感动物模型的药效学规范化评价……共6次×3万元/次=18万元； 3种耐药模型动物的药效学规范化评价……共3次×10万元/次=30万元	（6）项目研究过程中合作/协作研究支付给合作/协作单位的费用。
会议费	本课题支出会议费6.4万元。研究人员共10人，以每人次1 100元标准计，每人每年1~2次…… 共计：5+1.4=6.4万元	（7）项目研究过程中学术研讨、咨询以及协调等会议费用。
材料费	本课题预算材料费支出63.5万元。主要包括：分别购买抗肿瘤原料，××××细胞……共150×0.23=34.5万元； ……	（8）项目研究过程中消耗的各种原材料、辅助材料费用。
设备费	本课题预算设备费支出为105万元。主要包括：购买用于纳米粒分离的超滤膜3张…… ……	（9）项目研究过程中购置或试制专用仪器设备支出。
测试化验加工费	本课题预算测试化验加工费支出21万元。主要包括：用于载体材料及其制剂……靶向性纳米载体的空间结构……共10×0.06×2=1.2万元；	（10）项目研究过程中支付给外单位的检验、测试、化验及加工等费用。
燃料动力费	本课题预算燃料动力费支出10万元。主要包括：SPF级动物实验屏障系统运行所需电费…… 共计：8.2+0.3+1.1+0.4=10万元	（11）项目研究过程中仪器运行发生的消耗费用。
其他费用	本课题支出用于中试费用45万元	（12）项目研究过程中发生的其他支出。

图4-9 ××省科技计划项目经费预算编制说明

员（如在校研究生）和项目组临时聘用人员等的劳务性费用。

（5）出版/文献/信息传播/知识产权事务费

出版/文献/信息传播/知识产权事务费是指项目研究过程中需要支付的出版费、

资料费、专用软件购买费、文献检索费、专业通信费、专利申请及其他知识产权事务费等费用。

(6) 合作/协作研究与交流费

合作/协作研究与交流费是指项目研究过程中与国际、国内科研机构合作/协作研究支付给合作/协作单位的费用，项目研究人员出国及外国专家来华工作的费用。国际合作与交流费由项目承担单位统一管理，应当严格遵守国家和省、市外事经费管理的有关规定。

(7) 会议费

会议费是指项目研究过程中为组织开展学术研讨、咨询以及协调项目等活动而发生的会议费用。项目承担单位应当按照有关规定，严格控制会议规模、会议数量、会议开支标准和会期。

以会议形式组织的咨询，专家咨询费的开支根据专家的专业技术职称×××元/（人·天）。

以通信形式组织的咨询，专家咨询费的开支根据专家的专业技术职称×××元/（人·次）。

(8) 材料费

材料费是指项目研究过程中消耗的各种原材料、辅助材料等低值易耗品的采购及运输、装卸、整理等费用。

(9) 设备费

设备费是指项目研究过程中购置或试制专用仪器设备，对现有仪器设备进行升级改造，以及租赁和使用外单位仪器设备而发生的费用。专项经费要严格控制设备购置费支出。

(10) 测试化验加工费

测试化验加工费是指项目研究过程中支付给外单位（包括项目承担单位内部独立经济核算单位）的检验、测试、化验及加工等费用。

(11) 燃料动力费

燃料动力费是指项目研究过程中相关大型仪器设备、专用科学装置等运行发生的可以单独计量的水、电、气、燃料消耗费用等。

(12) 其他费用

其他费用是指项目研究过程中发生的除上述费用之外的其他支出，应当在预算申请时单独列示、单独核定。

第 5 章 专利类公文

5.1 概述

5.1.1 专利的基本概念

专利（patent），字面上是指专有的权利和利益。"patent"一词来源于拉丁语 litterae patentes，意为公开的信件或公共文献，是中世纪的君主用来颁布某种特权的证明，后来指英国国王亲自签署的独占权利证书。

在现代，专利一般是由政府机关或者代表若干国家的区域性组织根据申请而颁发的一种文件，这种文件记载了发明创造的内容，并且在一定时期内产生这样一种法律状态，即获得专利的发明创造，在一般情况下他人只有经专利权人许可才能予以实施。

5.1.2 专利的分类及申请途径

（1）专利的分类

在我国，专利分为发明专利、实用新型专利和外观设计专利三种类型。

① 发明专利（patent for invention）　是指对产品、方法或者其改进所提出的新的技术方案，内容限定在产品、方法（如软件工艺等）。保护时间：20 年。

② 实用新型专利（utility model patent）　是指对产品的形状、构造或者其结合所提出的适于实用的新的技术方案，内容限定在产品形状、构造等。保护时间：10 年。

③ 外观设计专利（industrial design patent）　是指对产品的整体或者局部形状、图案或者其结合以及色彩与形状、图案的结合所作出的富有美感并适于工业应用的新设计，内容限定在产品形状、图案及其与色彩的结合。保护时间：15 年。

（2）专利的申请途径

① 单一国家专利申请　不同国家对专利保护期有不同的规定，发明专利一般为 20 年，实用新型及外观设计专利一般为 10 年。

② 专利合作条约（patent cooperation treaty，PCT）途径专利申请　是在专利领域进行合作的国际性条约。其目的是为解决就同一发明创造向多个国家申请专利时，减少申请人和各个专利局的重复劳动。PCT 途径最多可延长至 30 个月（有些国家是 31 个月）的申请时间来办理进入国家阶段，时间比较充裕。

③ 巴黎公约途径申请　节约 PCT 国际阶段产生的费用，如果选择进入的国家较少（不多于 3 个）可以考虑该方式。实用新型及外观设计专利保护期一般为 10 年，选择进入国外申请的时间最多为 12 个月，必须在 12 个月内完成所有国外文件的翻译和提交。

5.2　专利申请、受理和审批流程

（1）办事条件

就一项发明创造要求获得专利权的单位或个人，根据专利法及其实施细则的规定向国家知识产权局专利局提出专利申请，提交申请文件，缴纳申请费用。

（2）申请材料

① 以书面形式申请专利的，应当向国家知识产权局专利局提交申请文件一式一份。申请发明专利的，应当提交《中华人民共和国专利法》第二十六条规定的请求书、权利要求书、说明书及其摘要、说明书附图（必要时）。

申请实用新型专利的，应当提交《中华人民共和国专利法》第二十六条规定的请求书、权利要求书、说明书及其摘要、说明书附图。

申请外观设计专利的，应当提交《中华人民共和国专利法》第二十七条规定的请求书、该外观设计的图片或者照片以及对该外观设计的简要说明。

② 以电子形式申请专利的，应当通过专利电子申请系统（电子申请客户端或在线业务办理平台）以电子文件形式提交相关专利申请文件及手续，提交文件的格式应符合《电子申请文件格式要求说明》《关于外观设计专利电子申请提交规范注意事项》的相关要求。

（3）申请接收方式

① 纸质文件接收方式　申请人可以当面提交申请文件至国家知识产权局专利局业务受理大厅或专利局各代办处受理窗口，或者将申请文件邮寄到专利局受理处或专利局各代办处。

② 电子文件接收方式　专利电子申请系统。

（4）办理基本流程

① 面交新申请的受理　其流程如图 5-1 所示。

② 邮寄新申请的受理　其流程如图 5-2 所示。

③ 电子申请的受理　用户通过专利电子申请系统（电子申请客户端或在线业务办理平台）提交文件，不符合受理条件的，不予受理。

（5）收费依据与标准

收费依据：《国家发展改革委　财政部关于重新核发国家知识产权局行政事业性收费标准等有关问题的通知》（发改价格〔2017〕270 号）、《财政部　国家发展改革委关于停征、免征和调整部分行政事业性收费有关政策的通知》（财税〔2018〕37 号）。

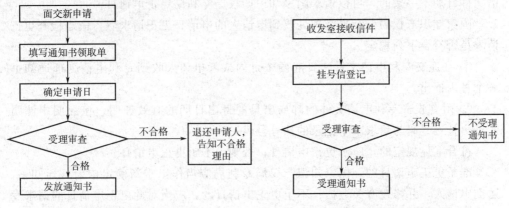

图 5-1 面交新申请受理流程　　　　图 5-2 邮寄新申请受理流程

申请费：①发明专利 900 元；②实用新型专利 500 元；③外观设计专利 500 元。

申请附加费：①权利要求附加费从第 11 项起每项加收 150 元；②说明书附加费从第 31 页起每页加收 50 元，从第 301 页起每页加收 100 元；③公布印刷费 50 元。④优先权要求费（每项）80 元。

（6）审批结果

专利申请符合受理条件的，确定申请日，给出申请号，发出受理通知书和缴费通知书（或费用减缴审批通知书）。

专利申请不符合受理条件的，发出不受理通知书。在国家知识产权局专利局受理处或者代办处窗口直接递交的专利申请，不符合受理条件的，直接向当事人说明原因，不予接收。

（7）结果送达

① 直接送达　当事人在受理窗口当面提交专利申请文件的，一般在受理窗口接收通知和决定，也可以要求通知书邮寄送达。

当事人逾期未领取的，通知书将以邮寄方式送达。

② 邮寄送达　不直接送达的文件，国家知识产权局专利局通过邮局以挂号信的方式把通知和决定送交当事人。

③ 电子方式送达　对于以电子文件形式提交的专利申请，国家知识产权局专利局以电子文件形式向专利申请提交人发出各种通知书、决定和其他文件，专利申请提交人应当按照电子专利申请系统用户注册协议约定的方式接收。

④ 公告送达　国家知识产权局专利局发出的通知和决定被退回的，如果确定文件因送交地址不清或者存在其他原因无法再次邮寄的，应当在专利公报上通过公告方式通知当事人。自公告之日起满一个月，文件视为已经送达。电子申请用户未及时接收通知或决定的，不作公告送达。

（8）申请人权利和义务

申请人收到专利申请受理通知书之后认为该通知书上记载的申请日与邮寄该申

请文件日期不一致的，可以请求国家知识产权局专利局更正申请日。

国家知识产权局专利局受理处收到申请人的申请日更正请求后，应当检查更正请求是否符合下列规定。

① 在递交专利申请文件之日起两个月内或者申请人收到专利申请受理通知书一个月内提出。

② 附有收寄专利申请文件的邮局出具的寄出日期的有效证明，该证明中注明的寄出挂号号码与请求书中记录的挂号号码一致。

符合上述规定的，应予更正申请日；否则，不予更正申请日。

准予更正申请日的，国家知识产权局专利局应当作出重新确定申请日通知书，送交申请人，并修改有关数据；不予更正申请日的，应当对此更正申请日的请求发出视为未提出通知书，并说明理由。

当事人对国家知识产权局专利局确定的其他文件递交日有异议的，应当提供专利局出具的收到文件回执、收寄邮局出具的证明或者其他有效证明材料。证明材料符合规定的，专利局应当重新确定递交日并修改有关数据。

申请人可以对受理过程中出现的其他错误，如著录项目信息错误、费减结论审批错误等，提出修改更正请求，并附相应证明文件，受理处审查确属错误的，发出修改更正通知书。申请人如果对受理阶段的通知或决定不服，可以申请行政复议，也可以根据行政诉讼法提出行政诉讼。

（9）咨询途径

① 当面咨询　北京市海淀区蓟门桥西土城路6号，国家知识产权局业务受理大厅（工作日）。

② 电话咨询　国家知识产权局全国统一电话咨询热线：010-62356655。

③ 网站咨询　国家知识产权局官网首页的"互动"-"留言咨询"栏目。

④ 信函咨询　通信地址：北京市海淀区蓟门桥西土城路6号，国家知识产权局客户服务中心。邮政编码：100088。

（10）投诉渠道

中国知识产权维权援助网。

（11）公开查询

国家知识产权局官网首页的"服务"-"政务服务平台"-"专利"-"查询服务"-"中国及多国专利审查信息查询"栏目。

5.3　专利文件的撰写

专利权利要求书和专利说明书（技术交底书）是记载发明或者实用新型专利及

确定其保护范围的法律文件。技术交底书是申请人提供给专利代理人的技术资料，是反映发明或实用新型专利的技术内容的书面材料。该技术资料是代理人撰写申请文件的依据，技术资料的内容应包括名称、发明或实用新型专利所涉及的技术领域、与发明或实用新型专利相关的背景技术、发明内容、附图及其附图说明、申请技术在实践中的实例等。

5.3.1 发明、实用新型专利权利要求书

5.3.1.1 专利权利要求书的总体架构

专利权利要求书的总体架构如图 5-3 所示。

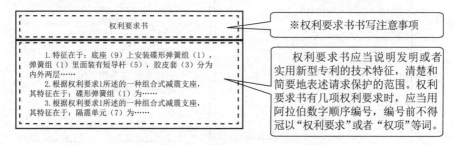

图 5-3 专利权利要求书的总体架构

5.3.1.2 专利权利要求书的细节注释

※权利要求书书写注意事项

申请发明专利或者实用新型专利应当提交权利要求书，一式一份。

权利要求书应当打字或者印刷，字迹应当整齐清晰，呈黑色，符合制版要求，不得涂改，字高应当为 3.5～4.5 毫米，行距应当为 2.5～3.5 毫米，权利要求书首页用空白样例页，续页可使用同样大小和质量相当的白纸。纸张应当纵向使用，只限使用正面，四周应当留有页边距：左侧和顶部各 25 毫米，右侧和底部各 15 毫米。

权利要求书中使用的科技术语应当与说明书中使用的一致，可以有化学式或者数学式，必要时可以有表格，但不得有插图。不得使用"如说明书……部分所述"或者"如图……所示"等用语。

每一项权利要求仅允许在权利要求的结尾处使用句号。

权利要求书应当在每页下框线居中位置顺序编写页码。

5.3.2 发明、实用新型专利说明书

5.3.2.1 专利说明书的总体架构

专利说明书的总体架构如图 5-4 所示。

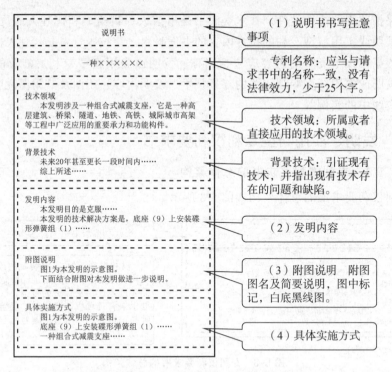

图 5-4 专利说明书的总体架构

5.3.2.2 专利说明书的细节注释

（1）说明书书写注意事项

申请发明专利或者实用新型专利应当提交说明书，一式一份。

说明书应当打字或者印刷，字迹应当整齐清晰，呈黑色，符合制版要求，不得涂改，字高为 3.5～4.5 毫米，行距为 2.5～3.5 毫米。说明书首页用空白样例页，续页可使用同样大小和质量相当的白纸。纸张应当纵向使用，只限使用正面，四周应当留有页边距：左侧和顶部各 25 毫米，右侧和底部各 15 毫米。说明书应当在每页下框线居中位置顺序编写页码。

（2）发明内容

发明内容包括发明目的、技术方案和有益效果。

发明目的：写明要解决的技术问题（与背景技术对应）。

技术方案：同权利要求书，在文字表述上一字不差。

有益效果：与现有技术相比具有的有益效果（是目的的升华），不能断言"好"，要借助于数据、对比实验等来说明。

（3）附图说明

说明书无附图的，说明书文字部分不包括附图说明及其相应的标题。说明书文字部分可以有化学式、数学式或者表格，但不得有插图。

（4）具体实施方式

对权利要求书中解决技术特征详细说明，以支持权利要求。

5.3.3 发明、实用新型专利说明书附图

5.3.3.1 专利说明书附图的总体架构

专利说明书附图的总体架构如图5-5所示。

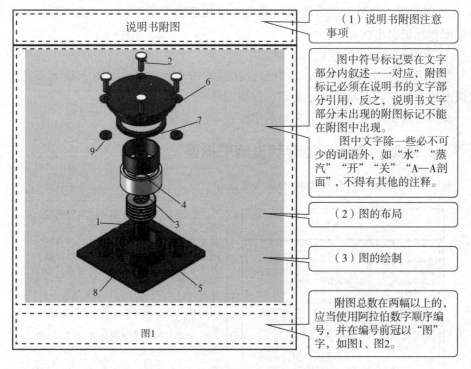

图 5-5　专利说明书附图的总体架构

5.3.3.2 专利说明书附图的细节注释

（1）说明书附图注意事项

申请发明专利（如有附图）或者实用新型专利应当提交说明书附图，一式一份。

实用新型专利申请的说明书附图中应当有表示要求保护的产品的形状、构造或者其结合的附图，不得仅有表示现有技术的附图，或者不得仅有表示产品效果、性能的附图。

附图首页用空白样例页，续页可使用同样大小和质量相当的白纸。纸张只限使用正面，四周应当留有页边距：左侧和顶部各25毫米，右侧和底部各15毫米。

（2）图的布局

① 附图应当尽量竖向绘制在图纸上，彼此明显分开。当零件横向尺寸明显大于竖向尺寸必须水平布置时，应当将附图的顶部置于图纸的左边，一页图纸上有两

幅以上的附图，且有一幅已经水平布置时，该页上其他附图也应当水平布置。

② 一幅图无法绘在一张纸上时，可以绘在几张图纸上，但应当另外绘制一幅缩小比例的整图，并在此整图上标明各分图的位置。

（3）图的绘制

① 应当使用包括计算机在内的制图工具和黑色墨水绘制，线条应当均匀清晰、足够深，不得着色和涂改，不得使用工程蓝图。

② 剖视图应当标明剖视的方向和被剖视的图的布置。

③ 剖面线间的距离应当与剖视图的尺寸相适应，不得影响图面整洁（包括附图标记和标记引出线）。

④ 图中各部分应当按比例绘制。

⑤ 附图的大小及清晰度，应当保证在该图缩小到三分之二时仍能清晰地分辨出图中各个细节，以能够满足复印、扫描的要求为准。

说明书附图应当在每页下框线居中位置顺序编写页码。

5.3.4 发明、实用新型专利说明书摘要

专利说明书摘要的总体架构如图5-6所示。

说明书摘要	说明书摘要文字部分应当写明发明或者实用新型专利的名称和所属的技术领域，清楚反映所要解决的技术问题，解决该问题的技术方案的要点及主要用途。说明书摘要文字部分不得加标题，文字部分（包括标点符号）不得超过300个字，对于进入国家阶段的国际申请，其说明书摘要译文不限于300个字。
一种组合式减震支座，它是一种工程中广泛应用的重要承力和功能构件。本发明采用铅芯、橡胶、碟形弹簧组三种减震单元以达到综合性的吸震效果，其结构是在底座上安装碟形弹簧组，里面装有短导杆，胶皮套分为内外两层，管状铅芯嵌入两层胶皮套中，整体置于减震器底座的中央圆筒形结构中，碟形弹簧组置于胶皮套内层，隔震单元置于底座圆筒结构上部，外定位活动销连接上端盖和底座，安装时保证4个外定位活动销插入四个橡胶导向块孔中。本发明提供一种生产维护费用低、能够控制竖直高度、采用具有抗腐蚀和抗老化性能材料的结构稳定。应用范围广，能够适用于各种建筑中。适用于各种土地的一种组合式减震支座，将给社会带来巨大的经济效益和社会效益。	说明书摘要文字部分应当打字或者印刷，字迹应当整齐清晰，黑色，符合制版要求，不得涂改，字高为3.5~4.5毫米，行距为2.5~3.5毫米。纸张应当纵向使用，只限使用正面，四周应当留有页边距：左侧和顶部各25毫米，右侧和底部各15毫米。

图5-6 专利说明书摘要的总体架构

5.3.5 发明、实用新型专利说明书摘要附图

专利说明书摘要附图的总体架构如图5-7所示。

5.3.6 外观设计简要说明

5.3.6.1 总体架构

外观设计简要说明的总体架构如图5-8所示。

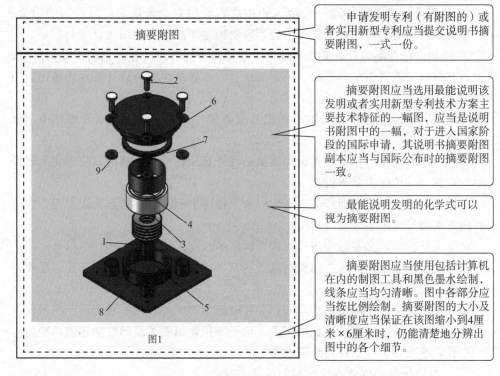

图 5-7　专利说明书摘要附图的总体架构

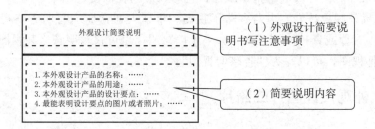

图 5-8　外观设计简要说明的总体架构

5.3.6.2　细节注释

（1）外观设计简要说明书写注意事项

申请外观设计专利的应当提交对该外观设计的简要说明。

外观设计专利权的保护范围以表示在图片或者照片中的该产品的外观设计为准，简要说明可以用于解释图片或者照片所表示的该产品的外观设计。

（2）简要说明内容

简要说明应当包括下列内容。

① 外观设计产品的名称　简要说明中的产品名称应当与请求书中的产品名称一致。

第 5 章　专利类公文　　57

② 外观设计产品的用途　简要说明中应当写明有助于确定产品类别的用途。对于具有多种用途的产品，简要说明应当写明所述产品的多种用途。

③ 外观设计产品的设计要点　设计要点是指与现有设计相区别的产品的形状、图案及其结合，或者色彩与形状、图案的结合，或者部位。对设计要点的描述应当简明扼要。

④ 指定一幅最能表明设计要点的图片或者照片。指定的图片或者照片用于出版专利公报。

对同一产品的多项相似外观设计提出一件外观设计专利申请的，应当在简要说明中指定其中一项作为基本设计。

对于花布、壁纸等平面产品，必要时应当描述平面产品中的单元图案两方连续或者四方连续等无限定边界的情况。

对于细长物品，必要时应当写明细长物品的长度采用省略画法。

如果产品的外观设计由透明材料或者具有特殊视觉效果的新材料制成，必要时应当在简要说明中写明。

如果外观设计产品属于成套产品，必要时应当写明各套件所对应的产品名称。简要说明不得使用商业性宣传用语，也不能用来说明产品的性能和内部结构。此外，下列情形应当在简要说明中写明。

① 请求保护色彩或者省略视图的情况。

② 如果外观设计专利申请请求保护色彩，应当在简要说明中声明。

③ 如果外观设计专利申请省略了视图，申请人通常应当写明省略视图的具体原因，如因对称或者相同而省略；如果难以写明，也可仅写明省略某视图，如大型设备缺少仰视图，可以写为"省略仰视图"。

5.3.7　外观设计图片或照片

5.3.7.1　总体架构

外观设计图片或照片基本格式如图5-9所示。

5.3.7.2　细节注释

（1）对图片的要求

就立体产品的外观设计而言，产品设计要点涉及六个面的，应当提交六面正投影视图；产品设计要点仅涉及一个或几个面的，应当至少提交所涉及面的正投影视图和立体图，并应当在简要说明中写明省略视图的原因。就平面产品的外观设计而言，产品设计要点涉及一个面的，可以仅提交该面正投影视图；产品设计要点涉及两个面的，应当提交两面正投影视图。

必要时，申请人还应当提交该外观设计产品的展开图、剖视图、剖面图、放大图以及变化状态图。此外，申请人可以提交参考图，参考图通常用于表明使用外观

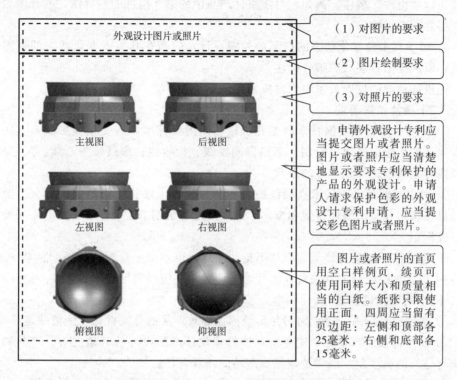

图 5-9 外观设计图片或照片基本格式

设计的产品的用途、使用方法或者使用场所等。

色彩包括黑白灰系列和彩色系列。对于简要说明中声明请求保护色彩的外观设计专利申请，图片的颜色应当着色牢固、不易褪色。

六面正投影视图的视图名称是指主视图、后视图、左视图、右视图、俯视图和仰视图。各视图的视图名称应当标注在相应视图的正下方。其中主视图所对应的面应当是使用时通常朝向消费者的面或者最大限度反映产品的整体设计的面。例如，带杯把的杯子的主视图应是杯把在侧边的视图。

① 对于成套产品，应当在其中每件产品的视图名称前以阿拉伯数字顺序编号标注，并在编号前加以"套件"字样。例如，对于成套产品中的第 4 套件的主视图，其视图名称为：套件 4 主视图。

② 对于同一产品的相似外观设计，应当在每个设计的视图名称前以阿拉伯数字顺序编号标注，并在编号前加以"设计"字样。例如：设计 1 主视图。

③ 组件产品是指由多个构件相结合构成的一件产品。分为无组装关系、组装关系唯一或者组装关系不唯一的组件产品。对于组装关系唯一的组件产品，应当提交组合状态的产品视图；对于无组装关系或者组装关系不唯一的组件产品，应当提交各构件的视图，并在每个构件的视图名称前以阿拉伯数字顺序编号标注，并在编

号前加以"组件"字样。例如,对于组件产品中的第 3 组件的左视图,其视图名称为:组件 3 左视图。

④ 对于有多种变化状态的产品的外观设计,应当在其显示变化状态的视图名称后,以阿拉伯数字顺序编号标注。

正投影视图的投影关系应当对应、比例应当一致。

(2)图片绘制要求

① 图片应当参照我国技术制图和机械制图国家标准中有关正投影关系、线条宽度以及剖切标记的规定绘制。不得以阴影线、指示线、虚线、中心线、尺寸线、点画线等线条表达外观设计的形状。

② 可以用两条平行的双点画线或自然断裂线表示细长物品的省略部分。图面上可以用指示线表示剖切位置和方向、放大部位、透明部位等,但不得有不必要的线条或标记。

③ 不得使用铅笔、蜡笔、圆珠笔绘制图片,也不得用蓝图、草图、油印件。

④ 用计算机绘制的外观设计图片,图面分辨率应当满足清晰的要求。

(3)对照片的要求

① 照片应当清晰,避免因对焦等原因而导致产品的外观设计无法清楚地显示。

② 照片背景应当单一,避免出现该外观设计产品以外的其他内容。产品和背景应有适当的明度差,以清楚地显示产品的外观设计。

③ 照片的拍摄通常应当遵循正投影规则,避免因透视产生的变形而影响产品的外观设计的表达。

④ 照片应当避免因强光、反光、阴影、倒影等而影响产品的外观设计的表达。

⑤ 照片中的产品通常应当避免包含内装物或者衬托物,但对于必须依靠内装物或者衬托物才能清楚地显示产品的外观设计的,则允许保留内装物或者衬托物。

5.4 专利文件的申请样例

5.4.1 实用新型专利申请样例

5.4.2 专利授权文件样例

扫描二维码获取

第 6 章 技术合同类应用文

6.1 概述

科技活动指在所有科学技术领域内,与科技知识的产生、发展、传播和应用密切相关的全部的、有组织的、系统的活动。而科技活动中隐藏着诸多风险及争议,如技术能否成功开发的不确定性、技术应用前景不确定性、技术开发周期过长、技术效果和技术寿命的不确定性等问题,严重制约着企业的技术开发。技术合同的存在则可以有效避免上述情况发生。通过签订书面合同将双方或多方当事人之间存在争议的方面进行罗列,明确当事人享有的权利,约束当事人应当履行的责任和义务,尽量避免纠纷、降低违约风险、提高技术研发效率,保护合法权益。因此,技术合同在推动企业技术进步、实现科技成果商品化等过程中能够起到重要作用。本章以技术合同这一企业科技活动中涉及最广泛的应用文为对象,介绍技术合同的相关概念、结构组成及写作要点。

(本章所使用的应用文范例模板为中华人民共和国科学技术部刊发模板)

6.1.1 技术合同的基本概念

技术合同是当事人就技术开发、转让、许可、咨询或者服务订立的确立相互之间权利和义务的合同。根据《技术合同认定登记管理办法》的规定,只有技术合同登记机构对技术合同当事人申请认定登记的技术合同文本从技术上进行核查,确认其符合技术合同的各种要求后,才能称当事人所签订合同为技术合同。

经认定登记的技术合同,当事人可以持认定登记证明,向主管税务机关提出申请,经审核批准后,享受国家规定的税收优惠政策。未申请认定登记和未予登记的技术合同,不得享受国家对有关促进科技成果转化规定的税收、信贷和奖励等方面的优惠政策。优惠政策主要包括:企业支付的技术价款、报酬、使用费或者佣金可以按照国家有关规定摊入成本;对从事技术转让,技术开发业务和与之相关的技术咨询,技术服务取得的收入,免征营业税和所得税等。

6.1.2 技术合同的功能

对于市场而言，订立技术合同，有利于减少技术合同的纠纷，保护知识产权。另外，技术合同作为技术和经济的媒介，能促进科学技术的进步，加快科学技术成果的研发、转化、应用和推广。同时，技术市场的管理部门可以通过技术合同的认定登记，加强对技术市场和科技成果转化工作的宏观指导、管理和服务，并进行相关的技术市场的统计和分析工作。

对于企业当事人而言，通过认定登记的技术合同具有法律效力，可以大大提高合同的履约率，对当事人的责任和义务加以约束，避免不及时付款、拖延工期、项目质量存在瑕疵等合同纠纷，保护自身权益。技术合同登记数量和金额是科技项目参与评奖的重要参考指标，同时可作为企业（或个人）的资信凭证之一，帮助企业（或个人）更顺利地在银行获得贷款，提高企业（或个人）在银行的信誉度。此外，技术合同交易额还是高新技术企业资格年审复核和企业所得税减免的重要考核依据。

6.1.3 技术合同的特点

① 技术合同的标的与技术有密切关系，不同类型的技术合同有不同的技术内容。技术转让合同的标的是特定的技术成果，技术服务与技术咨询合同的标的是特定的技术行为，技术开发合同的标的兼具技术成果与技术行为的内容。

② 技术合同履行环节多，履行期限长，价款、报酬或使用费的计算较为复杂，一些技术合同的风险性很强。

③ 技术合同的法律调整具有多样性。技术合同标的物是人类智力活动的成果，这些技术成果中许多是知识产权法调整的对象，涉及技术权益的归属、技术风险的承担、技术专利权的获得、技术产品的商业标记、技术的保密、技术的表现形式等，受专利法、商标法、商业秘密法、反不正当竞争法、著作权法等法律的调整。

④ 当事人一方具有特定性，通常应当是具有一定专业知识或技能的技术人员。

⑤ 技术合同是双务、有偿合同。（双务合同是指双方当事人都享有权利和承担义务的合同。双方的债权债务关系呈对应状态，即每一方当事人既是债权人又是债务人）

6.1.4 技术合同的分类

根据《技术合同认定规则》和《中华人民共和国民法典》（以下简称《民法典》），技术合同可以分为技术开发合同、技术转让合同、技术许可合同、技术咨询合同以及技术服务合同五大主要类型合同，五类合同下又可细分多种合同，具体分类如图 6-1 所示。

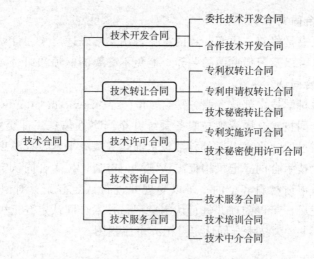

图 6-1 技术合同主要分类

6.2 技术合同签订流程

订立合同是一个经过充分协商达到双方当事人意思表示一致的过程，在这个过程中的各个步骤构成了合同订立的程序。订立合同的程序主要有：

（1）市场调查和可行性研究

市场调查和可行性研究是当事人在签订合同前必不可少的准备工作。通过对项目的市场需求、资源供应、建设规模、工艺路线、设备选型、环境影响、资金筹措、盈利能力、可能出现的技术困难等方面的研究，从技术、经济、工程等角度对项目进行调查研究和分析比较，并对项目建成以后可能取得的经济效益和社会环境影响进行科学预测，为项目决策提供公正、可靠、科学的投资咨询意见。

（2）资信审查

当双方准备谈判签订合同时，需要对对方进行资信审查。资信审查包括资格审查和信用审查。资格审查的主要目的为考量对方的履约能力，提高合同的真实性和可行性。信用审查主要审查对方征信状况，是否存在权利瑕疵等问题，避免违约情况发生，损害己方利益。

（3）洽谈协商

当事人之间就合同条款的不同意见经过反复协商，讨价还价，最后达成一致意见。合同条款的主要内容有合同双方当事人姓名、单位和地址；合同双方订立合同的目的和依据；合同标的、标的物数量、标的物质量、价款；合同履行期限、履行地点和履行方式；合同的违约责任及争议解决方式；法律规定或当事人约定的其他内容等。

（4）拟定合同文书

拟定合同文书是将双方协商一致的意见，用文字表述出来。订立合同中应当注意各种语言、方言以及习惯称谓的差异，避免不必要的麻烦和纠纷。

（5）技术合同认定

当事人通过科学技术部政务服务平台（https://fuwu.most.gov.cn）完成实名认证，并通过全国技术合同管理与服务系统补全当事人信息，提交登记机构审核；登记机构审核通过后，当事人通过科学技术部政务服务平台授权事项办件人；事项办件人向所在地技术合同登记机构提出认定登记申请；技术合同认定登记人员对合同进行审查，对申请材料齐全的，予以受理并进行认定登记；对申请材料不齐全的，当事人补正后，予以受理并进行认定登记；技术合同认定登记机构出具认定登记证明材料。图6-2为技术合同认定登记办事流程图。

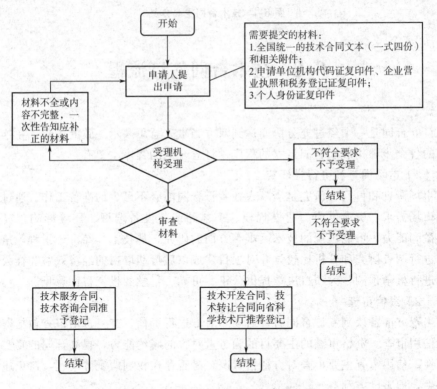

图6-2 技术合同认定登记办事流程图

（6）签订合同

通过技术合同认定后，双方当事人的法定代表人或经办人在合同上签字，同时要加盖单位公章或者合同专用章，合同订立的程序才算完成。

6.3 技术合同撰写

在合同拟定时,一定要保证合同条款中权利义务的对等性,即对双方权利义务的要求是对等的且违约责任与合同责任的设定是对等的。一般合同的条款主要包括当事人的名称或者姓名和住所;标的(合同权利义务指向的对象);数量;质量;价款或者报酬;履行期限、地点和方式;违约责任;解决争议的方法。

而技术合同则是合同中比较特殊的一类合同,其主要条款有:项目名称;标的的内容、范围和要求;履行的计划、进度、期限、地点和方式;技术情报和资料的保密;风险责任的承担;技术成果的归属和收益的分成办法;验收标准和方法;价款、报酬或者使用费和支付方式;违约金或者损失赔偿的计算方法;解决争议的方法;名词和术语的解释。这些技术合同的条款是指导性条款,不要求订立技术合同的当事人必须采用,也不限制当事人在合同中约定其他权利义务。与履行合同有关的技术资料、可行性论证和技术评价报告、技术标准、技术规范、原始设计和工艺文件,以及其他技术文档,按照当事人的约定可以作为合同的组成部分。从实践看,技术合同的内容规定明确、具体,有利于双方当事人了解自己的权利义务,不致产生对合同条款的不同理解,从而有利于合同的履行。

下面将重点讲解五类主要技术合同的特点及各个条款的写作要点。

6.3.1 技术合同的构成

技术合同主要由合同基本信息、填写说明、当事人信息和主要条款四部分组成。在拟定合同文书时,合同基本信息写于合同封面上;填写说明由技术部所刊发的模板给出;当事人信息应为企业法人营业执照中所登记的信息;主要条款为合同主体部分,由当事人协商签订。

6.3.1.1 总体架构

技术合同的总体架构如图 6-3 所示。

6.3.1.2 细节注释

(1)合同封面

合同封面主要包括合同编号、项目名称、合同当事人信息、签订合同的时间和地点、合同期限等信息。

(2)合同填写说明

合同填写说明主要介绍合同填写中最基本要求及填写时应注意事项。

```
合同登记编号：
□□□□ □□□□ □□ □□□□□□

              技术开发（委托）合同

        项目名称：_____
        委托方（甲方）：_____         ┌─────────────────┐
                                                  │（1）合同封面，填 │
        受托方（乙方）：_____         │写合同主要信息    │
                                                  └─────────────────┘
        签订时间：_____
        签订地点：_____
        有效期限：_____

              中华人民共和国科学技术部印制
```

```
                    填写说明
    一、本合同为中华人民共和国科学技术部印制的技术开发（委托）合
同示范文本，各技术合同登记机构可推介技术合同当事人参照使用。
    二、本合同书适用于一方当事人委托另一方当事人进行新技术、新产
品、新工艺、新材料或者新品种及其系统的研究开发所订立的技术开发合同。    ┌──────────────┐
    ……                                                                   │（2）合同填写说明│
                                                                          └──────────────┘
```

```
    委托方（甲方）：_____
    住所地：_____
    法定代表人：_____
    项目联系人：_____       ┌──────────────┐
    联系方式：_____       │（3）合同当事人信息│
    通信地址：_____       └──────────────┘
    电话：_____ 传真：_____
    电子邮箱：_____
    ……
```

```
    3.技术方法和路线：_____
    第二条  乙方应在本合同生效后_____日内向甲方提交研究开发计
划。研究开发计划应包括以下主要内容：
    1._____；
                    ⋮
    第二十八条  本合同一式_____份，具有同等法律效力。
    第二十九条  本合同经双方签字盖章后生效。                          ┌──────────────┐
    ……                                                                │（4）合同主要条款│
                                                                      └──────────────┘
```

图6-3 技术合同的总体架构

（3）合同当事人信息

合同当事人信息主要包括当事人法定名称、住所地、当事双方法定代表人、联

系方式、通信地址、电子邮箱等。

（4）合同主要条款

合同主要条款是合同中最重要的部分，由当事人协商签订各种条款。

6.3.2 技术开发合同

技术开发合同是当事人之间就新技术、新产品、新工艺、新品种或者新材料及其系统的技术研发所订立的合同，包括委托（技术）开发合同和合作（技术）开发合同。此类合同中的标的应当是尚不存在的、有待开发的技术成果。委托开发合同与合作开发合同之间主要属性对比如表 6-1 所示。

表 6-1 委托开发合同与合作开发合同主要区别

内容	委托开发合同	合作开发合同
当事人之间权利义务	当事人之间的权利义务是相对的，这与一般的双务合同相同，即委托人的主要义务也就是技术研发人的主要权利；技术研发人的主要义务即委托人所享有的权利	当事人之间的权利义务是平行的，即当事人都承担类似的义务，又都有权请求和监督另一方履行相应的义务
技术研发工作的方式	一方进行物质投资和经费投入，另一方从事技术研发	当事人共同参加技术研发工作，具体表现为，合作各方可以共同进行全部的技术研发工作，也可以按合同的约定进行分工，分别承担不同阶段或不同部分的技术研发工作
合同主体	科研单位与企业之间的合作	大多为专门从事技术研发工作的科研单位
签约目的	委托人提供投资供另一方技术研发，其目的是获得技术研发成果，用于其生产领域，获取经济效益；技术研发人从事技术研发工作的目的是获取报酬。委托开发合同的成果所有权依合同的约定在当事人之间进行不同程度的分享	当事人之间的权利义务关系是共同的，各方的目的是一致的，通过技术研发取得的成果是共有的，可以是共同共有，也可以是按份共有
分担风险的原则	开发风险一般由委托人承担，也可依合同约定由双方分担	技术研发过程中出现的风险通常由各方当事人共同承担

6.3.2.1 委托技术开发合同

（1）封面与填写说明

图 6-4 为委托技术开发合同封面，在封面上填写合同基本信息，封面信息主要包括：

① 合同编号 由当事人双方负责合同部门协商确定。

② 合同标题 与填写说明第一点处一致，显示本合同所属技术合同分类。

③ 项目名称　由双方协商确定，项目所规定的正式名称，一般使用整体项目的总称。

④ 委托方（甲方）/受托方（乙方）　使用企业法人营业执照上的法定名称。

⑤ 签订地点　合同当事人协商确定，法律并没有强制规定签订合同的地点。但是，当出现矛盾纠纷当事人之间无法协商调解，需要法官出面时，解决问题的法庭所在地为签订地点。

⑥ 有效期限　合同的起始与终止时间。

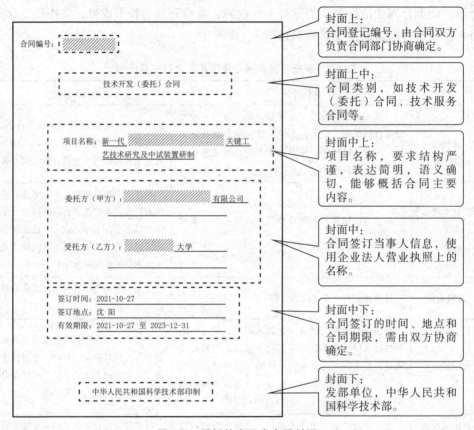

图 6-4　委托技术开发合同封面

填写说明为本项目填写前必看内容，是对合同最基本的要求，尤其是第四、五点，在填写合同中尤为重要。

第一点：主要介绍本合同所属技术合同分类。

第二点：介绍本合同主要作用。

第三点：提供签约人多于两方的情况的解决方案。

第四点：本合同书未尽事项，可由当事人附页另行约定，并作为本合同的组成部分。如果没有书面形式条款，只有口头约定，合同履行发生相关纠纷时无法依靠法律保护合理权益。

第五点：当事人使用本合同书时约定无需填写的条款，应在该条款处注明"无"等字样。无需填写的条款无需删除，以免当事人双方所述条款无法匹配或者发生矛盾时，法院所述条款与当事人条款无法匹配的现象发生。

（2）合同当事人信息

如图6-5所示，合同签订当事人信息应包括以下具体内容。

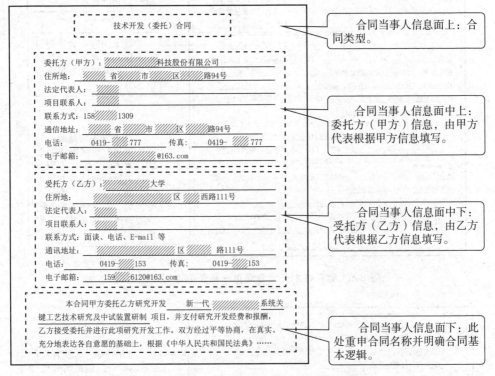

图6-5 委托技术开发合同当事人信息填写图例

① 委托方（甲方）/受托方（乙方）使用企业法人营业执照上的法定名称。
② 住所地使用企业法人营业执照上的住所地。
③ 法定代表人使用企业法人营业执照上的法定代表人名称。
④ 项目联系人为当项目过程中出现问题时对方首先联系的己方联系人。
⑤ 通信地址为最便于联系的通信地址。
⑥ 若签约一方为多个当事人参照填写说明相关条例进行增减。

（3）合同具体条款

委托技术开发合同第一、二、三条条款填写注意事项见图6-6和图6-7。

第一条 本条款为技术开发合同标的，也是合同约定技术研发的技术成果，应载明所属技术领域和项目内容、技术构成、科技水平和经济效益的目标。

第二条　本条款规定了技术研发计划提交日期与内容。
第三条　本条款为技术研发工作进度安排。

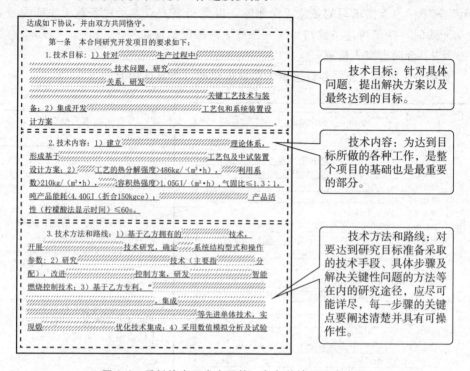

图6-6　委托技术开发合同第一条条款填写注意事项

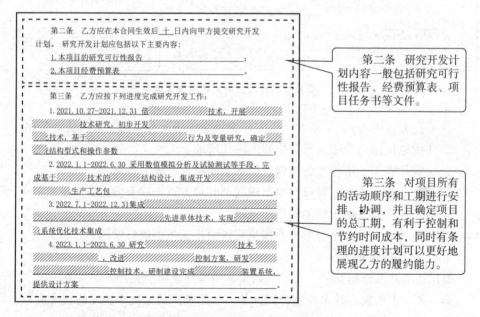

图6-7　委托技术开发合同第二、三条条款填写注意事项

委托技术开发合同第四、五条条款填写注意事项如图 6-8 所示。

```
第四条  甲方应向乙方提供的技术资料及协作事项如下：
    1. 技术资料清单：1) 原始设计图纸及必要的设计说明文件；
       2) 必要的设计规范和标准                              
    2. 提供时间和方式：项目执行之前及执行期间随时按照约定提
       供相关技术文件及资料                                 
    3. 其他协作事项：不仅限于上述技术资料清单，为顺利实施该项
       目，甲方视具体情况为乙方提供其他所需相关技术资料和现场考察服
       务。本合同履行完毕后，上述技术资料按以下方式处理：甲方要求返
       回的技术资料应按照约定及时返还，其他技术资料乙方可自行处理。
```
↑ 第四条 罗列甲方应向乙方提供的技术资料及协作事项。

```
第五条  甲方应按以下方式支付研究开发经费和报酬：
    1. 研究开发经费和报酬总额为 壹佰零伍万元（105万元）     。
       其中：(1) 测试加工费 56.5万元               ；
             (2) 材料费 16万元                     ；
             (3) 差旅会议费 3万元                   ；
             (4) 知识产权费用及论文发表等 3.6万元   ；
             (5) 劳务费及专家咨询费 5.9万元         ；
             (6) 测试化验加工费 2万元               ；
             (7) 间接经费 18万元                   。
```
↑ 第五条 罗列研究经费及具体用途，其中技术研发经费和报酬总额填写方式为币种大写数额（小写数额），如人民币壹佰万元（100万元）。

```
    2. 研究开发经费由甲方  一次  （一次、分期或提成）支付乙方。
       具体支付方式和时间如下：
       (1) 财政资金到账后10日，一次性转账到乙方账户。
       乙方开户银行名称、地址和帐号为：
          开户银行：////////////
          地址：/////////区////////路///////号///////
          账号：///////////////
          ……
    3. 双方确定，甲方以实施研究开发成果所产生的利益提成支付乙方的研
       究开发经费和报酬的，乙方有权以  无  的方式查阅甲方有关的会计账目。
```
↑ 甲方支付研究经费方式及乙方开户信息。

图 6-8 委托技术开发合同第四、五条条款填写注意事项

第四条 本条款中填写第一项技术资料清单时，一般包括项目工作报告、相关图纸、必要的设计规范、要求、标准；第二项提供时间和方式应明确具体时间方式，如××××年××月××日或者自合同签订起××日内以××方式提供；同时，合同中所涉及技术资料归属权、归属时间及归属方式应当以书面形式于此明确。

第五条 本条款为技术研发经费和报酬相关条款，填写第二项中具体支付方式和时间时，应当明确写出付款期限、付款金额、付款方式及付款对象，避免出现漏洞影响合同进行。例如：合同签订×日内，通过银行转账的方式，一次性转账到乙方账号；完成×阶段任务，甲方检查满意后，支付×万元……填写乙方开户银行、地址和账号时，应由乙方代表填写并确认。

委托技术开发合同第六至九条条款填写注意事项如图 6-9 所示。

第六条 在此条款中，主要要求了乙方的研究经费的使用方式和保证甲方对

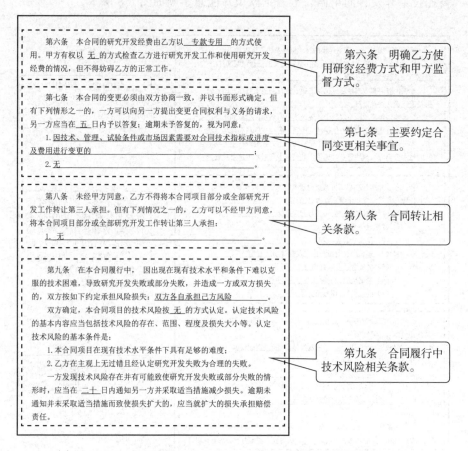

图 6-9 委托技术开发合同第六至九条条款填写注意事项

于研究进度的知晓权利。若担心甲方经费不能按时到位或甲方对乙方研究进度考核不合格情况发生,可在此条款下额外补充条款以保证项目顺利进行。例如:"1. 甲方根据需要可以对研究进度进行考核,如果考核不合格,由甲方提出整改意见进行整改,如整改仍不合格,甲方有权终止合同,技术研发经费也相应终止。2. 如甲方研究经费不能按时到位,乙方可自筹资金开展相关研究,自筹资金和利息由甲方承担。最低费用不低于合同约定的需到位经费金额。"

　　第七条　本条款主要解决合同变更问题,避免突发情况对于项目顺利进行的影响。合同的变更是指合同法律关系的主体和内容的改变,也就是指对合同各项条款修改、补充、限制等。合同的变更不同于合同的转让,合同的转让是合同主体的变更。市场经济是通过无数个合同行为等市场行为来表现的,而市场经济的不断发展变化也决定了合同不可能是一成不变的,当然,合同一经签订即产生法律拘束力,不允许一方任意加以变更,如果哪一方都可以对合同加以变更,合同就成了一纸空文,从而失去了其严肃性。当事人订立合同都是为了实现一定的经济目的，而现实经济活动是复杂和多变的，合同成立后，受主客观因素的影响，可能需要对合同的内容作出一些调整，那么，此时经过双方当事人的协商一致，就可以对合同作出变更。一般主要从以下几个方面进行约定：①发生了使合同基础发生变化的客观情况，如技术研发的目标已被第三人公开；②主要人员变动、国家政策变动等使原合同难以顺利进行或合同无法履行；③法律法规规定的合同可以变更的情形出现并严重影响合同项目进行；④考虑双方合作过程中可能发生的变更，为维护双方利益，应约定防止影响合同项目顺利进行的其他情况发生的情形。

第八条　本条款主要解决乙方合同义务转移问题，未经甲方允许擅自将技术研发工作转让，容易造成技术泄露的情况发生，侵犯甲方权利。但是，双方也可以协商约定，在一定情况下乙方可以不经甲方同意将项目工作转让。例如：不涉及和损害甲方技术权益、经济利益和商业秘密的部分；主管技术的项目负责人变动、国家重大产业项目变动；考虑技术进步的发展，独家难以承担一个完整的项目等情况。同时，应将可转让的合同项目进行部分书面规定。一般情况下，发生必须转让研究工作的情况时，与甲方及时沟通十分必要，否则极易引起纠纷。

第九条　本条款为防止技术研发失败对当事人双方造成风险损失导致爆发矛盾纠纷的情况发生所设立。根据《民法典》第八百五十八条的规定，该风险由当事人约定；没有约定或者约定不明确，依据《民法典》第五百一十条的规定仍不能确定的，风险由当事人合理分担。双方约定承担风险损失的方法有：双方各自承担各自损失；甲方承担损失×‰，乙方承担损失×‰；×方承担所有风险损失。

委托技术开发合同第十至十二条条款填写注意事项如图6-10所示。

第十条　本条款同样为防止技术研发失败对当事人双方造成风险损失导致爆发矛盾纠纷的情况发生所设立，此处一般为乙方不能及时发现研究开发标的的技术已经被他人公开，造成甲方的损失，因此日期不宜过短。

第十一条　此条款为技术秘密的保密协议，所涉及内容应由甲乙双方具体商议进行增减。保密内容应当为涉及本合同的技术文件、资料、经营信息和商业秘密；未经对方同意不得对外转让或泄露本合同技术标的及应用方向；本技术的销售市场和方向等内容。涉密人员范围应为直接或间接涉及本合同技术的有关人员。关于泄密责任部分，《民法典》第五百八十五条规定：当事人可以约定一方违约时应当根据违约情况向对方支付一定数额的违约金，也可以约定因违约产生的损失赔偿额的计算方法。约定的违约金低于造成的损失的，当事人可以请求人民法院或者仲裁机构予以增加；约定的违约金过分高于造成的损失的，当事人可以请求人民法院或者仲裁机构予以适当减少。

第十二条　本条款中技术研发成果交付的形式及数量应具体体现，如项目简报（季报或半年报）×份、项目图纸/说明书×份、申请专利×项、发表论文×篇等。技术研发成果交付时间通常为合同结束时间，地点通常为甲方所在地。

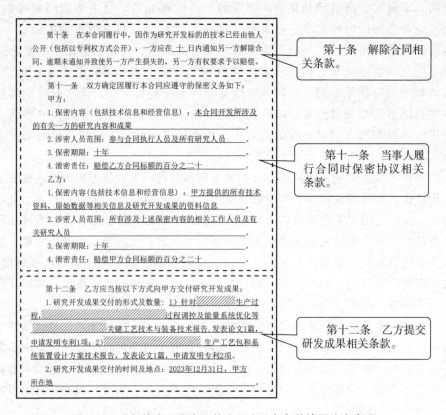

图 6-10 委托技术开发合同第十至十二条条款填写注意事项

委托技术开发合同第十三至十六条条款填写注意事项如图 6-11 所示。

第十三条 本条款为研究成果验收条款，由乙方协助甲方进行成果验收，具体项目参数要求由甲、乙双方协商或者使用国际标准、国家标准、专业标准、企业标准或其他国外标准等。

第十四条 本条款中，若没有确凿证据证明乙方技术研发成果侵犯任何第三人的合法权益，而甲方被指控技术侵权，乙方应协助甲方应对指控；若有明显证据证明乙方侵权，则乙方应承担甲方因技术侵权而产生的经济损失和其他责任。

第十五条 本条款为技术研发成果及相关知识产权权利的归属问题。签订利益分配项时，一般有以下几种方案：甲/乙方所有，另一方无偿使用；双方共有，甲方占×%，乙方占×%；一方申请专利的，应征得对方的书面同意；一方转让其权利的，应征得对方的书面同意，对方在同等条件下享有优先受让权。

根据《民法典》第八百五十九条的规定，委托开发完成的发明创造，除法律另有规定或者当事人另有约定外，申请专利的权利属于技术研发人。技术研发人取得专利权的，委托人可以依法实施该专利。技术研发人转让专利申请权的，委托人享有以同等条件优先受让的权利。

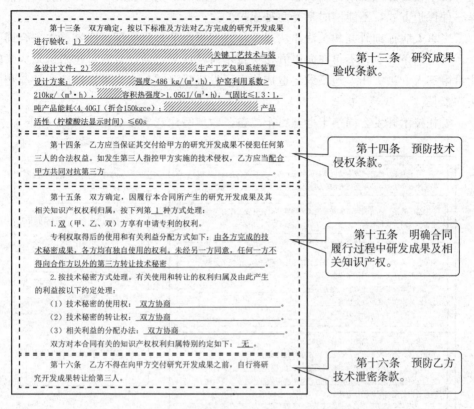

图 6-11 委托技术开发合同第十三至十六条条款填写注意事项

《民法典》第八百六十条规定，合作开发完成的发明创造，申请专利的权利属于合作开发的当事人共有；当事人一方转让其共有的专利申请权的，其他各方享有以同等条件优先受让的权利。但是，当事人另有约定的除外。合作开发的当事人一方声明放弃其共有的专利申请权的，除当事人另有约定外，可以由另一方单独申请或者由其他各方共同申请。申请人取得专利权的，放弃专利申请权的一方可以免费实施该专利。合作开发的当事人一方不同意申请专利的，另一方或者其他各方不得申请专利。

《民法典》第八百六十一条规定，委托开发或者合作开发完成的技术秘密成果的使用权、转让权以及收益的分配办法，由当事人约定；没有约定或者约定不明确，依据本法第五百一十条的规定仍不能确定的，在没有相同技术方案被授予专利权前，当事人均有使用和转让的权利。但是，委托开发的技术研发人不得在向委托人交付技术研发成果之前，将技术研发成果转让给第三人。

本条款为合同全部条款中对知识产权和经济利益影响最大之条款，其中技术秘密和专利之间又存在一定的重叠关系，即权利人就同一项新技术既可以去申请专利，受到专利法的保护，也可以选择作为技术秘密得到相关法律、法规的保护，但由于技术秘密必须处于保密状态，而专利申请之后必须被公开，因此权利人只能选择一种保护方式，不能同时享受两种保护。

当事人应仔细研究相关法律法规，认真商议细节，就实际情况签署本条合同。

第十六条　乙方不得在向甲方交付技术研发成果之前，自行将技术研发成果转让给第三人。被委托人违反约定造成技术研发成果泄露，应当承担违约责任与相应法律责任。

委托技术开发合同第十七至二十二条条款填写注意事项如图 6-12 所示。

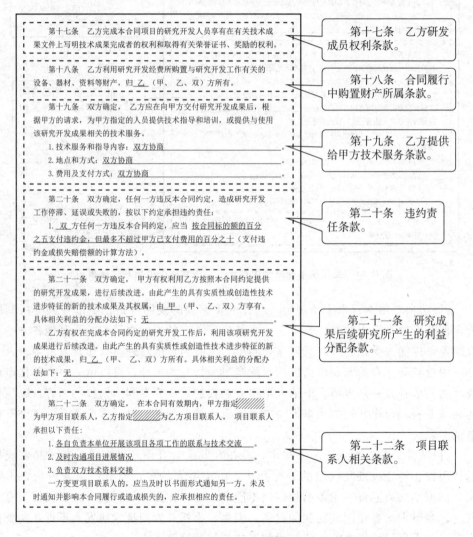

图 6-12　委托技术开发合同第十七至二十二条条款填写注意事项

第十七条　本条款是《民法典》明确规定的有关条款，不得擅自删除更改。

《民法典》第八百四十九条规定:"完成技术成果的个人享有在有关技术成果文件上写明自己是技术成果完成者的权利和取得荣誉证书、奖励的权利。"

第十八条　本条款应明确乙方利用技术研发经费所购置与技术研发工作有关的设备、器材、资料等财产的归属,避免后续矛盾产生。

第十九条　本条款中常见填写方式如下。

技术服务和指导内容:甲方技术人员和主要操作人员掌握该技术成果,包括设计指导、技术指导、工艺方法指导、技术培训与授课讲座……

地点和方式:由乙方派遣技术人员到甲方所在地讲授/甲方派遣技术人员到乙方所在地学习相关技术……

费用及支付方式:乙方免费培训/甲方支付乙方×万元……

第二十条　本条款为违约责任条款,一般违反合同任一条款均需要按照此条款赔偿方式进行赔偿,违约金或损失赔偿额应由双方协商确定,一般最多不超过合同总额的10%,有额外商议结果可以进行补充,如赔偿对方实际造成的经济损失等。同时,根据《民法典》第五百八十五条的规定,约定的违约金低于造成的损失的,当事人可以请求人民法院或者仲裁机构予以增加;约定的违约金过分高于造成的损失的,当事人可以请求人民法院或者仲裁机构予以适当减少。同时,在本条款中也可针对不同条款设置不同违约责任。

第二十一条　本条款为研究成果后续研究所产生的利益分配问题。一般情况下,新的技术成果及其权利归属为某一方所享有,则具体相关利益的分配也为其所享有,若新的技术成果及其权利归属为双方共有,则利益共享。具体归属情况以及利益分配方式应根据当事人双方具体情况自行约定。

第二十二条　本条款中联系人的主要责任应大致包括:按照约定的联系时间、联系方式和联系地点完成交办的相关工作;及时沟通该项目的进展情况;协调双方执行本合同并且协调合同执行中可能出现的问题;进行合同相关技术交接。一方变更项目联系人的,应当及时以书面形式通知另一方。未及时通知并影响本合同履行或造成损失的,应承担相应的责任。

委托技术开发合同第二十三至二十九条条款填写注意事项如图6-13所示。

第二十三条　技术风险指当事人努力履行,现有水平无法达到,有足够技术难度,同行专家认定为合理失败。除此之外,本条款还应考虑当事人一方迟延履行主要债务,经催告后在合理期限内仍未履行;当事人一方迟延履行债务或者有其他违约行为致使不能实现合同目的的情况。

《民法典》第八百五十八条规定,技术开发合同履行过程中,因出现无法克服的技术困难,致使技术研发失败或者部分失败的,该风险由当事人约定;没有约定或者约定不明确,依据《民法典》第五百一十条的规定仍不能确定的,风险由当事人合理分担。当事人一方发现前款规定的可能致使技术研发失败或者部分失败的情形时,应当及时通知另一方并采取适当措施减少损失;没有及时通知并采取适当措

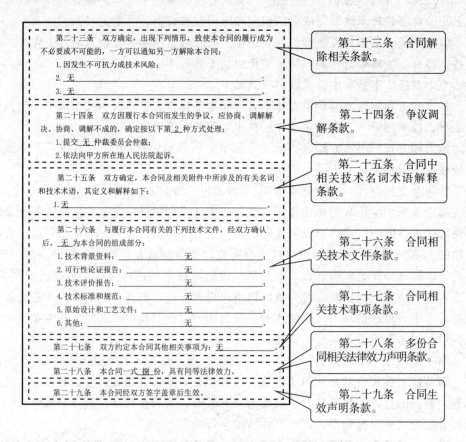

图 6-13 委托技术开发合同第二十三至二十九条条款填写注意事项

施,致使损失扩大的,应当就扩大的损失承担责任。

《民法典》第五百六十二条规定,当事人协商一致,可以解除合同。当事人可以约定一方解除合同的事由。解除合同的事由发生时,解除权人可以解除合同。

《民法典》第五百六十六条规定,合同解除后,尚未履行的,终止履行;已经履行的,根据履行情况和合同性质,当事人可以请求恢复原状或者采取其他补救措施,并有权请求赔偿损失。合同因违约解除的,解除权人可以请求违约方承担违约责任,但是当事人另有约定的除外。

《民法典》第九百三十三条规定,委托人或者受托人可以随时解除委托合同。因解除合同造成对方损失的,除不可归责于该当事人的事由外,无偿委托合同的解除方应当赔偿因解除时间不当造成的直接损失,有偿委托合同的解除方应当赔偿对方的直接损失和合同履行后可以获得的利益。

合同解除应三思而后行,无论解除合同的要求由哪一方提出,都应充分考虑各方各面的利益,以免造成不必要的恶劣局面。

第二十四条　本条款为解决争议的方法，条款中法院和仲裁委员会通常为甲方所在地法院和仲裁委员会。

第二十五条　在技术合同中，对于没有标准和没有惯例的名词、技术术语要有标准的约定和解释，防止歧义和误解；注意词序变换；文字、符号应该使用国家标准和规范，避免引起争议。

第二十六条　本条款为与履行本合同有关的技术文件条款，经双方确认后，将具体文件作为本合同的组成部分。

第二十七条　本条款为合同其他相关事项，双方协商后就实际情况填写，如果没有填"无"。

第二十八条　本条款根据甲乙双方实际情况填写，所填数字为大写数字。

第二十九条　此处信息应与"合同当事人信息"中信息一致。合同盖章具有重要的作用：对合同当事人而言，合同上加盖印章，表明双方当事人订立合同的要约、承诺阶段的完成和对双方权利、义务的最终确认，从而标志合同经双方协商而成立，并对当事人双方发生法律效力，当事人应当基于合同的约定行使权利、履行义务。一般说来，某个合同一旦由双方当事人加盖印章，当事人将不必另行举证证明合同已经成立，由此产生的后果便是法官将不对合同是否成立进行审理，法官将基于这一法定事实直接判定当事人义务的履行情况，而且法官断定是非、分清责任也将主要依据盖有印章的合同；反之，合同未盖章，法官将要对合同是否成立展开调查。同时，对方签字时使用笔具应由己方提供，防止长时间字体消退的情况。对方盖章后应仔细检查章印是否有效，避免章印错误的情况，如使用其他部门章或者项目不明的项目部章等。

6.3.2.2　合作技术开发合同

合作技术开发合同的当事人应当按照约定进行投资，包括以技术进行投资，分工参与技术研发工作，协作配合技术研发工作。合作技术开发合同条款中大部分条款与委托技术开发合同中相应条款注意事项类似，此处只描述合作技术开发合同中特有的合同条款。

> 第三条　为确保本合同全面履行，合作各方确定，采取以下方式对研究工作进行组织管理和协调：
> ①×计算、×设计等工作以乙方为主，甲方与丙方协助；
> ②×试制、×整改等工作以甲方为主，乙方与丙方协助；
> ③×系统、×技术等工作以丙方为主，甲方与乙方协助；
> ④当事人完成方案设计后，技术实施阶段由三方安排专业组进行对接参加，具体分工方案由当事人协商。

本条款为当事人分工要求，明确详尽指出各方工作事宜，有利于研究工作的进行，同时避免当事人中一方消极工作，造成项目延误，损害自身利益。

合作开发合同的当事人必须以自己的技术力量共同参与技术研发工作，这是当事人履行合同的基本义务，同时也是合作开发合同区别于委托开发合同的最重要的特征。参与技术研发工作，包括按照约定的计划和分工共同进行或者分别承担设计、工艺、试验、试制等技术研发工作。合作开发各方参与技术研发工作的方式一般有以下三种：一是参与合作技术研发的各方均派出相应的专业技术人员组成课题组，按照事先约定的或共同制订的技术研发计划共同参加全部技术研发工作，即合作各方共同参与设计、工艺、试验和试制等技术研发工作。采取这种方式的好处是有利于充分发挥集体的力量，便于解决技术研发中遇到的技术难题。二是各方派出专业技术人员组成课题组后，根据各单位的技术力量优势，分期进行技术研发工作。采取这种共同参与技术研发方式的好处就在于能充分发挥不同的专业技术人员的自身优势，也有利于节约技术研发的成本。三是各方按协议分别承担某项设计、工艺、试验、试制工作，也就是将技术研发工作分为几个部分或几个阶段或几个过程，然后由一方当事人派技术人员负责一个或几个阶段或过程的技术研发工作。采取这种方式的好处在于参与合作开发的各方任务明确，在发生纠纷后，易于分清责任。但是，无论采取何种方式，合作开发各方都应当通过提出技术构思，完成技术方案或者工作成果，对技术研发课题作出实质性贡献。

> 第五条　合作各方确定，按如下方式提供或支付本合同项目的技术研发经费及其他投资：
> 甲方：
> 提供或支付方式：<u>对于投资的方式，当事人可以根据自己的实际情况采取不同方式对技术研发课题做出投资。合作开发合同中当事人的投资方式常见的有以下三种：一是以资金作为投资；二是以设备、材料、场地、试验条件等物质条件作为投资；三是以专利、非专利技术成果以及技术情报、技术资料等技术条件作为投资。采取资金以外的形式进行投资的，应当折算成相应的金额，明确当事人在投资中所占的比例。</u>

第十五、十六条　此处两条款的一些注意事项参照委托开发合同第十五条。

此处条款为合作开发合同中发明创造的归属与分享的有关条款。有所不同的是第十五条中的成果为履行本合同所产生，并由合作各方分别独立完成的阶段性技术成果及其相关知识产权；而第十六条中的成果为履行本合同所产生的最终技术研发成果及其相关知识产权。

合作开发合同的发明创造作为合作开发合同的标的，是由合作开发人共同投资、以共同技术研发成功的，并且由于合作开发人对技术研发中的风险共担责任，因此依照权利与义务相一致的原则，合作开发人理应对合作开发过程中完成的发明创造共享权利。但这仅仅是一般的原则，合作开发人虽然共同投资、共同进行开发研究，但各合作开发人可以在合作开发合同中约定不同的投资比例、不同的分工，分别承担设计、工艺、试验等不同阶段或不同部分的技术研发工作。因而，《民法典》以及相关法律允许合作开发人在合作开发合同中对发明创造的权益的归属和分享进行约定，表现在对合作开发的发明创造的专利申请权上，双方当事人可以在合作开发合同中约定专利申请权归一方或多方，但当合同对此未作约定时，申请专利的权利属于完成发明创造的多方共有。

实践中，合作开发合同当事人以合同条款约定成果分享的情形主要表现为：

① 约定技术研发成果的专利申请权不为各方共有，而归一方当事人所有。但享有专利申请权的一方当事人可按约定将由此取得的经济利益向其他当事人做适当补偿。

② 约定向合同外第三人转让技术研发成果时，应经合作各方当事人协商一致，由此取得的经济利益由各方分享。

③ 某种情况下，当事人各方还可以在合同中约定对技术成果权的分享份额及各自享有的专利申请权。

④ 约定由当事人一方享有对合作开发技术成果的独占使用权或转让权，但取得这种权利的当事人应向其他各方当事人支付约定的价金。

履行技术开发合同所完成的技术成果中，除专利技术成果外，还有大量的技术秘密成果，包括未申请专利的技术成果、未授予专利权的技术成果以及专利法规定不授予专利权的技术成果。技术秘密成果也是一种无形财产，在内容上具有可转让或使用的商业价值，并能带来经济利益。由于它是以所有人对其采取保密的方式而形成的事实上的权利，由于委托开发合同的各方或合作开发合同的各方对于该技术成果的产生都有贡献，因此《民法典》对这两种情况下产生的技术秘密的归属和分享，作了兼顾参与开发各方的利益的规定。当事人可以在合同中约定委托开发或者合作开发完成的技术秘密成果的使用权、转让权以及收益的分配办法，一般同时也要约定保密义务。

技术秘密成果的使用权、转让权是指在特定的法律主体之间依据法律规定或者合同约定所取得的使用、转让技术秘密成果的权利。技术秘密的使用权、转让权是存在于特定当事人之间的债权，对于这种权利，尚无专门法律加以保护。它作为债权，与其他债权一样，对法律规定或合同约定以外的第三方是没有约束力的。技术秘密成果的使用权、转让权包括两部分，即《民法典》第八百四十七条、第八百四十八条规定的职务技术成果的使用权、转让权属于单位，而非职务技术成果的使用权、转让权属于完成技术成果的个人。权利归属通过合同的约定在当事人之间划分，并约定保密义务。

技术开发合同当事人之间，合同的约定是技术秘密成果使用权、转让权权属关系产生的唯一根据。当事人在技术开发合同中关于技术秘密成果的使用权、转让权以及利益分配办法的约定，在当事人之间具有法律约束力，并优先于法律的一般原则，具体表现为：

① 当事人可以在技术开发合同中约定技术秘密成果由一方使用、转让，或者对双方的使用权、转让权作出安排。合同约定技术秘密成果由一方使用、转让的，另一方不得使用、转让。合同中约定了双方使用、转让技术秘密成果的程序和利益分配方法的，当事人必须遵守和履行。

② 当事人可以在技术开发合同中约定技术秘密成果的使用权、转让权为当事人双方共有。共有人可以约定技术秘密成果的使用、转让办法和利益分配办法，该项约定具有法律约束力并优先于一般适用原则。共有人未约定的，各方当事人均有使用该技术秘密成果的权利，由此获得的利益归使用的一方。但一方向第三方转让技术秘密成果，必须征得另一方或其他各方的同意，由此获得的利益由共有各方等额分享。

③ 当事人在技术开发合同中对技术秘密成果的使用权、转让权以及利益的分配方法未作约定，事后也未达成协议的，当事人均有使用和转让该技术秘密成果的权利，任何一方通过使用、转让该项技术秘密成果所获得的利益，另一方无权请求分享。只是在委托开发的情况下，委托方有优先取得技术成果的权利，即委托开发的技术研发方，在向委托方交付技术研发成果前，不得将技术研发成果中的技术成果转让给第三方，否则，技术研发的技术成果，特别是技术秘密成果将因泄密而失去其应有的经济价值。

④ 当事人在技术合同中有关技术秘密成果使用权、转让权的约定，不得妨碍技术竞争和技术发展。技术开发合同约定技术秘密成果使用权归一方的，另一方不得以生产经营目的使用该技术成果，但不影响另一方为了科学技术进步的目的，在新的技术研发活动中使用该项技术成果。

6.3.3 技术转让合同和技术许可合同

6.3.3.1 概述

技术转让合同是合法拥有技术的权利人将现有特定的专利、专利申请、技术秘密的相关权利让与他人所订立的合同，包括专利权转让、专利申请权转让、技术秘密转让等合同，表6-2介绍了这三种合同的相关内容。

表6-2 典型技术转让合同介绍

内容	专利权转让合同	专利申请权转让合同	技术秘密转让合同
简介	转让人将其专利所有权或专利申请权全部转让受让方，而受让人则按约支付价金的合同	转让人将其发明创造申请专利的权利转让给受让方，而受让人支付约定的价款所订立的合同	让与人（转让人）将拥有的技术秘密成果提供给受让人，明确相互之间技术秘密成果使用权、转让权，受让人支付约定的使用费所订立的合同

续表

内容	专利权 转让合同	专利申请权 转让合同	技术秘密 转让合同
转让人的 主要义务	将专利权以及与该专利权有关的技术资料移交给受让人并向受让人提供必要的技术指导	将申请专利的权利移交给受让人,同时提供申请专利和实施发明创造所需要的技术情报和资料	提供技术资料,进行技术指导,保证技术的实用性、可靠性,承担保密义务
受让人的 主要义务	依合同约定支付价款	依合同约定支付价款	按照约定使用技术,支付转让费,承担保密义务

技术许可合同是合法拥有技术的权利人将现有特定的专利、技术秘密的相关权利许可他人实施、使用所订立的合同,包括专利实施许可、技术秘密使用许可等合同,表 6-3 介绍了这两种合同的相关内容。

表 6-3 典型技术许可合同介绍

内容	专利实施 许可合同	技术秘密使用 许可合同
简介	当事人一方许可另一方在一定的期限、一定的地区,以一定的方式实施其专利技术而订立的技术合同	许可人将拥有的技术秘密成果提供给被许可人,明确相互之间技术秘密成果使用权、转让权,被许可人支付约定的使用费所订立的合同
许可人 主要义务	许可被许可人实施专利,交付实施专利有关的技术资料,提供必要的技术指导	提供技术资料,进行技术指导,保证技术的实用性、可靠性,承担保密义务
被许可人 主要义务	按照约定实施专利,不得许可约定以外的第三人实施该专利,并按照约定支付使用费	按照约定使用技术,支付使用费,承担保密义务

6.3.3.2 注意事项

① 技术转让合同和技术许可合同应采用书面形式,两者都是较复杂的合同,涉及专利、技术秘密等的知识产权问题,容易发生纠纷。采用书面形式,一方面有利于当事人权利义务关系的明确,避免纠纷的发生,另一方面有利于纠纷发生后的解决。

② 技术转让合同和技术许可合同中关于提供实施技术的专用设备、原材料或者提供有关的技术咨询、技术服务的约定,属于合同的组成部分。

③ 技术转让合同和技术许可合同可以约定实施专利或者使用技术秘密的范围,但是不得限制技术竞争和技术发展。

④ 技术转让合同的让与人和技术许可合同的许可人应当保证自己是所提供的

技术的合法拥有者，并保证所提供的技术完整、无误、有效，能够达到约定的目标。

⑤ 技术转让合同的受让人和技术许可合同的被许可人应当按照约定的范围和期限，对让与人、许可人提供的技术中尚未公开的秘密部分，承担保密义务。

⑥ 许可/让与人未按照约定许可/让与技术的，应当返还部分或者全部使用费，并应当承担违约责任；实施专利或者使用技术秘密超越约定的范围的，违反约定擅自许可第三人实施该项专利或者使用该项技术秘密的，应当停止违约行为，承担违约责任；违反约定的保密义务的，应当承担违约责任。

⑦ 被许可/受让人未按照约定支付使用费的，应当补交使用费并按照约定支付违约金；不补交使用费或者支付违约金的，应当停止实施专利或者使用技术秘密，交还技术资料，承担违约责任；实施专利或者使用技术秘密超越约定的范围的，未经许可人同意擅自许可第三人实施该专利或者使用该技术秘密的，应当停止违约行为，承担违约责任；违反约定的保密义务的，应当承担违约责任。

⑧ 要注意专利与技术秘密的有效性。专利的有效性主要体现在转让的专利或者许可实施的专利应当在有效期限内；超过有效期限的，不受法律保护。技术秘密的有效性主要体现在保密性上，即不为社会公众所知，是所有人的独家所有。如果是已为公众所知的技术，就谈不上是技术秘密，当然也就不存在转让问题。

⑨ 技术的有关情况应当约定清楚。技术是技术转让合同的标的，技术的有关情况应当在合同中详细规定，便于履行。技术的有关情况包括技术项目的名称，技术的主要指标、作用或者用途，关键技术，生产工序流程，注意事项等。这些数据表明了技术的内在的特征，是有效的，同时也是当事人计算使用费或者转让费的依据。

⑩ 转让或者许可的范围。转让技术或者许可他人实施技术都应当明确范围。合同中可供选择的条款包括：专利转让的，涉及专利权人的变更，因而其范围及于全国；专利许可的，则要明确在什么区域内可以使用该专利，超过的就是违约；技术秘密转让的，让与人要承担保密责任，其使用范围可以及于全国，也可以只是某个地区。

⑪ 转让费用的约定。转让费用包括转让费和使用费。在专利转让情况下，受让人应当支付转让费。转让费根据技术能够产生的实际价值计算，通常规定一个比例，便于操作。在实施许可的情况下，根据使用的范围和生产能力以及是否独家占有等因素考虑转让费或者使用费的数额。受让人未按照约定支付使用费的，应当补交使用费并按照约定支付违约金；不补交使用费或者支付违约金的，应当停止实施专利或者使用技术秘密，交还技术资料，承担违约责任。实施专利或者使用技术秘密超越约定的范围的，未经让与人同意擅自许可第三人实施该专利或者使用该技术秘密的，应当停止违约行为，承担违约责任；违反约定的保密义务的，应当承担违约责任。

6.3.3.3 专利权转让合同

专利权转让合同是出让人将其专利所有权或专利申请权全部移转受让人,而受让人则按约支付价金的协议。它是技术转让合同的特殊类型,其本质是专利技术的买卖或赠与。依据专利权转让合同,出让人将丧失其专利所有权或专利申请权,而受让人则取得该权利,形成专利权主体变更;但是,专利权中的人身权内容不发生变动。依据我国专利法,专利权转让合同须采取书面形式,并须经专利机关变更登记;全民所有制单位转让专利权的,须经主管机关批准。

专利权转让合同是出让人与受让人就发明创造专利权转让订立的合同。专利权转让合同条款中大部分条款与委托技术开发合同中相应条款注意事项类似,此处只描述专利权转让合同中特有的合同条款。

> 根据《中华人民共和国民法典》的规定,达成如下协议,并由双方共同恪守。
>
> 第一条 本合同转让的专利权:
> 1. 为(发明、实用新型、外观设计)专利。
> 2. 发明人/设计人为:在发明专利和实用新型专利中,对发明创造具体实质性特点作出贡献的人称为发明人。在外观设计专利中,对外观设计特点作出贡献的人称为设计人。两者皆为自然人。
> 3. 专利权人:专利权人包括专利权所有人和持有人,前者可以是公民、集体所有制单位、外资企业、中外合资企业;后者是全民所有制单位。
> 4. 专利授权日:专利管理部门授予申请人专利权的时间,专利授权时间直接影响到专利权生效的时间,专利证书中已被标明。
> 5. 专利号:在合同中注明的专利号应与专利局公告和专利公报相一致。
> 6. 专利有效期限:发明专利权有效期限为自发明专利申请日起 20 年,实用新型专利权自申请日起 10 年,外观设计专利权自申请日起 15 年。
> 7. 专利年费已交:专利权人依照专利法规定,自被授予专利权的当年开始,在专利权有效期内逐年应向专利局缴纳的费用,专利证书中已被标明。
>
> 第二条 乙方在本合同签署前实施或许可本项专利权的状况如下:
> 1. 乙方实施本项专利权的状况(时间、地点、方式和规模):20×年×月×日开始,于×地点,在生产产品/企业运作的过程中存在本专利的实施情况。
> 2. 乙方许可他人使用本项专利权的状况(时间、地点、方式和规模):20×年×月×日开始,乙方允许×公司/研究院实施本专利,用于商业生产/科学研究。
> 3. 本合同生效后,乙方有义务在×日内将本项专利权转让的状况告知被许可使用本发明创造的当事人。

> ……
> 第八条 为保证甲方有效拥有本项专利，乙方向甲方转让与实施本项专利权有关的技术秘密：
> 　　1. 技术秘密的内容：专利相关图纸、说明书以及该技术领域一般专业技术人员能够实施发明创造所必要的其他技术资料……。
> 　　2. 技术秘密的实施要求：在实施本专利时，采取相应的保护措施，避免技术泄露。
> 　　3. 技术秘密的保密范围和期限：签订合同后×年内，乙方不得泄露与本专利有关的技术秘密。
> ……

专利权转让合同中主要技术为已被乙方掌握的技术，因此合同中并不需要研发内容、进度等相关信息，只需要明确提交技术资料的时间、地点、方式即可。技术情报和资料部分应明确技术秘密的内容、实施要求与保密范围和期限，同时为了避免甲方难以正常实施该专利内容，乙方应向甲方提供相应的技术指导和技术服务。《民法典》第八百六十六条也有规定，即"专利实施许可合同的许可人应当按照约定许可被许可人实施专利，交付实施专利有关的技术资料，提供必要的技术指导"；第八百七十二条规定："许可人未按照约定许可技术的，应当返还部分或者全部使用费，并应当承担违约责任；实施专利或者使用技术秘密超越约定的范围的，违反约定擅自许可第三人实施该项专利或者使用该项技术秘密的，应当停止违约行为，承担违约责任；违反约定的保密义务的，应当承担违约责任。"

> 第十二条 双方确定，在本合同履行中，任何一方不得以下列方式限制另一方的技术竞争和技术发展：
> 　　1. 许可合同的受让人在取得专利实施许可后不实施专利，通过封存先进技术，维持其现有技术优势；
> 　　2. 运用合同条款限制对方在取得专利实施许可或技术秘密成果的基础上进行新的技术研发和创新改进，或者要求受让人公开后续技术研发成果。

6.3.3.4 专利申请权转让合同

专利申请权转让合同条款中大部分条款与委托技术开发合同中相应条款注意事项类似，此处只描述专利申请权转让合同中特有的合同条款。

> 本合同乙方拥有发明创造名称的技术发明创造，甲方受让该项技术发明的专利申请权并支付相应的转让价款。双方就此项专利申请权转让事项，经过平等协商，在真实、充分地表达各自意愿的基础上，根据《中华人民共和国民法典》的规定，达成如下协议，并由双方共同恪守。

第一条 本项发明创造的专利权：
1. 为(发明、实用新型、外观设计)专利。
2. 发明人/设计人为：在发明专利和实用新型专利中，对发明创造具体实质性特点作出贡献的人称为发明人。在外观设计专利中，对外观设计特点作出贡献的人称为设计人。两者皆为自然人。
3. 专利申请人：×。
4. 专利申请日：专利局收到专利申请文件之日。
5. 专利申请号：在合同中注明的专利号应与专利局公告和专利公报相一致。

第二条 乙方在本合同签署前实施或转让本项发明创造的状况如下：
1. 乙方实施本发明创造的状况（时间、地点、方式和规模）：20×年×月×日开始，于×地点，在生产产品/企业运作的过程中存在本专利的实施情况。
2. 乙方许可他人使用本发明创造的状况（时间、地点、方式和规模）：20×年×月×日开始，乙方允许×公司/研究院实施本专利，用于商业生产/科学研究。
3. 本合同生效后，乙方有义务在×日内将本发明创造专利申请权转让的状况告知被许可使用本发明创造的当事人。
……

第四条 为保证甲方申请专利，乙方应向甲方提交以下技术资料：
1. 专利图纸×份，专利相关说明书×份……；
……

第五条 乙方向甲方提交技术资料的时间、地点、方式如下：
1. 提交时间：交付时间通常为合同结束时间，例如：20×年×月×日；
2. 提交地点：地点通常为甲方所在地，例如：甲方所在地或×省×市……；
3. 提交方式：通过邮件/电子邮箱/线下等方式，提交技术资料。
……

第八条 双方确定，本合同生效后，甲方专利申请被国务院专利行政部门驳回的，乙方不退还已收取的转让费用；尚未收取的，按以下方式处理：甲方支付乙方全额/××%转让费用；
双方对专利申请被驳回的特别约定如下：乙方应协助甲方改进专利，直至专利申请成功。

第九条 双方确定：
1. 本合同生效后，甲方取得专利权的，乙方应按以下约定实施或使用该发明创造：乙方无偿使用本发明创造/乙方于非商业领域可无偿使用本发明创

> 造/乙方应支付甲方×万元作为本发明创造的使用费……
>
> 　　2. 本合同生效后，该项专利申请在专利公开前被驳回的，双方按以下约定实施或使用该发明创造：甲方正常使用本发明创造用于商业、学术或者其他任意领域；乙方无偿使用本发明创造/乙方于非商业领域可无偿使用本发明创造/乙方应支付甲方×万元作为本发明创造的使用费……
>
> 　　……

6.3.3.5　专利实施许可合同与技术秘密转让及使用许可合同

　　这三种合同写作事宜与应注意事项与上述诸多合同相似，具体写作事宜与应注意事项前文均有提及，此处不再赘述。

6.3.4　技术咨询合同与技术服务合同

　　技术咨询合同是指顾问方以自己的技术和劳力为委托方提供专业性咨询服务，而委托方须支付报酬的协议。技术服务合同是指服务方以自己的技术和劳力为委托方解决特定的技术问题，而委托方接受工作成果并支付约定报酬的协议。表6-4介绍了技术咨询合同与技术服务合同的相关内容。

表6-4　技术咨询合同与技术服务合同介绍

内容	技术咨询合同	技术服务合同
简介	当事人一方以技术知识为对方就特定技术项目提供可行性论证、技术预测、专题技术调查、分析评价报告等所订立的合同	当事人一方以技术知识为对方解决特定技术问题所订立的合同，不包括承揽合同和建设工程合同
委托人义务	应当按照约定阐明咨询的问题，提供技术背景材料及有关技术资料，接受受托人的工作成果，支付报酬	应当按照约定提供工作条件，完成配合事项，接受工作成果并支付报酬
受托人义务	应当按照约定的期限完成咨询报告或者解答问题，提出的咨询报告应当达到约定的要求	应当按照约定完成服务项目，解决技术问题，保证工作质量，并传授解决技术问题的知识

　　技术咨询合同与技术服务合同通常被人们不加区分地统称为技术咨询服务合同。其原因在于，两者都属于一定的专业技术人员利用自己掌握的技术知识、经验或信息为社会提供服务的合同。《民法典》也把这两种合同规定在一节中。但实际上，这两种合同是有区别的，具体如下。

　　第一，技术咨询合同中的受托人只是一个为委托人进行决策提供参考性意见和方案的人，其本身并不具体从事合同所指向的科技工作。而技术服务合同中的受托人则要负责进行合同约定的具体的专业科技工作，不仅要向委托人传授技术知识和经验，还往往要运用上述知识和经验达到解决某一技术问题的目的。

　　第二，技术咨询合同和技术服务合同存在当事人义务的不同，导致了两种合同当事人所承担的责任的区别。技术咨询合同的受托人只负责向委托人提交符合合同要求的并可供决策参考的咨询报告，但不承担决策的风险。而在技术服务合同中，受托人提供的是一种现成的合同履行结果，这一工作成果是唯一的，对于委托人来说不存在选择的余地，在此无须区分决策风险与违约责任的界限。在技术服务合同中，完全可以参照"产品责任法"的一般规则，加重受托人的义务和责任。例如，技术服务合同的受托人所提供的"瑕疵"的工作成果导致委托人的财产损失的，受托人应承担一定的赔偿责任。

　　除此之外，该两种合同在条款、写作方式和注意事项等方面与前文大体相同，此处不再赘述。

第 7 章　科技基金项目和科技奖励申报类应用文

7.1　科技基金项目申报

7.1.1　概述

7.1.1.1　科技基金项目基本概念

基金项目是政府机关针对企事业单位、科研院所、高校等单位计划安排的一系列优惠政策。企事业单位、科研院所、高校等根据政府的政策编写申报文件，然后根据相关申报要求和流程进行申报。

基金项目申报对于科技企业而言，可谓是"名利双收"的好事。首先，项目申报成功会得到资金支持；其次，项目申报成功会获得政府职能部门授予的荣誉称号；最后，通过项目申报可让职能部门了解申报单位及其科技项目和成果，而职能部门的认可及推广协助可帮助申报单位在发展过程中取得事半功倍的效果。

科技基金项目简而言之就是申报科学技术部、科学技术厅、科学技术局征集的项目。在申报各科技基金项目时，企业先进入所设平台申请建立项目账号，然后在平台上传信息，提交审核，通过审批获取申请权限等，再根据政府的政策，进行申报文件的编写，按相关要求和流程进行申报、评审、立项、批准。申报书（申请书）须经相关单位推荐，企业资质不足时需要依托相关单位进行提交。

7.1.1.2　科技基金项目分类

我国科技基金类项目按照行政级别、影响力大致可以分为三大类，即国家级、省部级、市局级（见表 7-1）。

7.1.2　项目申请—评审程序

（1）申请

基金项目的申报程序依据类别的不同而有所不同，但大致都包括以下几个步骤：申请人依托平台完成注册，申请人基本信息填报，科技成果填报，团队成员录

表 7-1 我国科技基金项目分类

一类：以"国家自然科学基金重点项目"为标杆	二类：以"省自然科学基金项目"为标杆	三类：以"地级市厅局级项目"为标杆
① 国家自然科学基金重点项目 ② 国家自然科学基金项目（青年、面上、优青、杰青等） ③ 国家自然科学基金重大项目 ④ 国家自然科学基金重大研究计划项目 ⑤ 国家重点研发计划、国家自然科学基金专项、科学部主任基金项目 ⑥ 高等院校青年教师基金（霍英东教育基金会） ⑦ 中国博士后科学基金	① 国家重点实验室和工程（技术）研究中心开放基金 ② 教育部科学技术研究项目 ③ 省自然科学基金项目 ④ 省教育厅自然科学研究项目 ⑤ 省教育厅自然科学研究重点项目 ⑥ 省杰出青年、优秀青年科技基金 ⑦ 省科技攻关计划项目 ⑧ 省重点研发计划 ⑨ 省高校教师青年资助计划 ⑩ 省普通高校研究生创新计划项目 ⑪ 省部级重点实验室和工程（技术）研究中心开放基金 ⑫ 各部委、各省、自治区、直辖市委托专项课题	① 地市级政府、各厅局级单位委托专项课题 ② 企业产学研合作研发类课题 ③ 各事业单位/学校设立的研究课题、基金资助项目

入，项目基本信息填报，线上生成申请书，项目信息确认，修改及完成提交等。申请过程中一定要认真审阅当年相关项目的申请指南，严格按照指南中的要求准备材料。

其他层次的基金项目申报流程略有不同，但均可参考国家自然科学基金项目、重点研发计划项目等国家级项目的申报流程。具体申报流程如图 7-1、图 7-2 所示。

（2）评审

基金项目申报材料按照要求提交后，国家自然科学基金委员会（NSFC）、中国科学技术交流中心、省科学技术厅等相关部门会及时对申报项目进行受理，组织形式审查、初审、通信评审（网评）及会议评审（会评）等过程。本章以国家自然科学基金项目为范例。具体评审及申报注册流程如图 7-1 所示。

基金项目的类别不同，评审流程略有不同，图 7-2（a）、(b) 分别为国家重点研发计划项目和省级自然科学基金项目的申报评审流程，但申报时间应以各项目主管单位公布时间为准。

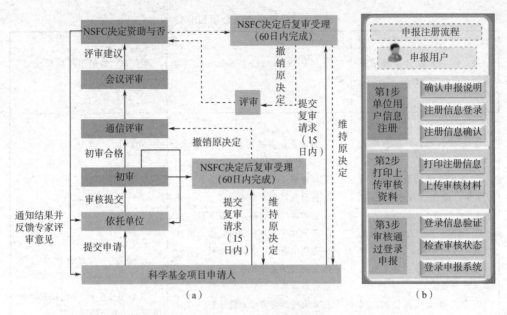

图 7-1 国家自然科学基金受理和评审流程（2～12月）(a)
及线上开通系统申报注册流程（b）

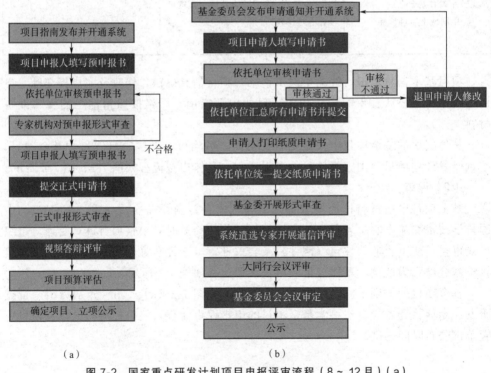

图 7-2 国家重点研发计划项目申报评审流程（8～12月）(a)
及省级自然科学基金项目申报评审流程（1～6月）(b)

7.1.3 科技基金项目申请书总体架构及写作要点

本章以具有代表性的国家自然科学基金项目申请书为例对申请书结构及写作要点进行说明，国家自然科学基金项目申请书主要由封面、基本信息表、科学问题属性、主要参与者、项目预算表、预算说明书、报告正文及项目人员简历等组成。

7.1.3.1 总体架构

国家自然科学基金项目申请书总体架构如图7-3所示。

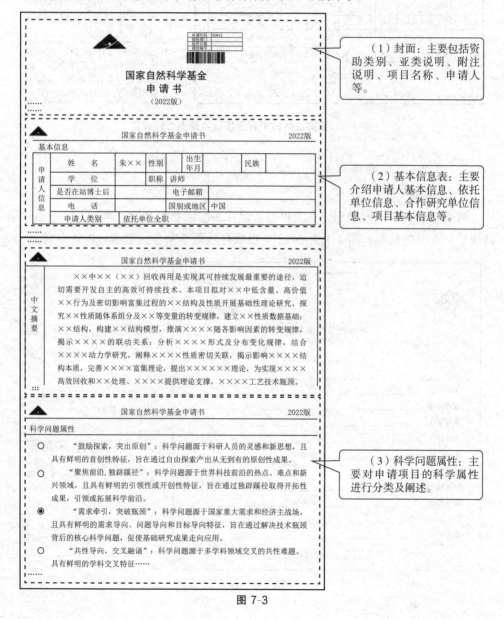

图 7-3

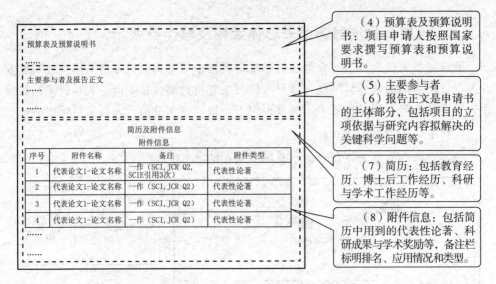

图 7-3 国家自然科学基金项目申请书总体架构

7.1.3.2 写作要点

（1）封面

封面主要包括资助类别、亚类说明、附注说明、项目名称、申请人、电话、通信地址、电子邮箱等。图 7-4 为 2022 年申报自然科学基金面上项目申请书封面。

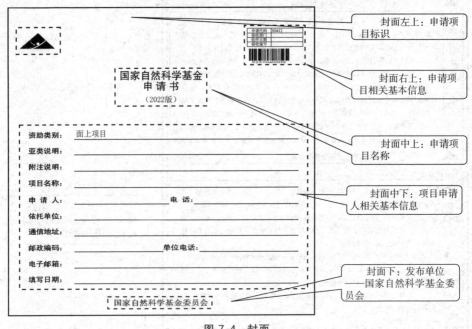

图 7-4 封面

国家自然科学基金按照资助类别可分为面上项目、重点项目、重大项目、重大研究计划项目、国际（地区）合作研究项目、青年科学基金项目、国家重大科研仪器研制项目、基础科学中心项目、专项项目、数学天元基金、外国学者研究基金项目、国际（地区）合作交流项目等共计 17 个项目。

项目名称要简洁明确、具体清楚，不宜过长，一般控制在 25 个字以内，最好能让专家一看到"项目名称"就能基本了解本申请，突出重点要研究的问题，题目与内容一致。

> **范例 7.1**：××过程中××功能××的分析及××研究

> **范例 7.2**：××对××××钢铸锭××偏析的影响机理研究

> **范例 7.3**：××熔体结构解聚及性质转变对××富集行为影响研究

> **范例 7.4**：基于××的××钢组织与××协同控制基础研究

（2）基本信息表

基本信息表主要介绍申请人基本信息、依托单位信息、合作研究单位信息、项目基本信息、中英文关键词、中英文摘要等，如图 7-5 所示。中英文摘要属于此处的重点内容，需要重视。

中文摘要是整个申请书内容的高度浓缩，规定 400 个字，通常由多个句子组成，分别描述研究背景、科学问题、研究目标、研究基础、研究内容、技术方法、科学意义等。需要注意不要过多描述某些导致意思表达不完整的内容。英文摘要的撰写也不可忽视，要字斟句酌，避免在细节上出问题。

> **范例 7.5**：基于军事装备、海洋工程、电力装备以及生物医疗等重点领域对××的迫切需求，针对该种材料××制备过程存在的××对××影响规律研究不全面、机理不明确等诸多不足，本项目拟分析××特性随××的变化规律，明晰××行为对××的影响规律，阐明××对××的影响机理。结合××对××、××、××以及××的相互作用力、××运动和××过程等的影响规律研究，建立××模型，创新××多重影响因素××的研究方法。明晰多重因素间的联动关系及其对××和××的协同作用，阐明××对××的影响机制，进一步完善××理论。从而掌握合理匹配××、××以及××等工艺参数的方法，为××制备成分均匀、组织致密××的工艺优化提供依据。

中文摘要	××中××（××）回收再用是实现其可持续发展最重要的途径，迫切需要开发自主的高效可持续技术。本项目拟对××中低含量、高价值××行为及密切影响富集过程的××结构及性质开展基础性理论研究。探究××性质随体系组分及××等变量的转变规律，建立××性质数据基础；××结构，构建××结构模型，推演××××随各影响因素的转变规律，揭示××××的联动关系；分析××××形式及分布变化规律，结合××××动力学研究，阐释××××性质密切关联，揭示影响××××结构本质，完善××××富集理论，提出×××××理论，为实现××××高效回收和××处理、××××提供理论支撑，××××工艺技术瓶颈。
英文摘要	×××× is the most important way to realize its sustainable development, and it is urgent to develop ××××× technology. In response to that, this project intends to conduct ×××× research on the ×××× from ×××× that closely affect the enrichment process. This paper aims to study the ×× with composition, ××××, and to establish the . The microstructure of melted glass slag will be analyzed, the ×××× for analysis, the transformation ×××× in melt with various influencing factors will be deduced, and then the ×××× and properties ×××× will be revealed. The existent forms and distribution of ×× will be analyzed, and then to combine with the ×××× enrichment process, the close relationship between ×××× and the ×××× structure on ×××× behavior will be revealed, and further improve the ××××. The key ×× for the formation of environmentally friendly ×× from waste ×× will be proposed. In this way, this paper ×××× support to realize the ×××× efficient recovery of ×××× and ××××××, and breaks through the ×××× recovery using ××××.

（a）

基本信息							
申请人信息	姓　名	朱××	性别		出生年月		民族
	学　位		职称	讲师			
	是否在站博士后		电子邮箱				
	电　话		国别或地区	中国			
	申请人类别	依托单位全职					
	工作单位						
	主要研究领域						
依托单位信息	名　称						
	联系人		电子邮箱				
	电　话		网站地址				
合作研究单位信息	单位名称						
项目基本信息	项目名称	××××结构解聚及性质转变对××××行为影响研究					
	英文名称	Study on the influence of structure ×××× of glass ×× on ××××					
	资助类别	面上项目		亚类说明			
	附注说明						
	申请代码						
	研究期限	××年×月×日—××年×月×日		研究方向	贵金属		
	申请直接费用	××万元					
	中文关键词	××金属；××捕集；富集；××结构；××					
	英文关键词	××metal；××capture：enrichment：××structure：××					

（b）

图 7-5　基本信息表

(3) 科学问题属性

科学问题属性是近两年国家自然科学基金申请书中新加入必须阐述的内容，主要对申请项目的科学属性进行分类及阐述，该部分对申报项目也十分重要，在生成的申请书中形式如图 7-6 所示。

| 国家自然科学基金申请书 | 2022版 |

科学问题属性

○ "鼓励探索，突出原创"：科学问题源于科研人员的灵感和新思想，且具有鲜明的首创性特征，旨在通过自由探索产出从无到有的原创性成果。

○ "聚焦前沿，独辟蹊径"：科学问题源于世界科技前沿的热点、难点和新兴领域，且具有鲜明的引领性或开创性特征，旨在通过独辟蹊径取得开拓性成果，引领或拓展科学前沿。

○ "需求牵引，突破瓶颈"：科学问题源于国家重大需求和经济主战场，且具有鲜明的需求导向、问题导向和目标导向特征，旨在通过解决技术瓶颈背后的核心科学问题，促使基础研究成果走向应用。

○ "共性导向，交叉融通"：科学问题源于多学科领域交叉的共性难题，具有鲜明的学科交叉特征，旨在通过交叉研究产出重大科学突破，促进分科知识融通发展为知识体系。

请阐明选择该科学问题属性的理由（800字以内）：

PGMs是现代科学、尖端技术和工业制造等高速发展及技术升级不可缺少的共性关键材料，具有重要的战略地位，其用量已成为衡量一个国家高技术产业发展水平的重要标志之一。我国PGMs稀缺资源进口依存度高，供给风险极其突出。随着废催化剂被列入《国家危险废物名录》，最重要的PGMs二次资源跨境转移得到了较大缓解，研发可持续火法高效回收技术及装备迫在眉睫，而国外对该项技术进行严密封锁，成为PGMs二次资源高效循环再利用的"卡脖子"问题。

国内学者致力于研发绿色高效的PGMs二次资源火法富集工艺，以期实现回收技术升级和产能提升，保障PGMs供给安全。由于火法富集工艺通常采用高硅高铝渣系，这类熔渣的共性问题是其NBO/T值较低，结构聚合程度高，黏度大。这导致熔渣熔体中分散的金属相扩散迁移速率小，运动撞击聚集概率低，PGMs难以实现高效捕集，且合金颗粒也难以完全沉降分离，致使渣相中PGMs分配系数较大，综合富集效率低，熔炼时间过长，能耗较高。降低富集工艺熔渣熔体结构聚合程度，优化黏度等性质，是实现PGMs高效富集、降低能耗、减少工艺碳排放等目标亟待解决的难题之一。大幅提高工艺温度和大量添加辅料等传统调质方法又容易导致炉体寿命缩短、能耗升高、尾渣产量增加和生产效率降低等新问题，因此，必须系统开展熔渣物化性质与冶金行为的转变及其微观结构本质的基础研究，选取更合理的造渣辅料，构建科学的造渣工艺和熔炼工艺。

通过对高硅高铝熔渣开展基础性理论研究，解析该熔渣结构和性质随添加辅料类型、含量及熔炼温度等的转变行为，探究熔体结构及性质转变与PGMs富集效果变化之间的联系，明晰熔体性质转变引起富集行为多重影响因素间的联动关系及协同作用，并在载体形成玻璃态尾渣实现无害化、资源化处置的前提下提出最佳的尾渣组分和最优的熔炼工艺参数，突破现有火法工艺的技术瓶颈，为高效、环保的废催化剂处置技术奠定重要的理论支撑。

图 7-6 科学问题属性

从图 7-6 中可以看出，科学问题属性一共分为四类，即"鼓励探索，突出原创""聚焦前沿，独辟蹊径""需求牵引，突破瓶颈""共性导向，交叉融通"。填报时可以点击最上面的"重要提示"，阅读相关要求之后，选择最符合自己申请项目的科学属性即可。如果实在难以选择，可以采用排除法进行选择。撰写理由时，最好写 600~800 字，可以从关键问题、研究内容等方向去写。这里只列举一个案例，在填报时可以在系统下载各研究领域对应的案例。

"聚焦前沿，独辟蹊径"典型案例：电化学脱嵌法的盐湖提锂

锂是重要的战略金属，我国储量居世界第二，我国 80% 左右的锂赋存于盐湖卤水，镁锂高却非常难提取。我国学者将锂离子电池的工作原理应用于从盐湖卤水中选择性提取锂，"反其道而行之"构筑了"富锂态吸附材料│支持电解质│阴离

子膜｜卤水｜欠锂态吸附材料"的电化学提锂新体系。实现了盐湖卤水中锂的高选择性、低成本、绿色提取和富集。

同传统方法相比，新方法处理高镁锂具有优势：①提高30%～50%锂综合回收率；②可直接处理原卤、老卤及任意阶段的卤水；③碳酸锂成本低于2万元/吨；④过程清洁环保；⑤提锂装置模块化、智能化。

（4）预算表及预算说明书

项目申请人应按照《国家自然科学基金资助项目资金管理办法》《国家自然科学基金项目预算表编制说明》及指南中的"预算编报要求"，保证信息真实、准确。（注：杰青、优青和青年科学基金项目2022年实行包干制，不需要进行经费预算）

各科目经费多少均无比例限制，但要合理。基金委员会原则上不支持购置仪器设备，鼓励共享、试制、租赁以及对现有仪器设备进行升级改造。有合作单位的项目，要在资金预算表中明确拨付合作单位的经费比例，避免后期与合作单位出现经费分配相关问题。

（5）主要参与者

项目主要参与者不包括项目申请人，同时，参与的学生也不需要在表中具体罗列，只需要在对应的学生层次标明参与学生数量，系统会自动加和，并给出参与项目的总人数。

（6）报告正文

国家自然科学基金项目报告正文是申请书的主体部分，包括项目的立项依据与研究内容（包括研究目标、拟解决的关键科学问题、拟采用的研究方案及可行性分析、特色与创新之处、年度研究计划及预期研究结果）、研究基础与工作条件、其他需要说明的问题等内容。

1）立项依据

立项依据是写好项目申请书的关键环节。立项依据包含三个方面：揭示项目的科学问题的重要性；阐述项目的研究假说的理论基础和实验依据；论述验证科学假说的研究思路。

构成"立项依据"要素有五个方面：科学问题、研究假说、预实验结果、研究思路和文献。①申请者应紧紧围绕要研究的科学问题，结合他人和自己在该研究领域的最新进展展开综合性的分析和论证。②科学的"研究假说"是项目的灵魂，申请者在研究动态的分析过程中，旗帜鲜明地提出项目的"研究假说"。③预实验结果是申请者提出科学问题的关键基础。提供预实验结果在后面的"研究基础"中要展示出具体的实验数据、图表。④没有提出研究思路的"立项依据"是不完整的，解决科学问题和验证研究假说的研究线路框架，这也是评议专家关注的一个重点。⑤立项依据需要有充分而恰当的文献作为支撑，文献是论证科学问题和研究假说的重要依据，也是立项依据的重要组成部分。

与此同时，立项依据站在国家层面的高点选择科学问题往往具有更高的关注性。

范例 7.6：国家实施制造强国战略行动纲领《中国制造 2025》明确指出：大力推动航空航天、海洋工程、电力装备以及生物医疗等重点领域突破发展，加大关键基础材料支持力度，突破其工程化、产业化瓶颈，强化推广应用，加速我国进入世界制造强国之列。（国家战略）

××钢是我国基础材料升级换代的关键材料之一。要实现重点领域突破发展，加快基础材料升级换代是关键。××钢因具备强度高、××、××等特性，成为×××应用领域的基础材料。为了保障重点领域持续快速发展，发达国家保持着高级别高质量××钢等基础材料研发的高效性和前瞻性。例如，为了避免重大安全事故，德国×××、×××和美国×××公司等相继开发并工业化应用了性能更优的××钢。国内高性能××钢的供应不足其根本原因在于关键制备技术的缺失。（行业现状、行业痛点、国内外研究）

××合金化方法国内外研究背景及现状如图 7-7 所示。

迄今为止，××熔炼技术被认为是最有前途的××钢制备方法之一（阐释该技术的重要优势），从而有效解决××钢冶炼的两大关键技术难题。（阐述可行的技术途径）

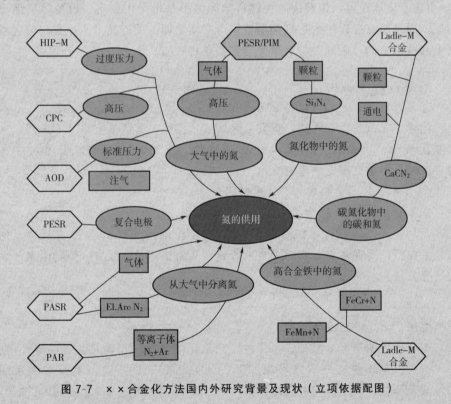

图 7-7　××合金化方法国内外研究背景及现状（立项依据配图）

> 目前，××模型考虑因素相对单一，难以准确揭示××的影响机理，以及确定主要因素，对××制备工艺优化，以改善××作用有限。××理论主要包括以下不足亟待完善：
>
> （1）××形成至关重要，但××的作用机理尚未见到相关报道，对宏观偏析的影响机理亟须更全面深入研究。
>
> （2）压力能够……（对科学问题展开分析总结）
>
> 针对上述问题，本项目拟构建××模型，掌握××新方法，阐明多重影响因素间××研究成果。将在一定程度上解决××关键制备技术难题，逐步突破工业化瓶颈，加快××等基础材料的更新换代，满足行业的迫切需求，助推重点领域高速发展。（拟解决方法）

2）研究内容、研究目标、拟解决的关键科学问题

此部分也是申请书的关键一环。简明扼要地提出立项研究内容并稍加阐述。研究目标与拟解决的关键科学问题应语言精练，切忌内容宽泛。研究目标归纳研究内容解答的问题。用精简浓缩的1~2句话概括，目标具体、明确、新颖（可以是假说）。申请者应该注意，拟解决的关键科学问题不是指常用技术、设备等可能出现的问题，而是研究过程中为达到预期目标所必须掌握的关键技术，也是研究过程在理论上和技术上的"瓶颈"与对策，与创新点相呼应。

> **范例7.7：研究内容**
>
> ①××对××××特性的影响研究
>
> 构建×××的表征方法，探究××××，探讨××、××以及××随××的变化规律。研究××对××的影响规律，阐明××机制，为揭示××对××××影响机理提供理论支撑。
>
> ② 基于××因素影响的××模型研究
>
> 基于能量、动量和溶质的宏观守恒方程，引入××的××关系，考虑××、××，结合××沉积以及××相互作用力和××等影响规律，构建××模型，实现多重影响因素××研究，从而建立并掌握××影响因素××的研究方法。

> **范例7.8：研究目标**
>
> 本项目旨在基于××对××特性影响规律的研究，明确××的影响规律。构建××模型，建立并掌握宏观××的研究新方法。明晰多重影响因素间的××关系及其对××的协同作用，阐明××对××过程中××的影响机理，进一步完善××理论。从而掌握××的方法，为××工艺优化提供依据。

> **范例 7.9**：拟解决的关键科学问题
> ① 阐明××的影响机理
> 明确××相互关系，明晰××行为，阐明××变化机理，是揭示××的关键科学问题。
> ② 明晰××形成多重因素间的××关系及××作用
> 构建××模型，建立并掌握××多重影响因素全耦合的研究方法，明晰××形成的协同作用，是××制备成分均匀××工艺优化的关键科学问题。

3) 拟采用的研究方案及可行性分析

拟采用的研究方案是申请者在"立项依据"中研究思路的具体落实，是申请者解决科学问题、验证假说的一个详细方案，是专家重点审查的内容。拟采用的研究方案要结合研究内容、研究目标和拟解决的关键科学问题来制定。可以配合技术路线图进行阐释，使方案内容层次分明。可行性分析一般描述科研团队所具有的完成该项目研究的全部条件，可从理论基础、实验工作基础等多角度分析。重点介绍申请者在领域的前期积累，以证明自己的实力。技术路线图具有很好的概括性，因此通常在具体介绍研究方案之前向评委展示合理美观的技术路线图，具体范例如图7-8所示。

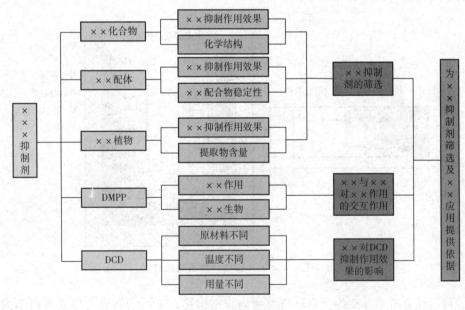

图 7-8 技术路线图

具体研究方案要密切结合前述研究内容和技术路线展开，但也不必过于详细，把过程和想法描述清楚即可，采用的语言形式参考如下。

> **范例 7.10：研究方案**
> ① ××对××影响规律研究
> 利用××炉在不同凝固压力下（MPa级）制备××××铸锭，结合××边缘处冷却曲线，根据枝晶××的内在联系，运用××分析模型，基于××，分析××的变化规律，从而确定××变化规律。
> ② 基于××偏析模型研究
> 将××共存的××体系分为××，引入××结构的拓扑关系，基于××方程，以及××关系、××传输理论，考虑××行为，结合××和××模型等，运用××方法，建立××模型。
> 基于××模型，结合××与××、××、××、××以及××的内在联系，建立××模型。在此基础上，通过分析××过程中××变化以及××与××的相互作用力，引入××和××对××的影响。利用××模拟软件结合××二次开发实现××模型的运算，通过××检测××的××分布、××间距、××以及××和××分布状态，结合××冷却曲线，修正××模型，评估该模型的准确性和可信度。

通常情况下，申请者应该在文字阐述的基础上配上研究过程涉及的原理图，帮助评审专家更好理解，如图 7-9 所示。

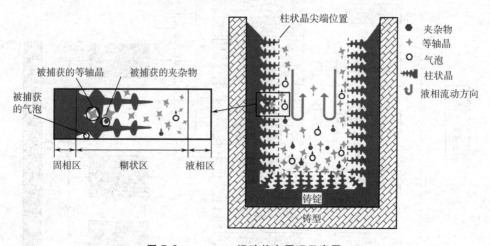

图 7-9 ××××运动状态原理示意图

可行性分析部分要结合自己研究的内容来阐述，不同的研究内容会有所不同。这里将写作中常用的形式列出，以供参考。

范例 7.11：可行性分析

① 研究方案切实可行

a. ××特性研究方面：成熟的××技术保障××××等研究的准确性；同时，××法、××法等方法的报道为××研究提供了借鉴。申请者在××及××等方面具有较丰富技术积淀。基于此，本项目针对××影响的研究方案切实可行。

b. ××模型方面：××模型的可信度和准确性是本项目的关键技术难点；申请者已建立了可信度和准确性较好的××模型，并通过××软件和××、××二次开发实现了模型的运算，对本项目中××模型的建立具有非常重要的借鉴作用。此外，申请者已初步探索××、××等随××变化规律，为模型验证过程所需××冶炼××以及相关检测方法和分析提供了坚实的基础。基于此，本项目建立可信度和准确性较高的××模型是可行的。

c. ××机理研究方面：可信度和准确性较高的××模型保障了××多重影响因素间联动关系和××作用研究的顺利开展；此外申请者基于××流模型和××实验对××进行了研究，为本项目工艺参数的合理匹配，以及高质量××冶金制备工艺最佳工艺制度的制定提供了可靠的研究思路，保障了××机理研究的顺利进行，研究方案切实可行。

② 与本项目相关的研究基础扎实

申请者长期致力于××研究工作，注重相关理论知识的学习和积累，在××技术、××科学和××理论等方面取得了比较丰硕的成果，多次在××××等国际知名冶金期刊发表学术论文，并获得封面报道；申请并授权多项国家发明专利，部分研究成果完成了专利技术转让，实现了技术推广；这些丰富的研究积累加深了申请者对××理论的认识，并形成了切实可行的实验和模拟研究相结合的研究方法，为完成本项目工作，进一步完善××理论奠定了坚实的基础。

③ 实验条件良好、分析检测手段完善

申请者所在的××研究所具备自主设计××等××设备，为××提供了关键的设备支持；××分析仪、××显微镜、××软件等保障了本项目相关实验和理论研究的顺利开展；研究所经过长期从事××等相关理论研究，积淀了丰富的××理论，为解决本项目的科学难题和攻克相关技术难点提供了理论支撑。申请者所处单位是世界一流大学建设高校，××测试中心配备的××、××和××等设备为项目顺利开展提供了双重保障。以上良好的实验条件、完善的分析检测手段确保了本项目的顺利开展。

4）本项目的特色和创新之处

项目特色指项目研究角度等与现有研究区别，至少应当具有新颖性和合理性，如果还能够具有价值性就更好。申请者可以从研究视角、选用方法技术、实验方案设计、本研究预期结果的科学性以及研究结论的科学意义等角度寻找项目特色与创新性。

> **范例 7.12**：① 阐明××的变化规律，明晰××的变化规律，从而更加全面、深入地揭示××对××的影响机理。
> ② 构建基于多重因素影响的××模型，建立××多重影响因素××研究的新方法。
> ③ 探究××之间联动关系，及其对××的××作用，为××的最佳工艺制定提供新思路。

5）年度研究计划及预期研究结果

年度研究计划以一个自然年为周期进行计划，应该具体、执行性强。预期研究结果描述研究完成时期望得到的实验结果或实际观察结果，要与研究目标呼应，要重视知识发现，且要切合实际，可以实现。参考模板如下。

> **范例 7.13**：年度研究计划
> ××××年1月至××××年12月
> ① 总结相关文献资料，制订总体实验方案；
> ② 开展××实验；
> ③ 进行××的研究；
> ④ 探讨××××的影响规律；
> ⑤ 撰写年度报告；
> ××××年1月至××××年12月
> ……
> ××××年1月至××××年12月
> ……
> ⑥ 撰写论文××篇，其中国外期刊××篇，申请专利××项，参加国际会议××次，撰写项目结题报告，完成课题结题验收工作。
>
> 预期研究结果
> ① 揭示××影响规律；
> ② 阐明××作用机理；
> ③ 构建××模型，建立××的研究方法；
> ④ 明确影响××关系和××作用；
> ⑤ 制定高质量××冶金制备的最佳工艺制度；
> ⑥ 发表高水平学术论文××篇，SCI、EI检索××篇以上，参加××次国际学术会议，协助培养博士研究生××名，硕士研究生××名，申请专利××项。

6）研究基础

研究基础是指与本项目相关的研究工作积累和已取得的研究工作成绩。关于研究基础的介绍能让评审人了解申请人的学术积累，进而判断申请人是否有能力做好此课题。申请人注意突出研究的系统性和相关性。也就是说，要有目的地凝练，而不能堆砌材料。

范例 7.14：申请者主要从××、××和××的基础研究。基于相关学术研究成果，撰写并发表学术论文××篇，其中 SCI 收录××篇，××学术期刊封面报道××次，EI 收录××篇；多次参加国际及全国性学术会议并发表论文，其中国际会议××次；代表性 SCI 收录的期刊有××；此外，撰写和参与申请国家发明专利××项，其中授权××项，公开××项，申请××项，成果转让××项，转让金额××万元；参与"863"重点计划等国家级项目××项，重点基金××项，协助完成××、××企业等横向课题××项。经过长期的科研工作，积累较丰富的研究经验和扎实的科研基础，具备了必要的科研素质和能力。

与本项目相关的研究工作积累如下。

① ××制备技术。提出了……（具体科研成果、论文、专利，进行辅佐说明并附相关图片，图片要求清晰、整洁，如图 7-10 所示）

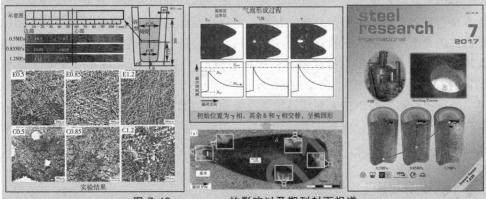

图 7-10　××××的影响以及期刊封面报道

② 热力学和动力学理论研究基础。系统研究了……
③ ××影响的研究。量化了……
④ ××影响的研究。初步探索了……
⑤ ××方面的研究基础。基于……

7）工作条件

工作条件应紧扣研究内容与研究方案设计所需的实验条件，将完成项目研究内容所需的实验条件进行一一阐述。例如，已具备的实验条件，尚缺少的实验条件和拟解决的途径,包括研究基地的计划与落实情况。不能简单、泛泛地罗列研究单位所有的实验仪器及实验条件。

> **范例 7.15**:(介绍依托单位在科学技术方面的特色,尤其是对本项目研究的支撑作用)申请者依托××(单位),教育部直属的高水平研究型全国重点大学,是世界一流大学建设高校,其中××学科是国家重点学科,是"211 工程"和"985 工程"建设的重点资助对象。与本项目相关的设备有:
> (1)冶炼实验设备:……(各种类型研究设备并辅佐说明。下同)
> (2)模拟计算条件:……
> (3)检测分析设备:……
> 综上所述,本项目具备良好的前期研究经验基础,齐备的软、硬件设备,工作条件良好,确保了申请者顺利高效地完成本项目目标,解决关键科学问题。

8)正在承担的与本项目相关的科研项目情况、完成国家自然科学基金项目情况、其他需要说明的问题等

根据申请者情况,遵照要求、如实填写,若没有,写"无"。

(7)简历

简历信息由系统从基本信息自动读入生成。这部分的内容也是基金审核中对申请者是否具备申请该项基金的基本判断,所以在写作这部分简介的时候需要特别注意格式的要求。其中包括教育经历、博士后工作经历、科研与学术工作经历、曾用其他证件信息、近五年主持或参加科研项目情况、代表性研究成果和学术奖励情况等。

简历部分填写的申请人和项目组主要参与者的教育经历(从大学本科开始)和科研与学术工作经历,应当注意时间衔接、逻辑关系。所有代表性研究成果和学术奖励中本人姓名加粗显示。奖励情况也须详细列出全部受奖人员、奖励名称等级、授奖年份等。

(8)附件信息

附件信息包括简历中用到的代表性论著、科研成果与学术奖励等,备注栏标明排名、应用情况和类型。附件信息示例见表 7-2。

表 7-2 附件信息示例

序号	附件名称	备注	附件类型
1	代表论文 1-论文名称	一作(SCI,JCR Q2,SCIE 引用 3 次)	代表性论著
2	代表论文 2-论文名称	一作(SCI,JCR Q2)	代表性论著
3	代表论文 3-论文名称	一作(SCI,JCR Q2)	代表性论著

续表

序号	附件名称	备注	附件类型
4	代表论文 4-论文名称	一作（SCI，JCR Q2，SCIE 引用 4 次）	代表性论著
5	代表论文 5-论文名称	一作（SCI，JCR Q2，SCIE 引用 1 次）	代表性论著
6	专利名称	授权（排名第二）	专利
7	专利名称	授权，转化（排名第二）	专利
8	专利名称	成果转化合同（排名第二）	专利
9	专利名称	排名第二	专利
10	专利名称	排名第二	专利
11	专利名称	排名第二	专利
12	专利名称	授权（排名第三）	专利
13	专利名称	授权，转化（排名第四）	专利
14	专利名称	成果转化通知（排名第四）	专利
15	专利名称	授权（排名第五）	专利
16	大赛名称	二等奖（排名第四）	科技奖励

相较于国家自然科学基金项目的申请书，国家重点研发计划申请书内容在此基础上多一项内容：项目保障和风险分析。省级自然科学基金项目申请书内容结构大致相同，唯一不同之处在于省自然科学基金项目含一项：依托单位意见。地市级、厅局科技基金项目申请书无个人简历项，且要求的内容更为简洁。

7.1.4　材料整理注意事项

① 所有项目只需提交一式一份纸质申请材料。纸质申请材料包括纸质版申请书及其他必须提交的附件材料（附件材料随纸质版申请书装订成册，所有提交的纸质版申请书上的签字均须亲笔签名，合作单位盖章均需原件，依托单位章不用盖），提交的纸质版申请书和电子版的版本号一致（务必确保提交后再打印）。申请书打印时，除了封面页、签字页和盖章页单面打印，其余部分均要求双面打印。项目申报清单纸质版（加盖单位公章、单位分管领导签字）一份。

② 项目组成员中有外单位人员（包括研究生）即视为有合作研究单位，面上项目合作单位不得超过 2 个（含 2 个），要填写合作研究单位信息（纸质申请书上要盖合作研究单位公章。已经在自然科学基金委员会注册的合作研究单位，须加盖单位注册公章；没有注册的合作研究单位，须加盖该法人单位公章），填写的单位名称应当与公章一致。特殊情况：项目组成员中的境外人员被视为以个人身份参与

项目申请，其境外工作单位不作为合作研究单位。

③ 除生命科学部之外，申报其他科学部重点项目要求在申请书附件中提供申请人本人 5 篇与申请项目相关的代表性论著 PDF 文件（只需上传电子版，无需再提供纸质材料）。

④ 无高级职称且未获得博士学位的申请人，须提供 2 名与其研究领域相同、具有高级专业技术职务（职称）的科学技术人员签字的推荐函（推荐者亲笔签字，且注明推荐人的工作单位、专业、职称）作为附件随纸质申请书一并报送（推荐函还需扫描后上传到电子版申请书附件中）。

⑤ 在职研究生申请。经导师同意，可以通过受聘单位申请，并提供导师同意其申请项目的函件（同意函需由导师亲笔签字，同意函中主要说明申请项目与学位的关系，承担项目后的工作时间和条件保证等）作为附件随纸质申请书一并报送（导师同意函还需扫描后上传到电子版申请书附件中）。

⑥ 上传的电子版申请书附件材料应为申请人和主要参与者获得的代表性成果或者科技奖励。

a. 提供 5 篇以内申请人本人发表的与申请工程相关的代表性论文电子版文件。

b. 如上传专著，可以只提供著作封面、摘要、目录、版权页等。

c. 如上传所获科技奖励，应提供国家级科技奖励（国家自然科学奖、国家创造奖、国家科学技术进步奖）、省部级奖励（二等以上）奖励证书的电子版扫描文件。

d. 如上传专利或其他公认突出的创造性成果或成绩，应提供证明材料的电子版扫描文件。

e. 在国际学术会议上作大会报告、特邀报告，应提供邀请信或通知的电子版扫描文件。

⑦ 关于签字，包括申请人签字、项目组成员签字（务必核实，避免超项）、合作单位盖章、项目依托单位科研管理部门意见、校学术委员会意见、学校公章、领导签章（包括日期）。此外应注意，申请书中有外单位人员即视为有合作单位，须加盖合作单位公章（合作单位为境外的不必盖章，但须有参加人本人的签字或同意函）。

7.2 科学技术奖励提名

7.2.1 概述

7.2.1.1 科学技术奖励基本概念

科学技术奖励是为了促进科学技术进步，发挥科技是第一生产力的作用，推动科学技术为经济建设服务，对在科学探索和技术创新中作出贡献的单位和个人颁发的一种带政策、法律性的奖励。

科学技术奖励制度是我国长期坚持的一项重要制度，是党和国家激励自主创新、激发人才活力、营造良好创新环境的重要举措。科学技术奖励制度贯彻尊重知识、尊重人才的方针，鼓励自主创新，鼓励攀登科学技术高峰，加速科教兴国和可持续发展战略的实施。

科技企业申请国家、政府、社会颁发的奖励对企业发展有着巨大的优势和好处，能够更好地带动企业的发展。

我国科学技术奖励体系形成以国家科技奖为顶层、省部级科技奖为支撑、社会科技奖为基础的科学技术奖励矩阵。2020年12月1日开始施行的《国家科学技术奖励条例》是于1999年颁布后的第三次修改，提出我国科学技术奖励的报奖方式从"推荐制"改为"提名制"。提名制是国际上科学技术奖励普遍采取的候选者产生方式，采用提名制将助推科学技术奖励制度与国际接轨。

7.2.1.2 科学技术奖励分类

我国科学技术奖励按照行政级别、影响力大致分为三大类，即国家级、省部级、社会力量（见表7-3）。

表7-3 我国科学技术奖励分类

一类：以"国家最高科学技术奖"为标杆	二类：以省部级科学技术奖为标杆	三类：以社会力量科技奖励为标杆
① 国家最高科学技术奖 ② 国家自然科学奖 ③ 国家技术发明奖 ④ 国家科学技术进步奖 ⑤ 中华人民共和国国际科学技术合作奖 ⑥ 全国创新争先奖 ⑦ 中国青年科技奖 ⑧ 中国专利奖	① 教育部自然科学奖 ② 教育部技术发明奖 ③ 教育部科学技术进步奖 ④ 教育部青年科学奖 ⑤ 省科学技术最高奖（科学技术功勋奖） ⑥ 省自然科学奖 ⑦ 省技术发明奖 ⑧ 省科学技术进步奖 ⑨ 省国际科学技术合作奖	① 中国汽车工业科学技术进步奖 ② 何梁何利基金科学与技术奖 ③ 光华工程科技奖 ④ 中国电力科学技术奖 ⑤ 中国有色金属工业科学技术奖 ……

重要提示：

2017年5月31日，国务院办公厅发布《国务院办公厅印发关于深化科技奖励制度改革方案的通知》（国办函〔2017〕55号）。通知明确规定："省、自治区、直辖市人民政府可设立一项省级科学技术奖（计划单列市人民政府可单独设立一项），国务院有关部门根据国防、国家安全的特殊情况可设立部级科学技术奖。除此之外，国务院其他部门、省级人民政府所属部门、省级以下各级人民政府及其所属部门，其他列入公务员法实施范围的机关，以及参照公务员法管理的机关（单位），不得设立由财政出资的科学技术奖。"故地级市与其他相关单位不再设科学技术奖。

7.2.2 奖励提名—评审程序

(1) 提名

我国科学技术奖励是"提名制",提名程序依据申请奖励的类别的不同而有所差异。其大致包括以下几个步骤:单位/专家提名申请,提名公示,申请人依托平台完成注册,申请人基本信息填报,项目信息填报,知识产权填报,上传附件,线上生成提名书,修改及完成提交等。提名过程中应认真审阅当年的提名工作手册,严格按照手册中的要求准备材料。

其他层次的科学技术奖励提名要求和流程稍有不同,但均可参照国家科学技术奖励提名的提名要求与流程。

下列为国家科学技术奖励提名资格要求。

1) 专家提名

① 国家最高科学技术奖、中华人民共和国国际科学技术合作奖

a. 国家最高科学技术奖获奖人:每人可提名1人(组织)。

b. 中国科学院院士、中国工程院院士:3人可联合提名1人(组织)。

② 国家自然科学奖、国家技术发明奖、国家科学技术进步奖

a. 国家最高科学技术奖获奖人:每人可提名1个项目。

b. 中国科学院院士;中国工程院院士;2000年(含)以后获得国家自然科学奖二等奖及以上,国家技术发明奖一等奖,国家科学技术进步奖特等奖、一等奖(含创新团队)项目的第一完成人:3人可联合提名1个项目。

c. 中国科学院院士、中国工程院院士:每人可提名1项完成人仅为1人或第一完成人在40岁以下的国家自然科学奖、国家技术发明奖通用项目。

提名专家年龄不超过70岁,院士年龄不超过75岁,国家最高科学技术奖获奖人年龄不受限制。

提名专家每人每年度独立或与他人联合提名的国家科学技术奖限1项,联合提名时列第一位的为责任专家。提名专家应在本人熟悉学科领域范围内进行提名,责任专家应在本人从事学科专业(二级学科)内提名。3名专家联合提名时,与提名项目任一完成人同一单位的专家不应超过1人。

③ 提名涉及国防和国家安全的专用项目的部门应具备相应的保密资格,专用项目只接受相关部门的提名,不接受专家提名(含国家最高科学技术奖获奖人)。

2) 单位提名

① 国家最高科学技术奖 提名数量不限。请注重提名仍在一线工作的杰出科学技术专家。

② 国家自然科学奖、技术发明奖和科学技术进步奖 坚持优中选优,原则上提名数量不限。各单位应当建立科学合理的遴选机制,提名本学科、本行业、本地

区、本部门的优秀项目。

③ 中华人民共和国国际科学技术合作奖 提名数量不限。请注重提名学术水平高、国际影响大，对我国经济、社会发展有重要推动作用且长期友好的外国人或组织。

（2）评审

科学技术奖励提名材料按照要求提交后，国家科学技术奖励办公室、国务院科学技术行政部门等相关部门对提名进行受理，然后组织形式审查、学科专业组进行初评（网评、会评）、评审委员会评审、奖励委员会评定等，提名受理情况、形式受理、初评结果都按要求进行社会公示。公示期间还会进行异议处理、项目考察、行业咨询、效益抽查等步骤。当所有必需的评审通过后，再经奖励委员会评定、经科学技术部和国务院下达批准通知后进行获奖公示，并择日召开国家科学技术奖励大会。评审流程与时间如图7-11所示。

根据奖励类别的不同，其他层次的科学技术奖励流程申请与评审流程稍有不同。但教育部科技奖励的申报和评审流程与省科学技术奖的流程基本相同。各省、市的科学技术奖根据各省科技厅、市科技局公布时间。省科学技术奖申报和评审流程与时间如图7-12所示。

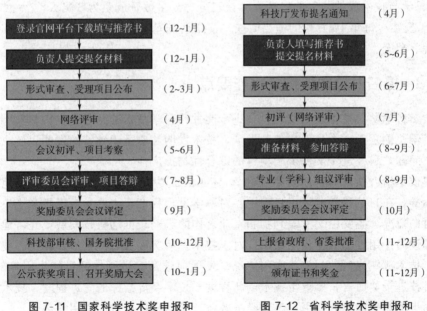

图7-11 国家科学技术奖申报和评审流程与时间

图7-12 省科学技术奖申报和评审流程与时间

对于社会科技奖励而言，中国科学技术协会管理的全国学会共有210个，是社会科技奖励设立的主要组织，申请人可登录全国学会或社会组织的官方网站，查阅了解所设立的社会科技奖的申报流程、奖励政策。

例如,何梁何利基金奖评选工作如下。

① 提名 每年年初,评选委员会向国内外2000多位提名人发去提名表,由其提名推荐获奖人选,并于3月31日前将提名表返回评选委员会。评选办公室将对提名材料进行形式审查、整理、分组、印刷成册。

② 初评 每年7月中旬,评选委员会召开当年专业评审会,进行"科学与技术进步奖""科学与技术创新奖"的初评。其中,"科学与技术进步奖"初评,按照学科设立若干专业评审组进行;"科学与技术创新奖"成立一个由不同行业和领域专家组成的评审组进行初评。经过初评,以无记名投票方式,产生一定差额比例的候选人,提交评选委员会会议终评。

③ 预审 根据评选章程,"科学与技术成就奖"候选人由评选委员会委员在初评结束后提名。每年8月,评选委员会成立预审小组进行协调、评议,必要时进行考察和听证,产生"科学与技术成就奖"候选人,并形成预审报告,提交评选委员会会议终评。

④ 终评 每年9月中旬,评选委员会召开全体会议进行终评。对候选人逐一评议,最后,根据基金信托委员会确定的当年获奖名额,进行无记名投票表决。"科学与技术进步奖""科学与技术创新奖"的候选人,获半数以上赞成票为获奖人。"科学与技术成就奖"的候选人,获三分之二多数赞成票为获奖人。

⑤ 授奖 每年10月份的适当时候,何梁何利基金举行颁奖大会,向获奖人颁发奖牌、奖金。

7.2.3 提名书总体架构及写作要点

自然科学奖、技术发明奖、科技进步奖并称科学技术奖励的"三大奖"。其中,自然科学奖侧重于重大自然现象的发现,技术发明奖侧重于独特的发明以解决"卡脖子"问题,科技进步奖侧重于项目的综合性与推广性。

建议申请者认真分析相同专业组2~3年的成功案例,更为直观、准确地把握评审标准。在自然科学奖评审过程中,对科学发现程度、主要学术思想和观点被他人认可的情况、主要论文发表刊物和专业著作的影响、推动科技发展或经济建设和社会建设的作用等部分会重点评审。对于技术发明奖而言,侧重于新颖性、技术进步性、技术成熟完备性与转化应用情况、发展前景及促进科技进步的作用等部分。对于科技进步奖而言,侧重于技术创新程度、技术经济指标的先进程度、技术创新对提高市场竞争能力的作用、已获经济效益、推动科技进步的作用等部分。

在提名书的写作中,总体要求为真实准确。"真实"表现为数据真实、成果真实、材料真实(有第三方材料支撑)。"准确"表现在标识准确、语言表达准确,通识性的语言形象化表达,专业性的语言严谨化表达,做到图文并茂,使专家读者明白、信服。

在此以具有代表性的辽宁省技术发明奖提名书为例，对提名书结构及写作要点进行说明。辽宁省技术发明奖提名书主要由项目基本情况、提名意见、项目简介、主要技术发明、客观评价、应用情况和效果（经济效益和社会效益）、主要知识产权和标准规范等目录、主要完成人情况表等组成。

7.2.3.1 提名书总体架构

提名书的基本结构如图 7-13 所示。

图 7-13

（1）项目基本情况：包括提名者、项目名称、主要完成人、学科分类、任务来源、项目起止时间等。

（2）提名意见：分为专家提名和单位提名两种，申请人结合自身情况选择提名。在专家提名中，提名专家提名意见表应由提名专家签名。

（3）项目简介：是作为向社会公开、接受社会监督的主要内容，也是考核、评价该项目是否符合全授奖条件的主要依据。

（4）主要技术发明：主要技术发明、技术局限性。

（5）客观评价：围绕技术发明点的创造性、先进性、应用效果作出客观、真实、准确评价。

（6）应用情况和效果：依据客观数据和情况准确填写，不做评价性描述。

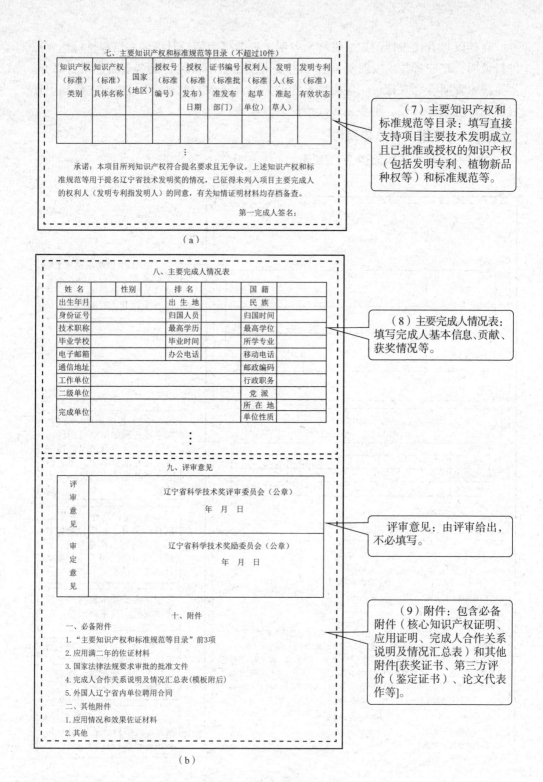

图 7-13 提名书的基本结构

7.2.3.2 提名书写作要点

(1) 项目基本情况

项目基本情况包括提名者、项目名称、主要完成人、学科分类、任务来源、项目起止时间等。图 7-14 为 2018 年申报辽宁省技术发明奖提名书的"项目基本情况"。

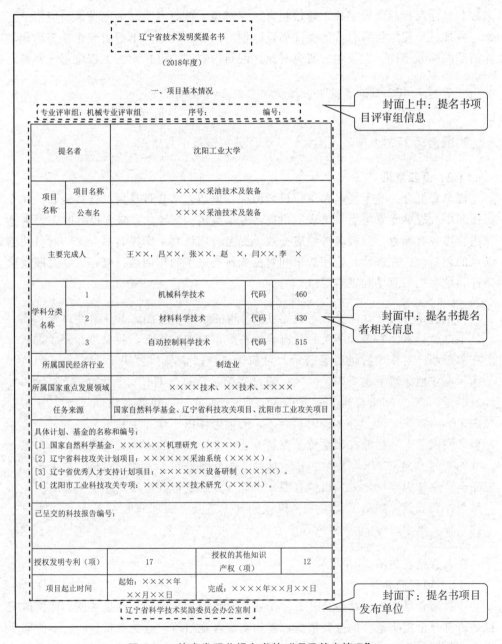

图 7-14 技术发明奖提名书的"项目基本情况"

项目名称需要突出特色、简洁鲜明,且不宜过长,控制在 35 个字以内。最好可以让专家一看到"项目名称"就能基本了解本申请,突出重点要研究的问题,应注意题目的限定性,题目与内容一致。自然科学奖的项目名称需要准确反映发现的研究内容和特性,建议包含研究对象、自然现象、机制/机理/方法/性能调控三要素。技术发明奖的项目名称需要准确反映技术发明的核心内容和特性,不出现企业名称和具体商标品牌等字样,建议包含研究对象、核心发明、关键技术与应用三要素。科技进步奖的项目名称需要准确反映创新内容和特性,不得出现企业名称和具体商品品牌等字样,建议包含研究对象、创新内容、关键技术与工程应用三要素。

> **范例 7.16**:高速铁路××系统××机理与××方法

> **范例 7.17**:大型××损耗××变压器关键技术与应用

(2)提名意见

提名意见分为专家提名和单位提名两种,申请人结合自身情况选择提名。在专家提名中,提名专家提名意见表应由提名专家签名。3 名专家联合提名时,提名意见内容可各有侧重,但提名等级应一致。提名者应认真审阅提名书全文,对科技创新点的创新性、先进性、应用效果和对行业科技进步的作用进行概述,并对照授奖条件,填写提名意见和提名等级。

> **范例 7.18**:(单位提名)我单位认真审阅了该项目提名书及附件材料,确认全部材料真实有效,相关栏目符合填写要求。按照要求,我单位和完成人所在单位都已对该项目进行了公示,目前无异议。该项目发明了××××新技术,有效地分解平衡了××××;通过实验手段进行对比分析,优选了××,发明了××、××与××;实验发现了××××,并据此发明了××;考虑××、××、××等多种因素对××的耦合作用,建立了基于××的××模型,发明了××智能控制系统及控制方法。上述成果的应用有效延长了××系统的××××、××,使××技术达到了国际先进水平。该项目核心技术具有完全自主知识产权,××机械有限公司等五家企业得到应用,产生了显著的经济与社会效益,推动了我国××机械的技术进步。对照省技术发明奖授奖条件,提名该项目为 2018 年度辽宁省技术发明奖×等奖。

提名意见表如图 7-15 所示。

(3)项目简介

项目简介是作为向社会公开、接受社会监督的主要内容,也是考核、评价该项目是否符合全授奖条件的主要依据,需如实、客观填写,避免主观臆断。不能涉及敏感性数据参数,如涉及国家安全类项目的一些参数。以不泄露项目核心技术为前

二、提名意见
(适用于提名专家)

姓　　名		身份证号	
专家类型			
工作单位			
职　　称		学科专业	
通信地址		邮政编码	
电子邮箱		联系电话	
责任专家	□是　　　□否		

提名意见：(600 字以内)

……

……

提名该项目为辽宁省技术发明奖__等奖。

声明：本人遵守《辽宁省科学技术奖励办法》及其实施细则，以及《辽宁省科学技术奖提名制实施办法(试行)》的有关规定，承诺遵守评审工作纪律，所提供的提名材料真实有效，且不存在任何违反《中华人民共和国保守国家秘密法》和《科学技术保密规定》等相关法律法规及侵犯他人知识产权的情形。本人已征求被提名者同意；作为提名者，本人同意在项目公示时向社会公布；本人承诺根据需要参加答辩，接受评审专家质询；如产生争议，将积极调查处理。如有材料虚假或违纪行为，愿意承担相应责任并按规定接受处理。

专家签名：

年　月　日

(a)

二、提名意见
(适用于提名机构和部门)

提 名 者			
通信地址		邮政编码	
联 系 人		联系电话	
电子邮箱		传　　真	

提名意见：(600 字以内)

……

……

提名该项目为辽宁省技术发明奖__等奖。

声明：本单位遵守《辽宁省科学技术奖励办法》及其实施细则的有关规定，承诺遵守评审工作纪律，所提供的提名材料真实有效，且不存在任何违反《中华人民共和国保守国家秘密法》和《科学技术保密规定》等相关法律法规及侵犯他人知识产权的情形。如产生争议，将积极调查处理。如有材料虚假或违纪行为，愿意承担相应责任并按规定接受处理。

法人代表签名：　　　　　　　　　　　　单位(盖章)：

年　月　日　　　　　　　　　　　　　　年　月　日

(b)

图 7-15　提名意见表样例

提，扼要介绍项目所属科学技术领域、任务来源、背景及意义、主要技术内容（技术创新点）、促进行业科技进步作用及应用推广情况等。

> **范例 7.19**：项目简介
> **技术领域**：本项目属××领域。
> **任务来源**：任务来源于国家××计划/项目列入国家××计划。**背景及意义**：在××××背景下，该项研究在××××领域有××的意义。
> **主要技术内容（技术创新点）**：项目实现了××研究目标，攻克了×××关键技术，发明了××××方法，首创了××××技术等。
> **促进行业科技进步作用及应用推广情况**：项目申请国家发明专利××项，授权××项；发表论文××篇，SCI 收录××篇；出版专著××部；项目成功应用于××企业，推广面积××亩，新增产值××万元，利税××万元；技术填补了××空白，打破国外××垄断，经济、社会效益十分显著。

> **范例 7.20**：（以行业介绍为切入点，分析项目所解决的关键问题、特点，按逻辑顺序介绍研究内容、应用推广情况与技术产生的经济效益情况）
> 石油工业是国民经济发展的重要支柱产业，该成果即为石油开采提供"绿色"成套装备，解决××问题。它属于××××技术，避免××故障；规避了××××的能量损耗，凸显"绿色"节能特征；设备占据空间小，特别适宜于海上平台和沼泽区块采油作业。（解决关键问题与项目特点）
> 1998 年，××针对××油田提出的工况需求，组成石油机械研发团队致力于××××。在后续推广应用过程中，由于××××等提出了更高的要求。2009 年起，陆续在国家自然科学基金、辽宁省科技攻关项目的支持下，有针对性地开展理论与实验研究工作：发明了××，设计了××结构，有效地平衡分解了××××，提高了××，分析了××××影响行为，基于××技术对××进行优化，构建了××，并以此为内核发明了"××"；对××的××、××及其××，发明了旨在提高其××和××性的"××"，通过实验研究确定了……（研究内容）
> 基于上述发明成果，开发出了××××，每套材料和制造成本控制在××万元，附加值为××万元，加上各种税金、运费、售后服务费等，每套售出价不超过××万元，比一套相同性能的进口设备节省近××万元。目前，该成果在××等几大油田广泛投入生产实际应用，尤其在海上平台和沼泽地区，更是发挥了其独特作用。全国年需求量在××套以上，年产值将达到××亿元。×××一次性节约技术引进费用为××万美元、节省耕地面积折合人民币为××万元；每年节约电耗约××万元，减少维护费用××万元。（应用推广情况与经济效益）

（4）主要技术发明

各科学技术奖励，在此部分稍有不同。在自然科学奖中，此部分为重大科学技术发现，围绕科学发现点的原创性、公认度和科学价值，客观、真实、准确地阐述在创造性方面的归纳提炼，不涉及评价内容。科学发现点按重要程度排序。在技术进步奖中，此部分为主要科技创新，围绕创新性、应用效益和经济社会价值，客观、真实、准确地阐述项目的立项背景和具有创造性的关键、核心技术内容，对比当前国内外同类技术的主要参数，并列明主要知识产权和标准规范等，且不涉及评价内容。科技创新点按重要程度排序。技术局限性都需要简明、准确地阐述项目在现阶段还存在的科技局限性及今后的主要研究方向。

在技术发明奖提名书中，此部分也无疑是核心内容，也是评价项目、处理异议的重要依据。主要技术应围绕首创性、先进性和技术价值，客观、真实、准确地阐述项目的立项背景，并列明主要知识产权和标准规范等。此部分不得涉及评价内容。技术发明点按重要程度排序。核心发明点必须取得授权知识产权。同行比较是展现项目的总体科学技术水平，如国际领先、国内领先等。

> **范例 7.21**：主要技术发明
>
> 立项背景
>
> 　　石油是人类赖以生存的重要物质资源，在人类发展历史中扮演着重要的角色。在我国，石油工业已成为国民经济发展的支柱产业，其技术进步也是我国社会进步的一项重要标志。进入 21 世纪，"绿色"生产理念逐渐形成，其本质是用最小的消耗获取最大的回报。体现在采油工程中，就要求将同比采油量的能耗、物耗、环境消耗以及人力资源消耗降至最低。
>
> 　　采油设备的技术水平在"绿色"石油生产中起着决定性作用，因此自 20 世纪 60 年代起，我国石油工业和非石油工业领域都有很多科技工作者致力于采油机械的开发研究，各种柱塞式抽油机、电潜离心泵、地面电机驱动螺杆泵等采油机械装备陆续诞生并服务于我国石油工业。但是，随着石油开采进程的推进，出现了一些新的问题，对上述采油机械提出了挑战，例如：
>
> 　　（1）在环渤海湾一带存在大量××、××油井，开采这类原油需要向井内注入××、××或采用××等措施，附加成本增大。
>
> 　　（2）一些开采后期的油井和特殊低产井供油量小，常出现原油抽干而"烧泵"的后果。
>
> 　　……
>
> 　　诸如此类问题，使人们的思考目光转向了××采油技术，这是解决上述问题的有效途径。××研发团队在该技术领域已从事了近 20 年的研究工作，积累了丰富的理论和实践研究成果，××××年起……完成一系列新产品定型任务。

问题的提出

第一，××××的××问题。××××稳定工作时，××的轴向力由三部分组成：××中液体在××中移动时对××的轴向力；××××××承担该轴向力的××，由于尺寸有限，尽管结构和材料做了多次改进设计，但效果仍不理想。目前，××问题已经成为制约××采油系统井下机组下潜深度的××问题。

第二，××定子××、××及××问题油井工况十分复杂，原油中往往含有多种不同成分，包括含水，含砂，含蜡，含芳香烃，含 H_2S、SO_2、CO_2 气体等；不同地域油井中原油的物性差异又很大，有的呈酸性，有的呈碱性；随着下潜深度加大，油层温度逐渐升高、泵的吸入端与×××增大。这些因素均影响着××的使用寿命。目前，我们国内选××胶时，没有科学地考虑上述因素及其与××的耦合作用对××寿命（××、××能力）的影响，胶种选配单一，加之××制造工艺缺陷，导致××××、××××及××现象严重，严重影响××技术的推广应用。

主要技术发明

（1）发明了××、××××对称、××泵"并行"配置新技术

（支撑发明专利××项：××装置，ZL××××××）

成果隶属于机械工程学科。该技术有效地分解平衡了作用在系统主轴承上的轴向载荷，适应了×××系统井下机组大潜深、大排量的要求，解决了制约××采油技术推广的瓶颈性问题。同样下潜深度如何提高排量，同样排量如何加大下潜深度，是我们攻关的重点。根据实际应用结果的分析，两个问题本质上可归并为如何提高××系统××能力的问题。此前，我们的思路一直局限在改进传动系统零部件材料和制造工艺方面，取得的进展缓慢。而今，变换思路，改变螺杆泵配置模式，提出××、××、××，将传××的××进行科学分解，此方案同比（××）大幅度延长了××（××）的××寿命。

（2）发明了××的××与制备工艺

……

机组运行环境及总体性能指标

机组运行环境

（1）井底压力：××；

（2）井底温度：××；

（3）原油黏度：××；

（4）含砂量：××，砂粒直径××；

（5）机组井下部分下潜深度：××；

（6）井液中可能含有××、××、××腐蚀性介质。

总体性能指标

> （1）泵的排量：××；
> （2）机组效率：××；
> （3）转速：××；
> （4）机组寿命：××。
> 与当前国内外同类研究、同类技术的综合比较
> 综合国内外各种媒体的信息，现将××机组的主要经济技术列表比较。
> ……
> 技术局限性
> 　　第一，××××问题。从使用成本上考虑，不可能一口井采用一套××系统，而是一套××系统控制多口井才能保证经济效益。但是对于××，集中控制还是很方便的，如果采油井××，有线控制将加大成本。所以，该项目未来一个重要发展方向应研究××××。
> 　　第二，××的××问题。受井况影响，井下××××变化很大，直接影响××发挥有效作用。例如，有的××很大，溢出的××严重影响××××精度，这是下一步工作应考虑的重要问题。

（5）客观评价

　　围绕技术发明点的创造性、先进性、应用效果作出客观、真实、准确评价。填写的评价意见要有客观依据，主要包括与国内外相关技术的比较，国家相关部门正式作出的技术检测报告、验收意见、鉴定结论，国内外重要科技奖励，国内外同行在重要学术刊物、学术专著和重要国际学术会议公开发表的学术性评价意见等，可在附件中提供证明材料。非公开资料（如私人信函等）不能作为评价依据。

> **范例7.22：** ××××年××月××日，辽宁省科学技术厅组织来自××大学、××大学、××大学等单位专家，对沈阳工业大学完成的××项目进行了科学技术成果鉴定。
> 　　鉴定委员会认为：该项成果具有很高的理论水平与实际应用价值，关键技术填补了相关研究领域的空白，综合技术指标达到了国际先进水平，对××具有重要促进作用，形成的产品市场前景广阔。（见附件）
> 　　××××年××月××日，××市科学技术局组织来自××大学、××大学、××大学等单位专家，对××大学完成的"××方法研究及××研制"项目进行了科学技术成果鉴定。
> 　　鉴定委员会认为：该成果具有重要的学术及应用价值，对××技术在我国的推广应用具有重要促进作用，其关键技术填补了国内本研究领域内的空白，综合技术水平达到国际先进水平。（见附件）

（6）应用情况和效果（经济效益和社会效益）

依据客观数据和情况准确填写，不做评价性描述。其包括企业或其他单位应用项目技术的产品或服务的质量和效率提升情况，与项目技术应用有关的销售额，以及节约成本、降低能耗等情况。填写经济效益数据的，应注明计算方式，并在"其他附件"中提交支持数据成立的客观佐证材料。如果无经济效益，只填写社会效益。可以采用图表加以说明。

范例 7.23：应用情况和效果

推广应用情况

系列发明成果已在××有限公司、××有限公司、××有限公司、××公司四家企业工程化应用。这些公司于××××年××月起，相继应用××大学提出的××××技术，根据油田用户要求，开发出排量为××、××、××、××、××××八个品种的井下××××××××系统，在××油田海上采油平台、××油田××、××、××采油厂、××油田××、××、××的稠油井、高××井投入采油生产作业（应用结果见表7-4）。

表7-4 主要应用单位情况

应用单位名称	应用技术	应用起止时间	应用单位联系人/电话	应用情况
阜新××石油机械有限公司	××××系统设计、××××智能控制技术，××方法与××制备技术	20××年8月至今	隋×× 18……86	形成年产××台（套）生产能力，20××年8月至今，已经投产××台（套）
盘锦××石油装备有限公司	××××系统设计、××××智能控制技术，××方法与××制备技术	20××年4月至今	赵×× 13……11	形成年产××台（套）生产能力，20××年4月至今，已经投产××台（套）
盘锦××石油机械有限公司	××××系统设计、××××智能控制技术，××方法与××制备技术	20××年2月至今	张×× 13……38	形成年产××台（套）生产能力，20××年2月至今，已经投产××台（套）

应用××××大学开发出的××技术及其相关控制软件、××，产品使用寿命同比提高××%以上，工程化成本降低××%，最大排量由××m^3/d提升至××m^3/d。设计出的机组质量明显提高，功能和性能指标完全满足了预期要求。从××××年××月到××××年××月，三年产量××台（套），新增产值××万元，创利××万元，节约电能总量折合人民币约为××万元。同时，以每套××万元左右的销售价格，进入了原来由加拿大、美国联手垄断的市场（后两者每套售价折合人民币××万元左右），产生了良好的社会影响。

该成果中的××技术、××技术、××设计与实验技术还转让到如下企业：

□××有限公司；

□××有限责任公司；

□××机械有限公司；

□××有限公司；

□××集团。

近三年经济效益（列表说明，见表 7-5）

表 7-5　经济效益

自然年	完成单位		其他单位	
	新增销售额	新增利润	新增销售额	新增利润
××××年			××	××
××××年			××	××
××××年			××	××
累计			××	××

主要经济效益指标的有关说明：

以上数据来源于××有限公司、××公司、××有限公司等企业××××年至××××年期间的统计结果，这几家企业三年总计投产××（台）套机组，按每套平均售价××万元计算：

新增产值：××

节能：

生产每立方米原油节电约××元，按每口井平均日排量×× m^2 计算，××××年××口井、××××年××口井、××××年××口井各工作 365 天。依此粗略计算，三年来节约电能总量折合人民币约为××万元。

注：为了防止油砂沉积××采油作业必须无停歇连续作业。

其他经济效益指标的有关说明：

××××机组投入批量生产后，每套的售出价约××万元，在××、××、××、××、××等有广阔的市场，尤其在海上平台和沼泽地区作业，更能发挥某独特作用，据《中国石油石化设备工业年鉴 2015》预测，预计未来十年全国需求量将在××套/年以上。据此估算，对相同排量的××kW 潜油螺杆泵采油机组与××kW 柱塞式抽油机进行对比，从以下四方面可以分析其间接经济效益：

1）单机节约引进费用。国外每套到岸价为××万元人民币，每套节约引进费用的××万元。

2）减少征地面积。每套减少征地面积平均为×× m^2，××套总计为×× m^2，按每平方米土地的征地费用××元计算。

……

注：新增销售额指完成单位技术转让收入及应用单位应用本项目技术所生产的产品或服务销售额；新增利润指新增销售额扣除相关产品或服务的成本、费用和税金后的余额。

社会效益

(1) 提供了我国石油开采领域的急需技术。××技术在我国20世纪60年代就有石油科技工作者开始研究，但是由于国外的技术封锁和我们自身的技术水平、加工能力等因素的限制，这项研究工作一直没有取得进展。今天我们所取得的突破，解决了我国石油工业领域所急需解决的问题。

(2) ××技术在节能降耗、减少环境污染、减少占地面积等方面特征明显，××地面上没有机械运转设备，实现了零污染，实现了"绿色"采油的理念。

(3) 打破了国际垄断。在这项技术领域，我们已经探索了近50年的时间，花费了大量人力物力却徘徊不前，导致有些人对此望而却步。这项技术的研制成功将极大提高我国石油开采工作者的信心和创新勇气。

(4) 大量吸纳劳动力。××采油机组是一种成套设备，据粗略估算，该设备从设计、制造、安装到管理等各个环节将提供××人/年的就业机会。

（7）主要知识产权和标准规范等目录

填写直接支持项目主要技术发明成立且已批准或授权的知识产权（包括发明专利、植物新品种权等）和标准规范等，应按与主要技术发明点的密切和重要程度排序，列表前3项应在附件中提供相应证明材料。

范例7.24：主要知识产权和标准规范等目录（见表7-6）

表7-6　主要知识产权和标准规范等目录

知识产权类别	知识产权具体名称	国家（地区）	授权号	授权日期	证书编号	权利人	发明人	发明专利有效状态
发明专利	[1]（专利名称）	中国	××	××	××	××××大学	王×× 张××	有效
发明专利	[2]（专利名称）	中国	××	××	××		王×× 罗× 吕××	有效
发明专利	[3]（专利名称）	中国	××	××	××		王×× 韩× 吕××	有效
发明专利	[4]（专利名称）	中国	××	××	××		王×× 张× 吕××	有效
发明专利	[5]（专利名称）	中国	××	××	××		王×× 高× 赵×	有效

续表

知识产权类别	知识产权具体名称	国家(地区)	授权号	授权日期	证书编号	权利人	发明人	发明专利有效状态
发明专利	[6]（专利名称）	中国	××	××	××	/////	王×× 吕×× 罗×	有效
发明专利	[7]（专利名称）	中国	××	××	××	/////	吕×× 王×× 张××	有效
发明专利	[8]（专利名称）	中国	××	××	××	/////	吕×× 王×× 张××	有效
发明专利	[9]（专利名称）	中国	××	××	××	/////	吕×× 陈×× 王××	有效
发明专利	[10]（专利名称）	中国	××	××	××	/////	王×× 聂× 吕××	有效

承诺：上述知识产权用于提名辽宁省技术发明奖的情况，已征得未列入项目主要完成人的权利人（发明专利指发明人）的同意。

第一完成人签名：

（8）主要完成人情况表

主要完成人情况表中，对项目主要技术发明的贡献：应具体写明完成人对项目作出的实质性贡献并注明对应"主要技术发明"所列第几项技术发明；与他人合作完成的技术发明，要明确阐述主要完成人、独立于合作者的具体贡献，以及支持主要完成人贡献成立的证明材料在附件中的编号。曾获国家、省部级科技奖励情况：不瞒报漏报。填写完成人曾获国家、省部级科技奖励的项目名称、获奖年度、奖种、等级、排名及证书编号等（没有内容填写"无"）。

范例7.25：主要完成人情况表（见表7-7）

表7-7 主要完成人情况表

姓名	/////	性别	男	排名	1	国籍	中国
出生年月				出生地		民族	汉族
身份证号				归国人员		归国时间	

续表

技术职称		最高学历		最高学位	
毕业学校		毕业时间		所学专业	
电子邮箱		办公电话		移动电话	
通信地址				邮政编码	
工作单位	/////			行政职务	
二级单位	/////			党派	/////
完成单位				所在地	/////
				单位性质	事业
参加本项目的起止时间	××××年3月1日 至 ××××年12月31日				

对本项目技术创造性贡献：

　　提出××××、××××非对称、××××机械结构和××××智能控制、××××改性等新思路，发明了××××采油装置、××××系统及控制方法、利用××××对××××化学改性的方法等新装置、新技术、新方法。出版学术专著《××××采油技术》，发表相关学术论文××余篇。

曾获国家、省科技奖励情况：

　　［1］中国机械工业科学技术奖一等奖（××××）：××××系统精细设计、××制造技术及专用装备研究。排名第2位，××××年×月。

　　［2］沈阳市科技进步一等奖（××××）：××××配方研制。排名第2位，××××年××月。

声明：本人同意完成人排名，遵守《辽宁省科学技术奖励办法》及其实施细则的有关规定，承诺遵守评审工作纪律，保证所提供的有关材料真实有效，且不存在任何违反《中华人民共和国保守国家秘密法》和《科学技术保密规定》等相关法律法规及侵犯他人知识产权的情形。该项目是本人本年度被提名的唯一项目。如有材料虚假或违纪行为，愿意承担相应责任并接受相应处理。如产生争议，保证积极配合调查处理工作。 本人签名： 　　年　月　日	完成单位声明：本单位确认该完成人情况表内容真实有效，且不存在任何违反《中华人民共和国保守国家秘密法》和《科学技术保密规定》等相关法律法规及侵犯他人知识产权的情形。如产生争议，愿意积极配合调查处理工作。 工作单位声明：本单位对该完成人被提名无异议。 单位（盖章） 　　年　月　日

（9）附件

　　附件包含必备附件（核心知识产权证明、应用证明、完成人合作关系说明及情况汇总表）和其他附件［获奖证书、第三方评价（鉴定证书）、论文代表作等］。奖种不同,支撑材料在附件中的要求也不同。但所提供的支撑材料要做到客观、真实、翔实且符合年限要求。

完成人合作关系情况汇总表中,贡献说明准确、均衡。合作方式包括但不限于专著合著、论文合著、共同立项、共同知识产权、共同参与制定标准规范和产业合作等。合作者填写为此项合作内容中涉及的完成人。合作时间根据实际情况填写,不限于项目的起止时间。证明材料填写其在提名书电子版附件中的编号。如果未包含在附件中,应填写"未列入附件"。

范例 7.26:完成人合作关系说明及完成人合作关系情况汇总表(见表 7-8、表 7-9)

表 7-8 完成人合作关系说明

序号	项目完成人	合作关系说明
1	王××	××××年××月至今,项目负责人。一直从事××××采油技术相关理论与实践研究,提出××、××非对称、××××并行配置机械结构和××智能控制、××改性等新思路,发明了××××采油装置、××××智能控制系统及控制方法、利用××对××表面化学改性的方法等新装置、新技术、新方法
2	吕××	××××年××月至今,项目组成员。一直负责××采油技术相关××理论、××配方研究。共同发明了××××测量装置、××××试验装置、××磨损试验机等;通过实验研究,明确了××常用的××××在××状态下的磨损行为及其机理、××的热老化机理;总结出××××磨损的一般规律
3	张××	××××年××月至今,项目组成员。一直负责××采油装置结构设计、××样机调试,组织生产运行。共同发明××××采油装置
4	赵 ×	××××年××月至今,项目组成员。共同发明一种×××工艺及装备,并负责完成××采油系统××分析和××性能实验研究
5	闫××	××××年××月至今,项目组成员。提出××智能控制算法并构建其试验平台
6	李 ×	××××年××月至今,项目组顾问。一直为××系统生产试运行提供技术支持,对发明成果的××应用提出具体实施方案

承诺:本人作为项目第一完成人,对本项目完成人合作关系及上述内容的真实性负责,特此声明。

第一完成人签名:

表 7-9　完成人合作关系情况汇总表

序号	合作方式	合作者	合作时间	合作成果	证明材料	备注
1	项目负责人	王××	××××年××月至今	"××××采油装置"等××项发明专利、著作×部、论文代表作×篇	附件 2-1 至附件 2-10 附件 6-1 至附件 6-10	
2	共同知识产权专著合著	吕××	××××年××月至今	"一种××××转速智能控制系统及控制方法"等×项发明专利、著作×部	附件 2-2 至附件 2-10 附件 6-10	
3	共同知识产权	张××	××××年××月至今	发明专利:"××××采油装置"	附件 2-1	
4	共同知识产权	赵 ×	××××年××月至今	发明专利:"××××搅拌装置"	附件 2-5	
5	共同立项	闫××	××××年××月至今	市××××重点实验室建设	未列入附件	
6	共同立项项目实施顾问	李 ×	××××年××月至今	市××××重点实验室建设	未列入附件	

国家科学技术奖励提名书与省级科学技术奖励提名书要求内容基本相同。教育部科学技术奖励提名书与省级科学技术奖励提名书相比多一项"教育与人才培养情况",其他内容要求基本相同。关于社会科技奖励提名书,申请人可根据需要登录各社会科技奖励主管的全国各学会或社会组织的官方网站,查阅了解其所设立的社会科技奖励相关公告。

7.2.4　材料整理注意事项

① 纸质版提名书包括主件和附件。纸质版主件应从提名系统中直接生成并打印,附件无需从提名系统中打印。主件和附件应合订,单双面不限,纸张规格为A4,竖向左侧装订,以"项目基本情况"作为首页,不再另加封面。

② "主要知识产权和标准规范等目录"前 3 项指"主要知识产权和标准规范等目录"所列前 3 项内容的证明材料。

③ 应用满两年的佐证材料:至少提供一份能证明项目整体技术已实施应用两年以上的客观佐证材料关键页,如验收报告、用户报告、销售或服务合同等。

④ 国家法律法规要求审批的批准文件:需要行政审批的项目,提供国家有关部门出具的已获批两年以上的行政审批文件。

⑤ 支撑项目主要技术发明、客观评价及完成人学术贡献的证明材料。除"主要知识产权和标准规范等目录"前 3 项以外的其他知识产权和标准规范等,不要求必须提交证明材料,如自愿提交,则提交证书或关键页扫描件(复印件),但不得超出"主要知识产权和标准规范等目录"所列范围。

第8章 招投标应用文

8.1 概述

招标、投标,是当今国际上广泛流行的一种经济活动方式。招标、投标工作广泛适用于土木建筑、能源、交通、电信、水电、城建、生态环境等基础设施,市政、教育、科技、文化、卫生、体育、农林、金融、商贸、旅游等公用事业以及货物采购、项目服务等领域。其涉及煤炭、石油、化工、天然气等300多个行业。掌握招标、投标中各种文书的写法,是企业发展的要求,也是现代企业工作人员必须具备的一种能力。招标、投标常用文书主要分为发标(编制招标公告或投标邀请书)、投标资格预审文件、投标须知、招标投标协议书、投标函、投标文件商务文书、投标文件技术文书、投标资格审查申请书等。

8.1.1 招标的分类及招标方式

招标是指招标人(买方)在一定范围内事先发出招标通告或招标单(包含品种、数量和有关的交易条件,提出在规定的时间和地点以及准备买进的商品名称与件数),邀请众多投标人(卖方)参加投标,并按照规定程序从中选择交易对象的一种市场交易行为。

(1)招标分类

按照招标对象的不同,可以把招标分为工程招标、货物招标和服务招标。

① 工程招标 工程招标是以工程建设作为采购对象的招标。按照《中华人民共和国招标投标法》的规定,工程招标可以分为以下几种:建设工程项目总承包招标;建设工程勘查招标;建设工程设计招标;建设工程施工招标;建设工程监理招标;建设工程材料设备招标。

② 货物招标 货物招标是以货物作为采购对象的招标,是招标中最常见的一种。货物招标中招标方式的选择主要是依据采购的金额。但是,《中华人民共和国招标投标法》和《中华人民共和国政府采购法》都没有对公开招标的金额限额作出具体的规定。由于货物与工程相比,技术要求相对简单,并且很多是可以要求现货投标的,因此可以在招标文件中对技术提出更明确的要求,而在评标时更多地比较

报价。

③ 服务招标　服务招标是以服务作为采购对象的招标。与货物招标一样，服务招标也存在与工程招标的交叉问题。服务招标的最大特点在于其衡量指标往往不够准确，因此各国的立法和国际组织往往给服务招标规定特别的招标程序、评标原则和标准。

（2）招标方式

招标方式决定着招标、投标的竞争程度，也是防止不当交易的重要手段。目前，世界各国和有关国际组织的采购，法律、法规都规定了公开招标、邀请招标和议标三种招标方式。

① 公开招标　公开招标又叫竞争性招标，是指招标人以招标公告的方式邀请不特定的法人或者其他组织参加投标竞争，从中择优确定中标单位。按照竞争程度，公开招标可分为国际竞争性招标和国内竞争性招标。

② 邀请招标　邀请招标也称有限竞争性招标或选择性招标，是指招标人以投标邀请书的方式邀请特定的法人或者其他组织投标。邀请招标的特点是：不使用公开的公告形式；接受邀请的单位才是合格投标人；投标人的数量有限，根据招标项目的规模大小，一般为3~10个。然而，邀请招标限制了充分的竞争，因此招标投标法规一般都规定招标人应尽量采用公开招标。

③ 议标　议标也称谈判招标或限制性招标，即通过谈判来确定中标者。议标主要有以下几种方式：直接邀请议标方式、比价议标方式、方案竞赛议标方式。

8.1.2　投标的分类及投标方式

投标是指投标单位针对招标单位的要约邀请，根据招标公告或投标邀请书所规定的标准和条件，在规定的期限内，以明确的价格、期限、质量等具体条件，向招标单位发出投标文件，通过竞争获得经营业务的活动。

（1）投标分类

投标按性质不同分为工程施工类、货物采购类和服务类三种

（2）投标方式

① 公开投标　招标人在公开媒介上发布招标公告邀请不特定的法人或其他组织参与投标，投标人看到公告后按照要求进行投标。

② 邀请投标　招标人以邀请书的方式邀请投标人进行投标，投标人收到后按要求投标。

8.2 招标流程及招标文件

8.2.1 企业招标流程

企业招标基本流程如图 8-1 所示。

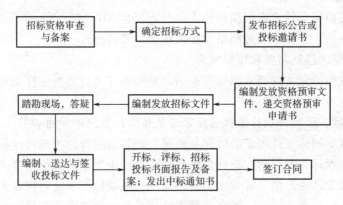

图 8-1 企业招标基本流程

（1）招标资格审查与备案

经评审专家组审核后，招标机构应当将招标文件的所有审核意见及招标文件最终修改部分的内容通过招标网报送相应主管部门备案，同时将评审专家组审核意见的原始资料以及招标机构的意见报送相应的主管部门备案。主管部门在收到上述备案资料 3 个工作日内通过招标网函复招标机构。

（2）确定招标方式

项目负责人通过网上办事大厅国资处（国有资产管理处）"采购申请"流程办理采购方式申请并上传相关支撑材料，确定公开招标或邀请招标。

（3）发布招标公告或投标邀请书

实行公开招标的，由采管办（政府采购管理办公室）或委托代理机构在相关官方指定媒体上发布招标公告；实行邀请招标的，应向 3 个以上符合资质条件的投标人发送投标邀请。

（4）编制发放资格预审文件，递交资格预审申请书

采用资格预审的，编制资格预审文件，向参加投标的申请人发放资格预审文件，填写资格预审申请书。投标人按资格预审文件要求填写资格预审申请书（如是联合体投标应分别填报每个成员的资格预审申请书）。

（5）编制发放招标文件

自主招标：项目负责人从国资处网站或网上办事大厅下载招标文件范本，结合国家政策、相关规定及项目实际情况，编制招标文件。

委托代理招标：项目负责人提交需求，代理机构协助项目负责人编写招标文件，招标文件格式按财政部门相关规定执行。所有招标文件定稿后，由项目负责人从网上办事大厅"采购文件审核"流程提交审核，审核结束后，由采管办或委托代理机构发布。

（6）踏勘现场，答疑

招标人按招标文件要求组织投标人进行现场踏勘，解答投标单位提出的问题，并形成书面材料，必要时通过网站发布招标文件澄清公告。

（7）编制、送达与签收投标文件

投标人按照招标文件要求编制投标书，并按规定进行密封，在规定时间内送达招标文件指定地点。

（8）开标、评标、招标投标书面报告及备案；发出中标通知书

招标人依据招标文件规定的时间和地点，开启所有投标人按规定提交的投标文件，公开宣布投标人的名称、投标价格及招标文件中要求的其他主要内容。评标委员会根据招标文件规定的评标方法，借助计算机辅助评标系统对投标人的投标文件按程序要求进行全面、认真、系统的评审和比较后，确定出不超过3名合格中标候选人，并标明排列顺序。招标人根据招标文件要求和评标委员会推荐的合格中标候选人确定中标人，也可授权评标委员会直接确定中标人。招标人在确定中标人后，对中标结果进行公示，时间不少于3天。公示无异议后，招标人发出中标通知书。

（9）签订合同

中标人在30个工作日内与招标人按照招标文件和投标文件订立书面合同，签订合同5个工作日内向招标投标监督机构备案。

8.2.2　招标文件

招标文件的繁简程度，要视招标项目的性质和规模而定。招标项目复杂、规模庞大的，招标文件要力求精练、准确、清楚；招标项目简单、规模小的，文件可以从简，但要把主要问题交代清楚。招标文件的内容，应根据招标方式和范围的不同而异，应从实际需要出发，分别提出不同内容要求。

招标文件的内容大致可分为三类：①关于编写和提交投标文件的规定；②关于投标文件的评审标准和方法；③关于合同的主要条款。

公开招标的项目，应当依照国家相关的规定发布招标公告并编制招标文件。招标人采用资格预审办法对潜在投标人进行资格审查的，应当发布资格预审公告并编制资格预审文件。招标人采用公开招标方式的，应当通过国家指定的报刊、信息网络或者其他媒介发布进行招标项目的招标公告。招标公告应当标明招标人的名称和地址，招标项目的性质、数量、实施地点和时间以及获取招标文件的办法等事项，其中包括是否缴纳投标保证金，招标文件的领取方式、时间、地点等。最常规的是当面领取并同时缴纳投标保证金，无法到现场领取招标文件的，可以采用邮寄、电邮等方式获得招标文件，并电汇投标保证金。

招标文件内容如图 8-2 所示。

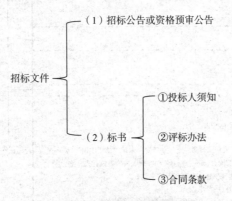

图 8-2　招标文件内容

8.2.2.1　招标公告总体架构

招标公告总体架构如图 8-3 所示。

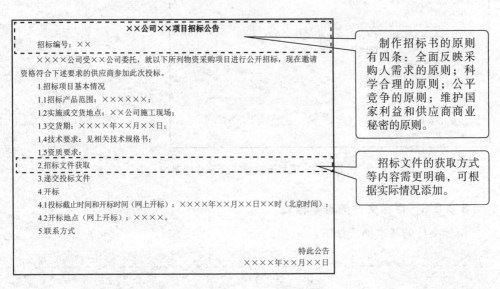

图 8-3　招标公告总体架构

8.2.2.2 项目资格预审公告总体架构

项目资格预审公告总体架构如图 8-4 所示。

```
××××项目资格预审公告
    项目概况
    ××××项目社会资本方采购招标项目的潜在资格预审申请人应在××××网领取
（下载）资格预审文件，并于××××年××月××日××时（北京时间）前提交（上传）
申请文件。
    一、项目基本情况：
    项目编号：××××
    项目名称：××××          ┐
    招标方式：公开招标        ┘
    采购需求：
    标项名称：
    预算金额（元）：
    最高限价（元）：          ┐
                            ┘
    是否接受联合体投标：
    合同履约期限：
    简要技术或服务需求：详见资格预审文件。
    二、申请人的资格要求：
    1.满足《中华人民共和国政府采购法》第二十二条规定；未被"信用中国"（www.
creditchina.gov.cn）、中国政府采购网（www.ccgp.gov.cn）列入失信被执行人、重大税
收违法案件当事人名单，政府采购严重违法失信行为记录名单。
    2.落实政府采购政策需满足的资格要求。
    3.本项目的特定资格要求：（1）申请人须为已建立现代企业制度的境内外企业法人
（申请人如为联合体，则联合体成员均须满足）；（2）申请人应具有×××资质，并具有
有效的安全生产许可证。
    ……
    三、领取（下载）资格预审文件：
    时间：
    地点（网址）：××××
    四、资格预审申请文件的组成及格式：
    详见资格预审文件。
    五、资格预审的审查标准及方法：
    1.资格预审的审查标准：详见资格预审文件。
    2.资格预审的审查方法：详见资格预审文件。
    六、申请文件的提交：
    七、其他补充事宜：
    八、联系方式：
    联系人：×××
    联系电话：××××
    地址：××××
    传真：××××
```

注释框：
- 项目名称是项目中的一个子项或一个单位工程的名称。招标方式分为公开招标和邀请招标。
- 最高限价：招标人根据国家或省级、行业建设主管部门颁发的有关计价依据结合工程具体情况编制的招标工程的最高投标限价。

图 8-4 项目资格预审公告总体架构

8.2.2.3 招标文件的基本格式

招标文件的基本格式如下：

```
            第一章  投标须知①
    投标须知前附表
```

条款号	条款名称	编列内容
1.1.2	招标人	
1.1.3	招标代理机构	
1.1.4	项目名称	
1.1.5	建设地点	
……		
10		需要补充的其他内容

1 总则

1.1 项目概况

1.1.1 根据《中华人民共和国招标投标法》等有关法律、法规和规章的规定,本招标项目已具备招标条件,现对本标段施工进行招标。

1.1.2 本招标项目招标人:

1.2 资金来源和落实情况

1.2.1 本招标项目的资金来源:

1.2.2 本招标项目的出资比例:

1.2.3 本招标项目的资金落实情况:

1.3 招标范围、计划工期和质量要求

1.3.1 本次招标范围:

1.3.2 本标段的计划工期:

1.3.3 本标段的质量要求:

1.4 投标人资格要求(适用于未进行资格预审的)

1.4.1 投标人应具备承担本标段施工的资质条件、能力和信誉。

(1) 资质条件:

(2) 财务要求:

1.4.2 投标须知前附表规定接受联合体投标的,除应符合本章第1.4.1项和投标须知前附表的要求外,还应遵守×××规定:

(1) 联合体各方应按招标文件提供的格式签订联合体协议书,明确联合体牵头人和各方权利义务;

……

1.4.3 投标人不得存在下列情形之一:

(1) 为招标人不具有独立法人资格的附属机构(单位);

(2) 为本标段前期准备提供设计或咨询服务的,但设计施工总承包的除外;

……

1.5 费用承担

投标人准备和参加投标活动发生的费用自理。

1.6 保密

参与招标投标活动的各方应对招标文件和投标文件中的商业和技术等秘密保密,违者应对由此造成的后果承担法律责任。

1.7 语言文字

除专用术语外,与招标投标有关的语言均使用××。必要时专用术语应附有××注释。

1.8 计量单位

所有计量均采用中华人民共和国法定计量单位。

1.9 踏勘现场

1.9.1 投标须知前附表规定组织踏勘现场的,招标人按投标须知前附表规定的时间、地点组织投标人踏勘项目现场。

1.9.2 投标人踏勘现场发生的费用自理。

……

1.10 投标预备会

1.10.1 投标须知前附表规定召开投标预备会的,招标人按投标须知前附表规定的时间和地点召开投标预备会,澄清投标人提出的问题。

1.10.2 投标人应在投标须知前附表规定的时间前,以书面形式将提出的问题送达招标人,以便招标人在会议期间澄清。

……

1.11 分包

投标人拟在中标后将中标项目的部分非主体、非关键性工作进行分包的,应符合投标须知前附表规定的分包内容、分包金额和接受分包的第三人资质要求等限制性条件。

1.12 偏离

投标须知前附表允许投标文件偏离招标文件某些要求的,偏离应当符合招标文件规定的偏离范围和幅度。

……

第二章 评标办法
评标

评标委员会

1. 评标由招标人依法组建的评标委员会负责。评标委员会由招标人或其委托的招标代理机构熟悉相关业务的代表,以及有关技术、经济等方面的专家组成。评标委员会成员人数以及技术、经济等方面专家的确定方式见投标须知前附表。

2. 评标委员会成员有下列情形之一的,应当回避:
(1) 招标人或投标人的主要负责人的近亲属;
(2) 项目主管部门或者行政监督部门的人员;
(3) 与投标人有经济利益关系,可能影响对投标公正评审的;
(4) 曾因在招标、评标以及其他与招标投标有关活动中从事违法行为而受过行政处罚或刑事处罚的。

3. 评标原则:评标活动遵循公平、公正、科学和择优的原则。

4. 评标:评标委员会按照"评标办法"规定的方法、评审因素、标准和程序对投标文件进行评审。"评标办法"没有规定的方法、评审因素和标准,不作为评标依据。

……

第三章 合同条款及格式[②]

1 定义和解释

除另有专门说明的以外,本合同条款中下列名词定义和解释如下:

1.1 业主:××××公司

招标人:××××公司,全权负责本合同项目的事宜。在负责与中标人签订承包合同时,又可称为"招标人"或"发包人"。

1.2 投标人:由招标人认可的,能够按合同文件要求提出投标文件,参加投标工作的单位。

1.3 中标人:被招标人选定签订合同的投标人。

1.4 承包人:与招标人签订合同供应设备的中标人,又可称为"承包人"。

1.5 分包人:招标人认可的分包部分设备设计制造的单位。

……

3.9 设计联络会议与设计修改

3.9.1 在合同有效期间,涉及合同中设备设计性能等主要技术问题由招标人、设计单位和承包人参加的设计联络会议讨论,形成书面文件,各方签名后生效。设计联络会议的召开地点在××,时间约为×天,招标人参加设计联络会议的一切费用已含在合同总价中。

3.9.2 双方同意的技术条款补充或修改,亦应形成书面文件,方能生效。

[①] 投标须知指招标人对投标人提出的实质性要求,其中包括:招标的资金来源、数额;对投标人的资格要求和应提交的资格文件原件或复印件份数;资格审查标准;投标文件的内容、使用语言的要求;投标报价的具体项目范围;投标保证金的规定;投标的程序、截止日期、有效期;投标书的修改与撤回的规定;评标

的标准及程序；等等。如果招标项目是工程建设项目，招标书中还应包括工程技术说明书，即按照工程类型和合同方式用文字说明工程技术内容的特点和要求，如要求投标人提供工程技术图纸、设计资格及工程量清单等详细、准确的资料附件。

② 招标人就招标项目提出的应签订合同的主要条款要求。由于合同类型不同，其要求也不相同。一般来说，货物采购合同应包括以下主要合同条款：采购双方的权利、义务；运输、保险及验收的规定；价格调整程序、付款条件、方式及支付币种的规定；履约保证金的数额，合同中止、解除的条件及后续处理；解决合同纠纷的程序；违约责任。此部分内容一般根据招标方项目进行阐述，此处为范文，实际内容应根据自身项目修改。

8.2.3 例文

扫描二维码获取

8.3 投标流程及投标文件

8.3.1 企业投标流程

企业投标基本流程如图 8-5 所示。

投标人首先获取投标信息并取得招标文件，对于招标情况、未来要面对的单位以及招标结果有初步的心理预估，并依据其进行前期投标决策。如果是资格预审，需要带全所需证书证件，资格预审通过的投标人可以购买并阅读招标文件，认真分析研究后（在现场实地考察），编制投标书。

8.3.2 投标文件

投标文件一般由商务文件（商务标）和技术文件（技术标）两部分组成。

① 商务标是一种应对招标文件。如果没有特殊规定，应该有以下内容：投标书一式几份、几正几副，企业资质、营业执照，相关获奖证书，证明公司业绩的相关文件，有的还需要安全生产许可证、企业简介等。具体看招标文件要求。

② 技术标是指对招标文件提出的实质性要求和条件的响应性、施工组织设计或方案以及对招标文件中特殊技术性内容的承诺内容，用于评价和判断投标人的技术能力，包括图纸设计说明、技术方案、工期计划、人员安排等。

投标文件内容如图 8-6 所示。

8.3.2.1 投标书编制要求

企业在编制投标书的过程中，应遵行各类规范要求，《中华人民共和国招标投标法》第五条规定了招标投标活动应遵循的原则，即"公开、公平、公正和诚实信用原则"。

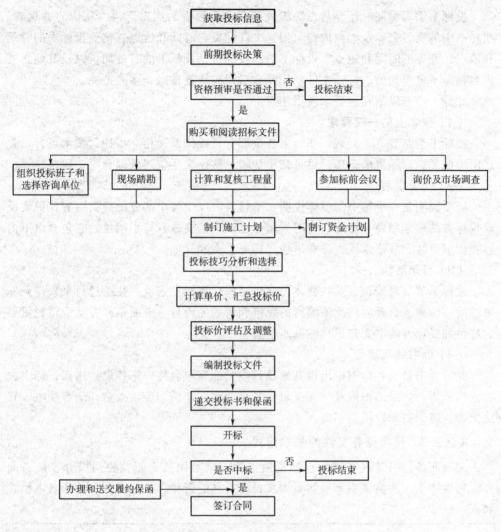

图 8-5 企业投标基本流程

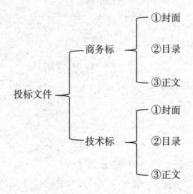

图 8-6 投标文件内容

投标书编写编制时还要重视法律规范和注意语言的周密严谨。从内容方面看，招标书中的项目名称及大致内容、招标文件的发行时间和地点、接受投标书的时间和地点、开标的时间和地点、投标书的总投标价、投标书的有效期，以及其他必要内容都是不可遗漏的。投标文件制作完成后，应反复核对，多人把关。

此外，还有以下几点要求应当注意。

（1）整体上的一般要求

投标书编制要有全局观，即标书各个部分自成体系又相互依托；技术可行，叙述简洁明了；产品清单正确；目录结构清晰；整篇文字叙述条理分明，风格统一。

（2）摘要说明

摘要说明是一个标书的整体说明，不仅仅要反映各个部分的简要内容，更要反映投标方的整体思路和思想，有时候叫作总经理摘要或者特别阐述。它包含以下内容：标书目标、战略建议、注意事项、标书优点和其他。

（3）目录结构

投标书的目录编制要反映整体的逻辑结构，评标专家也往往通过目录来得到标书的第一印象。目录应该反映缜密的思维和清晰的内容，方便招标方从中得到重要的特色和投标方的主要知识技能基本信息。

（4）标书编写禁忌

编写标书禁忌：标书中出现其他项目或其他客户名称；拓扑设计错误；标书叙述前后矛盾；目录结构混乱，无逻辑、各自为政；套话、废话太多，语言啰唆、言之无物；遣词造句，用语不当。

8.3.2.2 投标商务文件的基本格式

编写商务标书时内容通常包括资质证明、项目团队介绍、公司简介、设备简介、售后体系、获奖证明等一切对本次投标有利的资料。投标商务文件的基本格式如下。

```
                            封面

                                                    正本[①]

               ××××有限公司
               ××××有限公司××××项目[②]


                          应答文件
                         （商务文件）
                      采购编号：×××××
```

应答人：××××有限公司（盖单位章)③
法定代表人或其委托代理人：_____（签字）
年 月 日

目录

1 法定代表人身份证明

2 授权委托书④

3 企业简介及资质文件

4 近三年经审计的财务报告及报表

5 近三年类似项目业绩情况

6 偏离表

7 应答承诺书

8 信誉承诺书

9 国家企业信用信息公示系统

10 产品质量、服务及交货期、质保期、付款方式以及优惠等承诺

正文

1 法定代表人身份证明

兹证明×××（身份证号：   ）为本公司法定代表人。

特此证明。

附：法定代表人身份证复印件（正反面）

注：本身份证明需由应答人加盖单位公章。

应答人：××××××有限公司（单位公章）

20××年××月××日

……

2 授权委托书

致：××××××××公司、×××××××××××管理有限公司

××××××有限公司系中华人民共和国境内依法注册成立企业。特授权×××代表我公司（单位）办理××××有限公司××××项目采购相关事宜，包括但不限于购买及接收采购文件、递交应答文件、竞标、谈判、议价、签约等。

……

3 企业简介及资质文件

企业简介

　　3.1 总体、资质介绍

3.2 产品及应用介绍

3.3 组织结构图

3.4 相关资质文件

……

4 近三年经审计的财务报告及报表

2020年财务审计报告及资产负债表、利润表、现金流量表

2021年财务审计报告及资产负债表、利润表、现金流量表

2022年财务审计报告及资产负债表、利润表、现金流量表

5 近三年类似项目业绩情况

5.1 ××××××有限公司业绩表及合同或技术协议、用户使用证明材料

……

6 偏离表

序号	产品名称	询价文件技术规格	报价文件技术规格	偏离	说明

……

7 应答承诺书

致：××××××××××项目管理有限公司

我公司目前正积极参加××××项目（采购编号：××××××）的应答，现提交《应答承诺书》用于本项目，

郑重承诺如下：

……

特此承诺！

应答人（章）：××××××有限公司
年　月　日

8 信誉承诺书

致：××××有限公司

我公司郑重承诺：

……

特此承诺。

应答人（章）：××××××有限公司
年　月　日

> 9 国家企业信用信息公示系统
> 信用中国、中国执行信息公开网、裁判文书网站截图……
> 10 产品质量、服务及交货期、质保期、付款方式以及优惠等承诺
> ……

① 封面"正本/副本"字样首行右对齐。

② 封面上中打印工程名称。

③ 封面下填写发布、实施日期，发布部门或单位。封面所有文字均采用黑色加粗宋体。若招标文件提供了封面样本，投标单位应按照招标文件的内容和要求来制作封面。

④《中华人民共和国民法典》第一百六十五条规定："委托代理授权采用书面形式的，授权委托书应当载明代理人的姓名或者名称、代理事项、权限和期限，并由被代理人签名或者盖章。"

8.3.2.3 投标商务文件例文

扫描二维码获取

8.3.2.4 投标技术文件的基本格式

投标技术文件也称技术标，内容通常包含投标文件里涉及的技术方案、具体实施方案、相关设备、产品技术资料、人员情况、保障措施等。如果是建设项目，则包括全部施工组织设计内容，用以评价投标人的技术实力和建设经验。投标技术文件的基本格式如下。

> 封面
>
> 正本①
>
> ××××有限公司
> ××××有限公司××××项目②
>
> 应答文件
> （技术文件）
> 采购编号：××××××
>
> 应答人：××××有限公司（盖单位章）③
> 法定代表人或其委托代理人：＿＿＿＿（签字）
> 年 月 日

第 8 章 招投标应用文

目录④

第一章 质量控制体系及质量保证系统
 1.1 质量控制体系及质量保证措施
 1.2 质量计划表
 1.3 企业质量管理情况说明
 1.4 企业主要技术人员、生产设备及检测设备情况
 1.5 生产设备清单
 1.6 检验设备清单
 1.7 主要技术人员清单

第二章 合同履行保障方案
 2.1 交货、指导安装、调试和验收方案
 2.2 货物储运方案
 2.3 现场技术培训及服务

第三章 技术条款偏离表

第四章 相关技术文件资料

正文

第一章 质量控制体系及质量保证系统

1.1 质量控制体系及质量保证措施

 （1）合同确认

 （2）设计控制⑤

 （3）采购控制

 （4）进货检验控制

 （5）机械加工的控制

 （6）特殊工序的控制

 （7）装配质量控制

1.2 质量计划表

1.3 企业质量管理情况说明⑥

××××有限公司以××××为标准平台，建立了一套严格的质量保障体系。

1.4 企业主要技术人员、生产设备及检测设备情况

1.5 生产设备清单

1.6 检验设备清单

1.7 主要技术人员清单

第二章 合同履行保障方案[7]

2.1 交货、指导安装、调试和验收方案

2.2 货物储运方案

 （1）包装

 （2）运输

2.3 现场技术培训及服务

 （1）技术培训

 （2）技术服务

××××有限公司售后服务方案及措施

1. 现场技术服务

1.1 我方现场服务人员的目的是使所供设备安全、正常投运。

1.2 我方现场服务人员具有下列资质……

1.3 我方现场服务人员的任务主要包括……

……

2. 培训

2.1 为使合同设备能正常安装和运行，我方有责任提供相应的技术培训。

……

第三章 技术条款偏离表（略）
第四章 相关技术文件资料（略）

---

① 封面"正本/副本"字样首行右对齐。

② 封面上中打印工程名称。

③ 封面下填写发布、实施日期，发布部门或单位。封面所有文字均采用黑色加粗宋体。若招标文件提供了封面样本，投标单位应按照招标文件的内容和要求来制作封面。

④ 投标书的目录编制要反映整体的逻辑结构，评标专家也往往通过目录来得到标书的第一印象。目录应该反映缜密的思维和清晰的内容，方便招标方从中得到重要的特色和投标方的主要知识技能基本信息。

⑤ 针对合同要求，技术部门对设计全过程进行策划，编制设计计划，下达设计任务书，由指定有资格的设计师进行设计，设计输出的文件包括图纸、工艺、计算书、验收规范等。

⑥ 针对企业具体情况进行简要说明。

⑦ 针对企业具体情况书写保障方案。

8.3.2.5 投标技术文件例文

扫描二维码获取

第 9 章 科技论文

9.1 概述

随着人类文明的不断发展,科学技术成为推动人类社会生产力进步最重要的力量,从一定意义上讲,科学技术先进程度就体现了一个国家生产力水平。目前,国际化、综合化和社会化是现代科学技术发展的必然趋势,从事科技工作的相关人员需要彼此联系、交流和借鉴,科技论文的写作与发表是联系、交流和相互借鉴的主要形式之一。因此,科技论文对于提高研究水平、减少无效劳动和推动科学技术发展起着极其重要的作用。本章主要阐述科技论文写作的概念、特点、分类、意义、规范表达等,以帮助读者快速掌握科技论文写作这一重要技能,从整体上了解科技论文写作方法。

9.1.1 科技论文的概念和特点

9.1.1.1 科技论文的概念

科技论文写作是应用文写作的一个分支,是以科学技术为主要内容的写作。科技论文的定义主要有以下三种。

① 科技论文是科技工作者对其科技创新研究成果进行理论分析和科学总结,并公开发表的科技写作文体。

② 科技论文是基于实践和理论研究,报道自然科学研究和技术开发创新工作成果的论说文章,运用概念、判断、推理、证明或反驳等逻辑思维手段,分析表达自然科学理论和技术开发研究成果。

③ 科技论文是科学技术人员或其他研究人员在科学实验(试验)的基础上,对自然科学、工程技术科学以及人文艺术研究领域的现象(问题)进行科学分析、综合研究和阐述,进一步进行一些现象和问题的研究,总结和创新另外一些结果和结论,并按照各个科技期刊的要求进行电子和书面的表达。

9.1.1.2 科技论文的特点

科技论文的特点是:①创新性或独创性;②科学性和准确性;③规范性和可读

性;④有效性;⑤逻辑性;⑥简洁性。

9.1.2 科技论文的分类

由于角度不同,科技论文有着不同的分类方法,根据科技论文在企业中所发挥的作用不同,可分为学术性论文和技术性论文两类。

(1)学术性论文

学术性论文指研究人员提供给学术性期刊发表或在学术会议上提交、宣读的论文,以报道学术研究成果为主要内容。

(2)技术性论文

技术性论文指工程技术人员为报道工程技术研究成果而提交的论文,其成果是应用已有理论来解决设计、技术、工艺、设备、材料等具体技术问题而取得。

9.1.3 科技论文写作规范

科技论文的规范表达涉及如下主要内容:编写格式的标准化;文字细节和技术细节表达的标准化或规范化,主要包括名词名称、数字、量和单位、数学式、化学式等的规范表达,以及插图和表格的合理设计;科技语言和标点符号的规范运用。

我国就科技论文写作颁布了一系列的国家标准、行业标准,对我国科技论文写作标准化、规范化进程起到了重要作用。例如,《科学技术报告、学位论文和学术论文的编写格式》(GB/T 7713—1987)、《科技报告编写规则》(GB/T 7713.3—2014)、《科技报告编号规则》(GB/T 15416—2014)、《期刊编排格式》(GB/T 3179—2009)等。

9.1.4 科技论文发表过程

科技论文内容完成后,稿件投稿及发表过程是科技论文写作的最终环节。目前,科技论文期刊一般都有自己的投稿系统,特殊情况下也有按照期刊要求进行邮箱投稿的情况,论文的发表流程一般包括投稿、初审、同行评审、修改、录用、校样修改及出版等。一般情况下,科技论文的发表流程如图9-1所示。

9.1.4.1 论文收录

论文收录情况跟论文一样分等级,学术期刊按照含金量划分可分为三大类:一类核心,分为国际核心和国内核心;二类学报,分为本科学报和专科学报;三类普刊,按照主管、主办单位分为国家级期刊和省级期刊。具体划分如表9-1所示。

(1)收录工具与数据库

中文数据库:CNKI(中国知网:期刊全文数据库,重要会议论文全文数据库,优秀博士、硕士论文全文数据库,清华大学),CSCD(中国科学引文数据库的

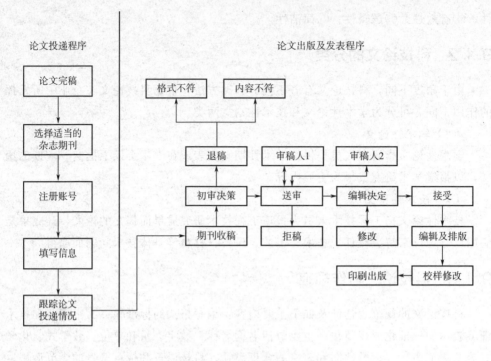

图 9-1 科技论文的发表流程

表 9-1 学术期刊等级划分

期刊级别			内容
核心	国际核心	SCI	SCI（科学引文索引）
			SSCI（社会科学引文索引）
			A&HCI（艺术与引文索引）
		EI	EI（工程索引）会议
			EI 源刊
		CPCI	会议录引文索引
	国内核心		CSSCI（中文社会科学引文索引）
			中文核心期刊目录总揽
			CSCD（中国科学引文数据库）
			中国科技核心期刊
学报			本科学报
			专科学报
普刊			国家级期刊
			省级期刊

来源文献检索，中国科学院文献情报中心），CSTPC（中国科技论文与引文数据库、万方数据库公司），CSSCI（中文社会科学引文索引的来源文献检索，南京大学）

英文数据库：SCI（Science Citation Index），EI（Engineering Index），CPCI（Conference Proceedings Citation Indexes），SSCI（Social Sciences Citation Index）等。

（2）SCI

科学引文索引（Science Citation Index，SCI）是美国科学情报研究所（Institute Scientific Information，ISI，http：//www.isinet.com）出版的一种世界著名的综合性科技引文检索工具。该刊于1963年创刊，原为年刊，1966年改为季刊，1979年改为双月刊。多年来，SCI数据库不断发展，已经成为当代世界最重要的大型数据库，被列在国际著名检索系统之首，成为目前国际上最具权威性的、基础研究和应用基础研究成果评价的重要工具。一个国家、一个科研机构、一所高校、一种期刊乃至一个研究人员被SCI收录的数量及被引用次数，反映出这个国家、机构、高校、期刊及个人的研究水平与学术水平，尤其是基础研究的水平。

SCI有自己严格的选刊标准和评估程序，依次每年对入选的期刊进行评价和调整，从而做到其收录的文献能全面反映全世界最重要、最有影响力的研究成果。其收录的文献类型包括期刊、会议录、图书、科技报告和专利文献。

SCIE（SCI Expanded）科学引文索引扩展版（网络版）：

SCIE是汤姆森公司在原有的SCI文摘版源刊基础上精选了另外的部分杂志所形成的网络版。SCI和SCIE的区别在于SCI和SCIE分别是科学引文索引及科学引文索引扩展版（网络版），主要收录自然科学、工程技术领域最具影响力的重要期刊，前者收录期刊3600多种，后者收录期刊6000多种，学科覆盖150多个领域。

SSCI：

SSCI即社会科学引文索引，为SCI的姊妹篇，亦由美国科学信息研究所创建，是世界上可以用来对不同国家和地区的社会科学论文的数量进行统计分析的大型检索工具。1999年SSCI全文收录1 809种世界最重要的社会科学期刊，内容覆盖人类学、法律、经济、历史、地理、心理学等55个领域。收录文献类型包括研究论文、书评、专题讨论、社论、人物自传、书信等。选择收录期刊为1300多种。

SCI期刊分区种类：

① 汤森路透公司制定的JCR分区（原来是汤森路透，后来易主科睿唯安），一般简称为JCR分区。

汤森路透每年出版一本《期刊引用报告》（*Journal Citation Reports*，JCR）。JCR对86000多种SCI期刊的影响因子（Impact Factor）等指数加以统计。

JCR将收录期刊分为176个不同学科类别。每个学科分类按期刊的影响因子高低，平均分为Q1、Q2、Q3和Q4四个区；影响因子前25%期刊划分为Q1区；影响因子前 26%～50% 为 Q2 区；影响因子前 51%～75% 为 Q3 区；影响因子 76%～100% 为 Q4 区，如图 9-2 所示。

② 中国科学院国家科学图书馆制定的 JCR 分区，一般简称为中科院分区。

中科院分区将 JCR 中所有期刊分为数学、物理、化学、生物、地学、天文、工程技术、医学、环境科学、农林科学、社会科学、管理科学及综合性期刊 13 大类。

每个学科分类按照期刊的 3 年平均影响因子高低，分为四个区：影响因子前 5% 为 1 区；影响因子前 6%～20% 为 2 区；影响因子前 21%～50% 为 3 区；影响因子后 50% 为 4 区。显然在中科院的分区中，1 区和 2 区杂志很少，杂志质量相对也高，基本是本领域的顶级期刊。中科院分区中四个区的期刊数量是从 1 区到 4 区呈金字塔状分布，如图 9-3 所示。

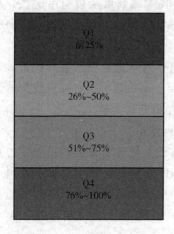

图 9-2　汤森路透分区法

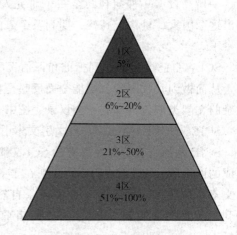

图 9-3　中科院分区法

JCR 是按照"平均主义"思想，根据刊物 IF 的高至低平均划分 4 个区，每个区含有该领域总量 25% 的期刊；中科院分区如同社会阶层的金字塔结构，1 区只有 5% 的顶级期刊，2～4 区期刊数量也逐层增加。于是，采用中科院分区后往往出现"掉区"的情况。一般地，JCR 中 1 区的期刊写作"Q1"，中科院 1 区的期刊写作"1 区"，依此类推。

SCI 期刊影响因子：

SCI 期刊影响因子是指文章在特定年份或时期被引用的频率，是衡量一个学术期刊影响力的重要指标和学术刊物地位的主要因素，由 Eugene Garfield 在 20 世纪 60 年代创立，它的建立是在 SCI 基础上的一种统计结果。目前所说的影响因子是从 1975 年开始的。

影响因子＝该刊前两年发表论文在统计当年被引用的总次数÷该刊前两年发表论文总数

2007 年影响因子计算：影响因子（2007）$= A \div B$，其中，A 为该期刊 2005—2006 年论文在 2007 年被引用的总次数，B 为该期刊 2005—2006 年所有论文总数。例如，2007 年 Nature Genetics 的影响因子计算方法如下。

2005 年出版的文献在 2007 年被引用的次数＝5789（次）

2006 年出版的文献在 2007 年被引用的次数＝4193（次）

2005 年出版的文献数＝203（篇）

2006 年出版的文献数＝210（篇）

该刊 2007 年的影响因子＝（5789＋4193）÷（203＋210）＝24.17（次/篇）。

因此，2007 年 Nature Genetics 的影响因子是 24.17。表明该期刊在过去两年发表的论文在 2007 年平均收到 24 条引文。

SCI 的录用发表要求：

① 基本要求：论文务必是原创的，条理清晰、目的明确。原创性亦是尊重学术的一种体现，有原创性才有更深的学术交流价值。

② 要求论文使用英文来进行表达。SCI 作为外文数据库，英文是绝大部分录用文章的撰写要求。

③ 要求论文要有一定的创新性。"新"包括新概念、新方法、新技术、新资料、新发现、新理论等。可以用新思维理论或方法对前人取得的资料进行分析，得到新的结论。采用新技术、新仪器、新试剂做实验，取得新资料。对新资料进行分析，提出新概念。在新概念的基础上建立新理论。

④ 实验方法的可靠性、结果的可验证性。能发表在 SCI 上的论文专业性都非常强，所以这就要求如果想在 SCI 上发表论文，就需要具有相当程度的专业性。

（3）EI

美国工程索引（Engineering Index，EI）是由美工程情报公司（Engineering Information Inc）编辑出版的综合性检索工具，于 1884 年创刊，其出版形式包括印刷版期刊、光盘版及联机数据库，现在还发行了互联网上 Web 版数据库。EI 所报道的文献，学科覆盖面很广，涉及工程技术方面的各个领域，但属于纯理论方面的基础学科文献一般不予报道。EI 报道的文献资料是经过有关专家、教授精选的，具有较高的参考价值，是世界各国工程技术人员、研究人员、科技情报人员经常使用的检索工具之一。EI 名为"索引"，实际上是一种文摘刊物。文摘比较简短，一般是一两百字的指示性文摘，指明文章的目的、方法、结果和应用等方面，不涉及具体的技术资料。

EI 收录的文摘主要摘自世界各国的科技期刊和会议文献，少量摘自图书、科技报告、学位论文和政府出版物。EI 印刷版期刊收录世界上 48 个国家、15 种文字、3500 多种期刊和 1000 多种世界范围内的会议录、论文集、科技报告、图书、年鉴等，但不收录专利文献。

工程索引月刊（Engineering Index Monthly），1962年创刊，每月出版一次，报道时差为6～8周。工程索引年刊（Engineering Index Annual），1906年创刊，每年出版一卷，年刊出版周期比较长，但检索方便。

EI的类型：

2009年以前，EI收录包括三种类型：被EI核心收录、非核心收录（Page one 收录）、会议论文。EI Compendex 标引文摘（也称核心数据），它收录论文的题录、摘要，并以主题词、分类号进行标引深加工。有没有主题词和分类号是判断文章是否被EI正式收录的唯一标志。EI Page One 题录（也称非核心数据），主要以题录形式报道。有的也带有摘要，但未进行深加工，没有主题词和分类号。所以Page One带有文摘不一定算作正式进入EI。

EI Compendex 数据库从2009年1月起，所收录的期刊数据不再分核心数据和非核心数据，但是还分为期刊检索和会议检索，也就是源刊JA类型，会议CA类型。

EI Village 运行平台是一个数据库平台，包含两个数据库（EI和Inspec）。其中，若判断为Document type：Conference article（CA），则为会议论文；若判断为Document type：Journal article（JA），则为期刊论文。EI期刊源刊基本是JA类型。

EI的收录要求：

① 具有较高的学术水平的工程论文，所包括的学科有机械工程、机电工程、船舶工程、制造技术、矿业、冶金、材料工程、金属材料、有色金属、陶瓷、塑料及聚合物工程等。

② 国家自然科学基金资助项目、科技攻关项目、"863"高技术项目等。

③ 论文达到国际先进水平，成果有创新。

④ EI不收录纯基础理论方面的论文。

9.1.4.2 搜索方法与技巧

以CNKI为例介绍具体检索方法。

其主要产品有：中国期刊全文数据库（CJFD）、中国优秀博硕士学位论文全文数据库（CDMD）、中国重要报纸全文数据库（CCND）、中国重要会议论文全文数据库（CPCD）、中国基础教育知识仓库（CFED）、中国专利数据库等。

检索方式有以下两种。

① 普通搜索　进入知网首页，然后进行跨库选择，跨库选择即选择想搜索的论文类别，包括期刊、硕士论文、博士论文、报纸、图书等分类，选择时打勾即可，接着在下拉框选取要进行搜索的字段，单位、主题、关键词、篇名、全文、作者、摘要等，然后输入你想搜索的内容即可。

② 高级搜索　高级搜索相比于普通搜索更加精准，点击搜索栏右侧"高级搜索"可进入高级搜索页面，检索区域内有"逻辑"字样，点击"+"可增添一个检

索框，可精准找到搜索内容。

检索结果在检索界面右下部，包含少量题录内容，点击题名可看到更多文摘，想看到全文必须先下载浏览器，CNKI 提供 CAJ 和 PDF 文献下载格式。

9.2 中文科技论文

9.2.1 概述

中文科技论文组成结构一般可以分为三个部分，即前置部分、论文主体部分和结尾部分。前置部分主要由论文题目、作者署名和单位、摘要、关键词、中图分类号、文献标识码、文章编号、收稿日期、资助基金项目、作者简介和 DOI（数字对象唯一标识符）号等组成；论文主体部分包括引言、正文、结论、致谢和参考文献；结尾部分主要包括分类索引、著者索引和关键词索引等内容，通常结尾部分不是必须要求的内容。本节紧密结合科技论文的结构组成，详细阐述科技论文的写作要求，借助实际范例介绍写作中需要注意的细节，方便读者理解掌握。

9.2.1.1 总体架构

中文科技论文的总体架构如图 9-4 所示。

9.2.1.2 细节注释

① 论文题名　论文题名，又叫文题、论文题目、论文标题（或称"总标题"，以区别于"层次标题"），代表了论文的总纲，是能反映论文特点和中心内容的最恰当、最简明词语的逻辑组合。

② 作者署名　在科技论文上署名能表明署名者的身份，即拥有著作权，并表明承担了论文工作中相应的义务，对论文负责。

③ 作者的工作单位。

④ 摘要　也被称为文摘、概要、内容提要等。它是科技论文的重要组成部分之一，也是论文研究内容及基本思想的高度"浓缩"。

⑤ 关键词、文章编号、中图分类号及文献标识码　其中，关键词为能够反映文章主题内容的词语。

⑥ 引言　又称前言、导言、导论、序言、绪论，引言的撰写目的是向读者交代本研究的来龙去脉、立题依据等。

⑦ 正文　正文在引言之后、结论之前，正文部分其实就是对选题的论证部分，论证充分具有较强的说服力，结构严谨，逻辑清晰。

⑧ 致谢、参考文献、附录等信息。

⑨ 注释　包括基金项目、收稿日期及通讯作者信息等。

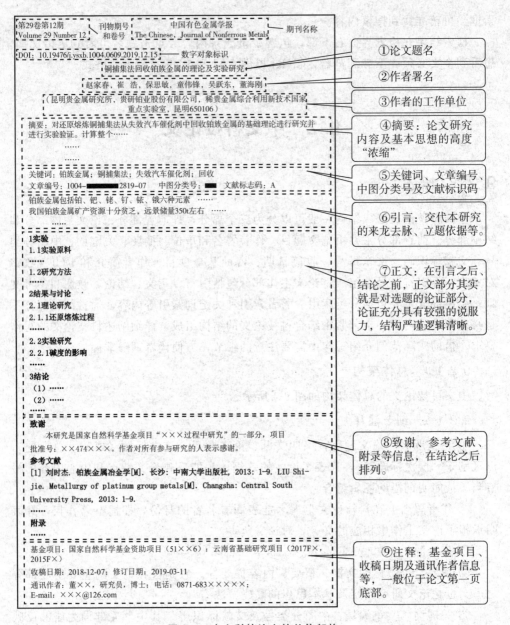

图 9-4 中文科技论文的总体架构

9.2.2 中文科技论文写作方法

9.2.2.1 论文题名

科技论文题名的拟定，应该满足"简洁、确切及鲜明等要求"。

① 简洁 使读者印象鲜明，便于记忆和引用。在保证准确反映"特点和中心

内容"的前提下，题名字数要尽量简短。题名应该避免使用不常见的缩略词、首字母缩写字、字符、代号和公式等。《科学技术报告、学位论文和学术论文的编写格式》(GB/T 7713—1987)规定题名"一般不宜超过20字"，具体字数根据不同的期刊要求来写。一般学位论文录入系统规定题名不超过25个字，题名中一个汉字代表1个字，两个英文字母算作1个字（一个汉字是两个字符长度，一个英文字母是一个字符长度）。例如，"基于MATLAB惯量电模拟异步电机的建模与仿真"，此标题为20个字。

> **范例9.1**：关于××港自引船增多对安全的影响及对策研究

范例9.1的题名十分烦琐，"关于""研究"等字样可以删除。科技论文本来就包括"研究"或"关于……研究"的意义，可改成"××港自引船增多对安全的影响及其对策"。依此类推"关于……观察""关于……探讨"等，在题名中一般都应该避免使用。

② 确切　题名应能准确地表达论文的中心内容，恰如其分地反映研究的范围和达到的深度，不能使用笼统的、泛指性很强的词语和华而不实的辞藻。

> **范例9.2**：论自动化在我国工业现代化建设中的作用

此题名不能引人注目，因为类似题名已经不少，都在阐明工业自动化的作用，而该文特点明显，提出了对该论题定量分析的方法，通过建立数学模型和一系列计算，得出了有说服力的结论。因此改为"自动化在我国工业现代化建设中的作用的定量分析"，从而反映了这篇论文的特定内容"定量分析"。

③ 鲜明　论文题名要让人一目了然，尽量不要使用非公认、不常见的符号、代号、缩写词等。

9.2.2.2　作者署名及工作单位

（1）署名对象

署名可以是单作者署名、多作者署名和团体或单位署名；个人的研究成果，个人署名；集体的研究成果，集体署名（一般应署作者姓名，不宜只署课题组名称）。集体署名时，按对研究工作贡献的大小排列名次。

（2）署名规范

我国科技期刊论文的作者署名，通常按照《中国学术期刊（光盘版）检索与评价数据规范》和国家标准《中国人名汉语拼音字母拼写规则》（GB/T 28039—2011）执行。

① 作者姓名之间用","隔开，两字名之间用半角空格隔开。

例如：王雨泽，齐天友，张岳斌，刘伟成。

② 中国作者姓名的汉语拼音写法：姓前名后，中间为空格，复姓应连写，姓和名的开头字母均大写。

例如：Wang Hongwen（王宏文），Zhao Zhenghao（赵正浩），Liu Tao（刘涛）。
中文信息处理中的人名索引，可以把姓的字母全大写。
例如：ZHANG Bin（张斌）。

③ 有海外经历的中国人或华人姓名拼写可尊重原译名，先名后姓，拼写也有所不同。

例如：杨振宁 Chen Ning Yang，林家翘 Chia-Chiao Lin 等。

④ 外国作者姓名的写法，遵照国际惯例。

在正文中，是姓前名后还是名前姓后，应遵从该国和民族的习惯。

例如：J.C. Smith。

（3）作者工作单位的标注要求

作者工作单位的标注要求是准确、简明。

例如：中国矿业大学，江苏徐州 221116；北京交通大学，北京 100044。

（4）作者工作单位的标注方法

作者工作单位的标注方法有三种。

多名作者均在同一工作单位时，将工作单位、所在城市名及邮编，外加圆括号，置于作者姓名的下方，居中排列，如图 9-5 所示。

浅谈大数据时代人工智能在计算机网络技术中的应用
白慧茹，李树文
（山西工程职业学院　山西　太原　030032）

图 9-5　多名作者均在同一工作单位标注

多名作者在不同的工作单位时，通常采取在每位作者姓名后加注编号，然后在署名的下方按顺序标注的方法来表达，如图 9-6 所示，为避免同一单位名称重复出现，通常也采取加注编号的方式来表达，如图 9-7 所示。

浅谈人工智能技术与自动化控制
牛硕[1]，林明奇[2]
（1.上海电力大学，上海 200090；2.北京帮安迪信息科技股份有限公司，北京 101102）

图 9-6　多名作者在不同工作单位标注方法一

现代人工智能技术在机械电子工程中的应用
李巨远[1] 骆佳录[1] 李晨[1] 张迈迪[1]，李宏林[2]
（1.西安科技大学，西安 710054；2.西安理工大学，西安 710048）

图 9-7　多名作者在不同工作单位标注方法二

9.2.2.3　摘要

（1）摘要的分类

根据摘要的功能不同，对摘要进行分类，大致可以分为下述三类。

① 报道性摘要　报道性摘要即资料性摘要或情报性摘要，用来报道论文所反映的主要研究成果，提供全部创新内容和尽可能多的信息，明确了论文主题范围和内容梗概。适用于试验研究和专题研究类论文。例如，以新理论探索、新材料制备及研究、新装备设计研发和新工艺研究等为主体研究内容的科技论文。篇幅以200～300字为宜。

② 指示性摘要　指示性摘要又称"简介""概述性文摘"，它只对原始文献作简要叙述，是指明一次文献的论题及取得的成果的性质和水平的摘要。它通过简要的文字，使读者对该研究的主要内容（作者做了什么工作）有一个轮廓性的了解，指示读者了解原始文献论述什么内容，以帮助读者确定是否需要阅读原始文献，起到检索作用。指示性摘要适用于创新内容较少的论文，其摘要可写成指示性摘要，一般适用于学术性期刊的简报、问题讨论等栏目以及技术性期刊等只概括地介绍论文的论题，使读者对论文的主要内容有大致的了解，篇幅以50～100字为宜。

③ 报道—指示性摘要　报道—指示性摘要是以报道性摘要的形式表述论文中价值最高的内容，其余部分则以指示性摘要形式表达。篇幅以100～200字为宜。

（2）摘要的构成要素

摘要构成要素一般包括研究工作的目的、方法、结果和结论，而重点是结果和结论。具体情况参见范例9.3和范例9.4。

> **范例9.3**：（研究工作目的）借鉴Bcanlan的运动倾向性因果模型及其调查问卷（方法）来分析我国青少年篮球运动员运动倾向性的影响因素。对北京市252名青少年篮球运动员施测结果的分析表明：（结果和结论）运动倾向性因素模型比较符合北京市青少年篮球运动员，其中运动乐趣、个人投入、参与机会是主要影响因素，而社会约束几乎无作用。

（3）摘要写作要求

摘要写作要求是：①用第三人称；②简短精练，明确具体；③格式要规范；④文字表达上应符合"语言通顺，结构严谨，标点符号准确"的要求；⑤结构完整；⑥不加评论；⑦最后撰写。

> **范例9.4**：（目的/具体问题）针对我国西部（晋陕蒙宁甘）地区富煤缺水……
> （研究方法/过程）提出了"导储用"为核心的煤矿地下水库地下水保护利用理念……（结果）并在神东矿区成功建设了示范工程，累计建成32座煤矿地下水库，为矿区提供了95%以上用水，且实现了长期低成本安全稳定运行。（结论）工程实践表明，煤矿地下水库是充分利用……

9.2.2.4 关键词

关键词包括主题词和自由词两个部分。每篇论文中应列出3~8个关键词,它们应能反映论文的主题内容。

> **范例9.5:**
> 关键词:氟碳铈矿;分解;脱氟;稀土
> **Key words:** bastnaesite; decomposition; defluorination; rare earths

9.2.2.5 中图分类号及文献标识码

(1) 中图分类号

中图分类号,通常排印在"关键词"下面,中图分类号一级类目共22个,用一个大写字母表示,如表9-2所示。

表9-2 中图分类号一级类目

序号	类别代码	图书类别	序号	类别代码	图书类别
1	A	马克思主义、列宁主义、毛泽东思想、邓小平理论	12	N	自然科学总论
2	B	哲学、宗教	13	O	数理科学与化学
3	C	社会科学总论	14	P	天文学、地球科学
4	D	政治、法律	15	Q	生物科学
5	E	军事	16	R	医学、卫生
6	F	经济	17	S	农业科学
7	G	文化、科学、教育	18	T	工业技术
8	H	语言、文字	19	U	交通运输
9	I	文学	20	V	航空、航天
10	J	艺术	21	X	环境科学、安全科学
11	K	历史、地理	22	Z	综合性图书

二级类目用一级类目字母后加1个字母表示。"T工业技术"常用的二级类目有:TB一般工业技术,TD矿业工程,TE石油、天然气工业,TF冶金工业,TG金属学与金属工艺等。其余的二级类目均用一级类目字母加数字表示。例如:X2社会与环境,X3环境保护管理等。

(2) 文献标识码

为了便于文献的统计、评价,确定文献的检索范围,提高检索结果的适用性,每一篇文章都要求标识一个被称为文献标识码的代码。A指理论与应用研究学术论文；B 指实用性技术成果报告，理论学习与社会实践总结；C 指业务指导与技术管理性文章；D 指一般动态、信息；E 指文件、资料。不属于上述各类的文章不加文献标识码。

科技论文中图分类号及文献标识码的位置如图 9-8 所示。

摘要：根据阿基米德定律，测定了 LaF_3-LiF-La_2O_3 熔盐电解质体系的密度，研究了温度、LaF_3 的含量、La_2O_3 加入量对体系密度的影响。结果表明：密度随着温度的升高呈明显线性降低的趋势，而随着 LaF_3 含量的增加而增大。在温度为 1050℃时，LaF_3 摩尔含量为 20%～35%的该熔盐电解质体系的密度随着 La_2O_3 加入量的增加先增加后降低，在 La_2O_3 的饱和溶解度(1.5%～3%)附近达到最大值。

关键词：LaF_3-LiF；La_2O_3；熔盐；密度；稀土

中图分类号：TF845.6　文献标识码：A　文章编号：1000-×××-06

图 9-8　中图分类号及文献标识码位置示例

9.2.2.6　注释

注释通常是对正文中某一内容进行进一步解释或补充说明的文字，不要列入文末的参考文献，通常将其作为注释放在论文首页页脚位置。注释信息主要包括日期信息、资助基金信息、作者简介、通讯信息及文章 DOI 等。具体情况依据不同期刊略有不同，实例如图 9-9 所示。

收稿日期：2014-10-16；修订日期：2014-11-03
基金项目：国家高技术研究发展计划项目（▨▨▨▨▨▨）；教育部基本科研业务费项目（▨▨▨▨）资助
作者简介：▨▨▨（1986—），男，博士研究生；研究方向：稀土冶金及材料
通讯联系人（E-mail：▨▨▨126.com）
DOI：10.11785/S1000-4343.20150211

图 9-9　科技论文注释示意

9.2.2.7　引言

（1）引言的内容

引言的内容主要包括以下几个方面：①研究背景及目的。②理论依据、实验基础和研究方法。如果是沿用已知的理论、原理和方法，只需提及一笔，或注出有关的文献。如果要引出新的概念或术语，则应加以定义或阐明。③取得的成果及意义。④研究范围。⑤其他内容。

（2）引言的撰写要求

引言作为正文开始的前奏部分，需要充分向读者介绍立题的依据及论文研究所具有的重要意义等，在篇幅较短的文字中要达到此目的，势必需要严格按照撰写要求进行。在引言的撰写过程中，通常需要注意以下几点要求：①言简意赅，突出重点。要根据研究课题的具体情况确定阐述重点，字数通常为 200～300 字。②开门

见山,不绕圈子。③尊重科学,不落俗套。④不现图表,无须证明。⑤异于摘要,不要雷同。

(3) 引言的撰写示例

> **范例9.6:** 王慧华,孙树臣,王德永,等. 高能球磨结合无压烧结制备 TiB_2-TiC 复相陶瓷 [J]. 材料研究学报,2013,27 (5):489-494.
>
> (题名) 高能球磨结合无压烧结制备 TiB_2-TiC 复相陶瓷
>
> (引言) TiB_2-TiC 复相陶瓷具有较高的硬度和耐磨性,常用作刀具和耐磨件。TiB_2-TiC 复相陶瓷还具有良好的高温性能、导电性能、较好的化学稳定性和耐腐蚀性,有望成为铝电解或稀土电解槽的阴极材料。(介绍了研究对象性能特征及应用背景等)
>
> 但是 TiB_2 和 TiC 的熔点极高(3225℃和3067℃),在烧结过程中自扩散系数低,经冷压成型后烧结制得的材料开口孔隙度高达10%～20%,力学性能较差;热压工艺虽然能提高材料的致密度,但制造成本昂贵,材料形状和尺寸受到限制。(介绍研究对象制备方法及存在的问题)
>
> 用高能球磨(机械合金化)方法合成……本文用机械合金化方法制备陶瓷粉体,用无压烧结技术制备致密的 TiB_2-TiC 复相陶瓷。(说明本研究采用的研究方法、成果及其意义)

9.2.2.8 正文

(1) 正文写作的要求

① 主题的要求　主题是论文的基本观点和总体意图,是作者观点的体现,对论文的价值有决定性的作用。科技论文的主题应做到"新颖、鲜明、集中、深刻"。

② 材料的要求　材料是用来帮助作者对主题的数据、观点等进行阐述,选择材料要做到"必要而充分""真实而准确""典型而新颖"。

③ 结构的要求　科技论文的结构要做到灵活变化,适应不同的学科专业;同时要遵守"逻辑严谨""完整协调"的原则。

④ 论证的要求　论证是用来证明论点的推理过程。为使读者相信其结果的正确性,论证应清晰确切且和论题保持同一性。

(2) 正文写作的注意事项

正文写作应注意:①抓住基本论点;②注重准确性,即科学性。

根据《科技文献的章节编号方法》(CY/T 35—2001),层次标题一般不超过15个字,通常用词和词组,能够概括该章或该节的中心思想,要求其准确得体、简短精练。其要求如表9-3所示,具体格式要求请参考各期刊作者撰写指南。

表 9-3　层次标题

层次	名称	序号	规范	示例
一级标题	章	1，2，3…	四号（或小四）黑体，宋体	3 煤矿地下水库建设关键技术
二级标题	节	1.1，1.2，1.3…	五号黑体	3.1 水源预测 3.2 水库选址 3.3 库容设计 3.4 坝体建设 3.5 安全保障
三级标题	条	1.1.1，1.1.2，1.1.3…	五号宋体	3.4.1 煤柱坝体参数确定 3.4.2 人工坝体参数及构筑工艺

（3）正文的主要内容

①论证计算型论文（主要是指以数学分析、理论论证为主要研究手段的论文）　主要内容包括：解析方法；解析过程；解析结果；分析与讨论。

②发现发明型、研究报告型论文（以实验研究为主要研究手段的论文）

a. 实验原材料。对实验目的、实验材料进行交代，包括材料名称、数量等。

b. 仪器及设备。如果是通过实验设备进行实验，说明实验设备名称和型号即可；如果是自己自制的设备，对其应详细说明并画出示意图。

c. 方法及过程。如果是利用前人的实验方法和实验过程，写出名称即可；如果是自己自创的实验方法，应详细说明。

d. 结果及分析。将实验现象拍成照片，将实验数据整理成表格或者图片，对实验结果进行分析，用理论进行解释。

③综述性论文［综合介绍、分析、评述该学科（专业）领域里系统内外的研究新成果、发展新趋势，并表明作者自己的观点，作出发展的科学预测，提出比较中肯的建设性意见和建议］　主要内容包括：问题的提出；历史的回顾；现状的分析；展望与建议。

以综述性论文为例：

范例 9.7：赵琳，张建星，祝维燕，等. 液态有机物储氢技术研究进展［J］. 化学试剂，2019，41（01）：47-53.

（历史回顾）氢气是一种清洁、高效并且环境友好的二次能源，自 20 世纪以来就受到人们的广泛关注，被视为未来……（问题提出）迫切地需要寻找到一种能耗低、储氢密度大和常温常压下操作和运输安全的大规模储氢技术。

（现状分析）目前研究的催化脱氢反应多为分子数增多的强吸热非均相反应，最新成果也有一些均相反应报道，非均相反应需要解决传质问题……

（展望建议）需要继续解决以下问题：设计并合成低熔点、高沸点和低脱氢温度的储氢介质，力争实现纯液态脱氢……

（4）研究结果与讨论

研究数据是论文的核心部分，也是论文结果部分的主要内容，这一部分主要包括对研究数据的科学处理、对最终展现出来的数据结果进行科学而简明的文字描述。

① 对实验给出总体描述，但不要重复材料与方法部分已给出的实验细节。

② 展现研究数据，以图或表等手段整理实验结果，进行结果的分析和讨论，包括通过数理统计和误差分析说明结果的可靠性、可重复性、适用范围等。

③ 最后进行实验结果与理论计算结果的比较。需要注意的是，结果部分不应该用于描述在材料与方法部分遗漏的内容。

结果部分的数据一般用表格或图片的形式来给出，并且结果部分给出的数据应该都是有意义的，对于结果的描述要力求简洁、清楚而没有废话。

范例9.8：张晓杰，苏宏，王进军. 含镍废催化剂的回收利用[J]. 化工环保，2002（02）：95-97.

4.3.4 浸出时间的影响

硫酸初始浓度30%，反应温度80℃，固液比1:8，不同的浸出反应时间对Ni和Al浸出率的影响如图4-5所示。由图4-5可知，随着反应时间的延长，Ni和Al浸出率都不断地增加，说明Ni和Al在硫酸中的浸出是个缓慢的过程，当浸出时间增加到240min时，Ni和Al的浸出率达到了最大。

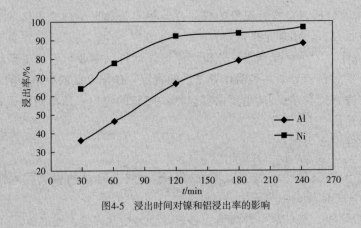

图4-5 浸出时间对镍和铝浸出率的影响

范例 9.9：许傲云. 石油加氢废催化剂中有价金属的综合回收利用[D]. 上海：东华大学，2014.

2.1 正交试验结果

条件试验后确定影响镍回收的主要因素为碱浓度、稀硝酸用量、反应时间。因此，我们进行了 3 因素 3 水平 $L_9(3^4)$ 的正交试验，结果见表 2。

表 2 正交试验结果

序号	w(碱)/%	HNO_3 用量/mL	反应时间/h	产品纯度/%	镍收率/%
1	48	160	1.0	96.81	62.5
2	48	140	1.5	96.47	66.2
3	48	120	2.0	97.33	63.7
4	36	160	1.5	96.61	65.6
5	36	140	2.0	96.91	69.5
6	36	120	1.0	96.67	58.3
7	24	160	2.0	96.38	60.4
8	24	140	1.0	96.23	56.2
9	24	120	1.5	96.18	57.0

注：w 为质量分数的法定符号。

（5）结论

结论不是研究结果的简单重复，是更深入的认识，是从正文全部内容出发，并涉及引言的部分内容，经过判断、归纳、推理等过程，将研究结果升华成新的总观点。其内容要点如下。

① 本研究结果说明了什么问题，得出了什么规律性的东西，解决了什么理论或实际问题。

② 对前人有关本问题的看法做了哪些检验，哪些与本研究结果一致，哪些不一致，作者做了哪些修正、补充、发展或否定。

③ 本研究的不足之处或遗留问题。

④ 本研究的理论意义和应用价值。

撰写要求：结论段有相对的独立性，应提供明确、具体的定性和定量信息，概念要准确，推理要符合逻辑。在进行创新点概括时，措辞严谨，实事求是，绝不能凭空杜撰。

范例 9.10：李璐伶，樊栓狮，陈秋雄，等. 储氢技术研究现状及展望[J]. 储能科学与技术，2018，7（4）：586-594.

4. 结论与展望

为了实现氢能的广泛应用，研发高效、低成本、低能耗的储氢技术是关键……

基于以上分析，今后工作的重点将集中在以下几方面……

9.2.2.9 致谢

(1) 致谢对象

国家标准《科学技术报告、学位论文和学术论文的编写格式》(GB/T 7713—1987) 明确规定,下列对象可以在正文后致谢。

① 国家科学基金,资助研究工作的奖学金基金,合作单位,资助或支持的企业、组织和个人。

② 协助完成研究工作和提供便利条件的组织或个人。

③ 在研究工作中提出建议和提供帮助的人。

④ 给予转载和引用权的资料、图片、文献、研究思想和设想的所有者。

⑤ 其他应感谢的组织或个人。

(2) 致谢撰写要求

对于被感谢者,要在致谢中直接书写其名字,还可以在人名后加上职称,如"教授""院士""高级工程师"等表示尊敬。

> **范例 9.11**:本研究是国家自然科学基金项目"×××过程中复杂传热传质机理研究"的一部分,项目批准号:××××××××。作者对所有参与研究的人表示感谢。

9.2.2.10 参考文献

参考文献指作者在撰写或编辑论著过程中而引用的有关文献资料。凡是引用已发表文献中的观点、数据和材料等(包括作者自己的),都要在引用的地方予以标明,并在文末(致谢段之后)列出参考文献表。

(1) 参考文献类型

依据国家标准《信息与文献 参考文献著录规则》(GB/T 7714—2015),参考文献著录采用顺序编码制,并以单字母或双字母方式标识以下各种参考文献类型,如表 9-4 所示。

表 9-4 参考文献类型

文献类型	文献标识	文献类型	文献标识
普通图书	M	专利	P
会议录	C	数据库	DB
汇编	G	计算机程序	CP
报纸	N	电子公告	EB
期刊	J	档案	A
学位论文	D	舆图	CM
报告	R	数据集	DS
标准	S	其他	Z

注:常见的电子资源载体及其标识代码:磁带 (Magnetic Tape, MT);磁盘 (Disk, DK);光盘 (CD-ROM, CD);联机网络 (Online, OL)。

（2）参考文献引用原则

① 引用他人的数据、观点、方法和结论，均应在文中标注，并在文后参考文献中列出。

② 文献的主题应与论文密切相关。

③ 文献应尽量是新近的，应优先引用著名期刊上发表的论文。

④ 文献首选公开发表的，不涉及保密等问题的内部资料也可以列入参考文献。

⑤ 自己直接阅读过的参考文献，不得将阅读过的某文献后面所列的参考文献作为本文的参考文献。

⑥ 尽量避免引用作者本人的文献。

⑦ 严格按照国家标准规范的格式著录文献。

（3）参考文献的著录格式

作为参考文献，一般具有期刊、报纸、专著、报告、学位论文等出处的需要标出。从版权方面考虑，如果是3人以上责任者，需要列出3人加","，再加"等"；如果3人以下，要全部列出。另外，GB/T 7714—2015 中的著录用符号为前置符，这些标识符号不同于标点符号，如表9-5所示。

表 9-5　标识符号类型

符号	用途
.	用于题名项、析出文献题名项、其他责任者、析出文献其他责任者、连续出版物的"年卷期或其他标识"项、版本项、出版项、连续出版物中析出文献的出处项、获取和访问路径以及数字对象唯一标识符前。每一条参考文献的结尾可用"."
:	用于其他题名信息、出版者、析出文献的页码、引文页码和专利号前
,	用于同一著作方式的责任者、"等""译"字样、出版年、期刊年卷期标识中的年或卷号前
//	用于专著中析出文献的出处项前
()	用于期刊年卷期标识中的期号、报纸的版次、电子资源的更新或修改日期以及非公元纪年的出版年
[]	用于文献序号、文献类型标识、电子资源的引用日期以及自拟的信息
/	用于合期的期号间以及文献载体标识前
-	用于起讫序号和起讫页码间

（4）参考文献著录规则

① 顺序编码制参考文献著录格式

a. 专著　这里所说的专著包括普通图书（如单本书、多卷本书、丛书、译著、有副书名或说明书名文字的图书）、会议文集、汇编、报告、学位论文标准和古籍等。

［序号］主要责任者. 题名：其他题名信息［普通图书标志/文献载体标识］

（任选）．其他责任者（任选）．版本项．出版地：出版者，出版年：引文页码．（更新日期）[引用日期]．获取和访问路径（电子资源必备）．数字对象唯一标识符（电子资源必备）．

普通图书

> 范例 9.12：[1] 郑浩峻，张秀丽．足式机器人生物控制方法与应用 [M]．北京：清华大学出版社，2011．

会议文集（论文集、会议录）

> 范例 9.13：[1] 雷光春．综合湿地管理：综合湿地管理国际研讨会论文集 [C]．北京：海洋出版社，2012．

报告

> 范例 9.14：[1] 中华人民共和国国务院新闻办公室．国防白皮书：中国武装力量的多样化运用 [R/OL]．（2013-04-15）[2014-06-11]．http://www.mod.gov.cn/afait/201 04/16/content.4442839.htm．

学位论文

> 范例 9.15：[1] 王兆才．氧化球团气基竖炉直接还原的基础研究 [D]．沈阳：东北大学，2009．

标准（法规）

> 范例 9.16：[1] 核工业标准化研究所．电离辐射防护与辐射源安全基本标准：GB 18871—2002 [S]．北京：中国标准出版社，2002：5．

b. 专利

[序号] 专利申请者或专利权人．专利题名：专利国别专利号 [文献标识类型标识/文献载体标识]（任选）．公告日期或公开日期 [引用日期]．获取和访问路径（电子资源必备）．数字对象唯一标识符（电子资源必备）．

> 范例 9.17：[1] 河北绿洲生态环境科技有限公司．一种荒漠化地区生态植被综合培育种植方法：01129210.5 [P/OL]．2001-10-24 [2002-05-28]．http://211.152.9.47/ sipoasp/ zlijs/ hyjsyx-new.asp? recid = 01129210.5&leixin=0．

c. 连续出版物 指通常载有年卷期号或年月日顺序号，并计划无限期连续出版发行的印刷形式的出版物。

[序号]主要责任者.题名:其他题名信息[文献标识类型标识/文献载体标识](任选).年,卷(期)-年,卷(期)(任选).出版地:出版者,出版年[引用日期].获取和访问路径(电子资源必备).数字对象唯一标识符(电子资源必备).

> **范例 9.18**:[1] 中华医学会湖北分会.临床内科杂志[J].1984,1(1)-,武汉:中华医学会湖北分会,1984-.
>
> [2] 中国图书馆学会.图书馆学通迅[J].1957(1)-1990(4).北京:北京图书馆,1957-1990.

d. 专著中析出的文献

[序号]析出文献主要责任者.析出文献题名[文献类型标识/文献载体标识].析出文献其他责任者(任选)//专著主要责任者.专著题名:其他题名信息.版本项.出版地:出版者,出版年:析出文献的页码[引用日期].获取和访问路径(电子资源必备).数字对象唯一标识符(电子资源必备).

> **范例 9.19**:[1] 楼梦麟,杨燕.汶川地震基岩地震动特征分析[M/OL]//同济大学土木工程防灾国家重点实验室.汶川地震震害研究.上海:同济大学出版社,2011:011-012[2013-05-09].http://apabi.lib.pku.edu.cn/usp/pku/pub.mvc?pid=book.detail&metaid=m.20120406-YPT-889-0010.

e. 连续出版物中析出的文献

[序号]析出文献的作者.析出文献题名[文献标识类型标识/文献载体标识].连续出版物题名:其他题名信息,年,卷(期):页码[引用日期].获取和访问路径(电子资源必备).数字对象唯一标识符(电子资源必备).

> **范例 9.20**:[1] 杨壮,郭宇峰,王帅,董海刚,杨凌志,陈凤.铂族金属二次资源火法回收技术现状及进展[J].贵金属,2022,43(01):76-85.
>
> [2] 刘裕国,杨柳,张洋,等.雾霾来袭,如何突围[N/OL].人民日报,2013-01-12[2013-11-06].http://paper.people.com.cn/rmrb/html/2013-01/12/nw.D110000renmrb_20130112_2-04.htm.

f. 电子资源(不包括电子专著、电子连续出版物、电子学位论文、电子专利)

[序号].主要责任者.题名:其他题名信息[文献类型标识/文献载体标识].出版地:出版者,出版年;引文页码(更新或修改日期)[引用日期].获取和访问路径.数字对象唯一标记符.

范例 9.21：[1] 李强. 化解医患矛盾需釜底抽薪 [EB/OL]. (2012-05-03) [2013-03-25]. http://wenku.baidu.com/view/47c4f206b52acfc789ebc92f.html.

② 著者-出版年制参考文献标注法

根据国家标准《文后参考文献著录规则》（GB/T 7714—2019）的规定，在论文中的引用处以圆括号内加作者、年代的方式表示，即（作者，年代），字体字号与正文同。若无法识别著者的人名时，可标注著者姓名为中国人著者、朝鲜人著者等。集体著者著述的文献可标注机关团体名称。可按国际惯例，英文文献用作者姓氏和发表年份加上圆括号来标注。中文文献用作者姓名和发表年份加上圆括号来标注，如（张华，2018）。当文献作者有两个时，标注方式如（Sommerset and Lovekin, 2015）或（张华，李平，2016）。当文献作者多于两个时，标注方式如（Sommerset et al, 2015）或（李平等，2016）。如果同一作者有一个以上同一年份的文献被引用，那么在文献标注和参考文献目录中要增加一个标识符，如（2016a）、（2016b）。如果论文中已经提到了作者姓名，则只需在作者姓名后面用发表年份加圆括号标注，如"张华（2016）指出……"。

a. 专著、论文集、学位论文、研究报告

主要责任者，出版年. 文献题名 [文献类型标识]. 出版地：出版者：起止页码.

范例 9.22：周振甫，1991. 周易译注 [M]. 北京：中华书局.

b. 期刊文章

主要责任者，出版年. 文献题名 [J]. 刊名，卷（期）：起止页码.

范例 9.23：何龄修，1998. 读顾城《南明史》 [J]. 中国史研究，3：167-173.

c. 报纸文章

主要责任者，出版年. 文献题名 [N]. 报纸名，日期（版次）.

范例 9.24：谢希德，1998. 创造学习的新思路 [N]. 人民日报，12-25（10）.

d. 电子文献

主要责任者. 发表或更新/引用年. 电子文献题名 [电子文献及载体类型]. 电子文献的出版或可获得地址.

范例 9.25：王明亮，1998. 关于中国学术期刊标准化数据库系统工程的进展 [EB/OL]. http://www.cajcd.cn/pub/wml.txt/980810-2.html，08-16/10-04.

e. 专利

专利申请者,发布年. 专利题名:专利国别专利号 [专利文献种类]. 发布月-日:已用部分起止页.

> **范例 9.26**:张凯军,2012. 轨道火车及高速轨道火车紧急安全制动辅助装置:201220158825.2 [P] .04-05.

9.2.2.11 附录

附录是科技论文主体部分的补充项。它并非必备项,多数论文无此项。如有附录,应排在参考文献之后。其大致包括如下材料。

① 比正文更为详尽的理论根据、研究方法和技术要点更深入的叙述,建议可以阅读的参考文献题录,对了解正文内容有用的补充信息等。

② 由于篇幅过长或取材于复制品而不宜写入正文的资料。

③ 不便于写入正文的罕见珍贵资料。

④ 一般读者并不必要,对专业同行很有参考价值的资料。

⑤ 重要的原始数据、数学推导、计算程序、框图、结构图、统计表、计算机打印输出件等。

附录段置于参考文献表之后,以"附录A""附录B"……做标题前导词。

附录中的插图、表格、公式、参考文献等另行编号,如"图A1""图B2","表B1""表C3"等。

9.2.2.12 科技论文规范表述

(1) 插图的规范使用

科技论文的插图一般由图序、图题、图例、图注和主图等构成,线形图(也叫函数曲线图)的主图通常包括坐标轴、标目、标值线和标值等,如图9-10所示。

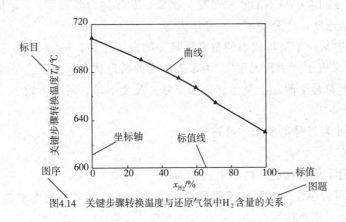

图9-10 简单线型图构成

（2）表格的规范使用

表格是对实验数据、统计结果或事物分类情况的一种有效表达方式，是对文字叙述的补充和辅助。

科技论文的表格按内容可分为数据表和文字表。按结构一般可分为卡线表、三线表、二线表和无线表等，其中三线表是一种经过简化和改造的特殊类型的卡线表，在科技书刊中得到普遍使用，其形式如范例 9.27 所示。

范例 9.27

表× 频数分析结果

名称	选项	频数	百分比/%	累计百分比/%
年级	大一	151	32.26	32.26
	大二	117	25.00	57.26
	……	……	……	……
合计		468	100.00	100.00

科技论文的表格通常由表序、表题、表头、表体和表注等部分构成。

（3）其他符号的规范使用

量符号

具体国家标准《量和单位》（GB/T 3100～3102—1993）对每个基本物理量都给出了标准化的量符号。非普及性科学书刊，尤其数理公式必须使用量符号。使用量符号要注意：

① 应尽量采用标准规定的量符号。国家标准中没有的量可以参照标准自拟量符号。量符号一般是由单个拉丁或希腊字母表示，不能用多个字母做量符号。

② 量符号必须用斜体字母（pH 值除外）。

③ 量符号的大小写不能随意改变。比如：T 是热力学温度，t 是摄氏温度；V 是体积，v 是速度；P 是功率，p 是压力等。

④ 全文中某一个字母代表的量必须唯一确定。比如：t，不能在这里表示"时间"，在那里又表示"摄氏温度"。为了表示量的特定状态、位置、条件或测量方法等，可以在量符号上附加上下角标，如星号、外文字母、阿拉伯数字、汉字及其他符号。

⑤ 化学元素符号不能用作量符号。

计量单位

规范使用单位名称的原则如下。

① 相除组合单位的名称与其符号的顺序要一致。例如，速度单位"m/s"，不是"秒米"是"米每秒"。

② 区分乘方形式的单位名称。例如，单位"m^5"的名称为"五次方米"。

③ 书写组合单位名称时不得加任何符号。例如，扭矩单位"N·m"的名称是"牛米"，而不是"牛·米"。

④ 读写量值时不必在单位名称前加"个"字。例如，不要将"14小时"读写为"14个小时"；不要将"12牛"读写为"12个牛"。

⑤ 不要使用非法定单位名称（包括单位名称的旧称）。例如，不要使用达因、马力、公尺、英尺、英寸、公升或立升等。

汉字数字和阿拉伯数字的使用详见《出版物上数字用法》（GB/T 15835—2011），总原则是：凡是可以使用阿拉伯数字而且又很得体的地方，均应使用阿拉伯数字。

数字

1）数字的书写规范原则：

① 公元世纪、年代、年、月、日、时刻。年份不能简写，如1999年不能写作99年；日期与时间的组合表示方法是"年-月-日T时：分：秒"，其中T为时间标志符，"时""分""秒"之间的分隔符是冒号"："，不是比号"∶"。例如，"1999年1月15日12时5分18秒"，可表示为"1999-01-15T12：05：18"。这种方式更多地用在图表中。

② 计量单位和计数单位前的数字。

③ 纯数字，包括整数、小数、分数、百分数、比例，以及一部分概数。

④ 产品型号、样品编号，以及各种代号或序号。

⑤ 文后参考文献著录中的数字（古籍除外）。

⑥ 4位及其以上数字采用三位分节法，以半角空格为节间。例如：3 245，3.141 592 6。

⑦ 小数点前的"0"不能省略。例如，0.85不能写作.85。

⑧ 阿拉伯数字不能与除"万""亿"外的汉字数词连用。

⑨ 数值的有效位数必须全部写出。例如，3位有效数字的电流值"0.250、0.500、0.750A"，不能写作"0.25、0.5、0.75A"。

⑩ 表示数值范围和公差时应注意以下几点。

a. 表示数值范围采用浪纹线"～"。例如，12～18kg。

不是表示数值范围，不要用浪纹线。例如，"2018～2021年""做2～3次试验"都不妥。前者是两个年份，不是数值，浪纹线应改为连接号"—"；后者"两次"与"三次"之间没有其他数值。

b. 表示百分数范围时，前一个百分号不能省略，如"8%～13%"不能写成"8～13%"。

c. 表示数值范围的"万""亿"不能省略，如"10万～50万"不能写成"10～50万"。

d. 单位不同时应写出每个量值的单位，如"3h～4h 20min"不能写作"3～4h

20min"。

  e. 量值与其公差的单位相同、上下公差也相等时，单位可只写 1 次，如"12.5mm±0.5mm"可写作"（12.5±0.5）mm"，但不能写作"12.5±0.5mm"。

  f. 量值的上下公差不相同时，公差应分别写在量值的右上、右下角。

  g. 百分数公差的百分号只需写 1 次，如"（50±5）%"不得写作"50±5%""50%±5%"。

  ⑪ 量值相乘表示中要写出每个数值的单位，如"60m×40m"不能写作"60×40m"或者"60×40m^2"。

  ⑫ 一组量值的单位相同时，可以只在最末一个量值后写出单位，其余量值的单位可以省略，如"50mm、45mm、42mm、37mm"可以写作"50、45、42、37mm"。

  2）使用汉字数字的场合：

  ① 定型的词、词组、成语、惯用语、缩略语，以及具有修辞色彩的词语中作为语素的数字，必须用汉字数字。例如：第一，二倍体，三氧化二铝，"十五"计划，一分为二。

  ② 相邻两个数字连用表示的概数。例如：一两千米，二三十公顷，其间不用顿号。

  ③ 带有"几"字的数字表示的概数。例如：十几，几千，几百分之一。

  ④ 各国、各民族的非公历纪年及月日。

  ⑤ 含有月日简称表示事件、节日和其他特定含义的词组中的数字。例如："一二·九"运动，五四运动，"一·一七"批示。

9.3 英文科技论文

9.3.1 概述

  英文科技论文结构简单、清晰、明了并且逻辑性强，科技英语与通常的文学语言有明显的不同，它的特点在于客观、直叙、简练、准确，所叙述的过程具有很强的操作性。

9.3.1.1 文体特点

（1）正式性

  科技论文用词准确，语气正式，语言规范，避免口语化的用词，不用或少用 I、we、our 和 you 等第一、二人称的代词，行文严谨简练，不能掺杂个人的主观意识。

（2）专业性

科技论文面向特定专业范围的人群，其读者均是本专业的科技人员，专业术语是构成科技论文的重要语言基础，具有语义严谨、单一等特点。

9.3.1.2　词汇特点

科技论文要求论文的用词有别于其他类型的文体，词汇具有以下六种特征。

（1）纯科技类型词汇

纯科技类型词汇主要指特定学科或专业领域具有独特明确意义的词汇或术语。不同的专业有不同的专业技术词汇，如 plancton（浮游生物）、cathode（阴极）、diode（二极管）等。

（2）通用科技词汇

通用科技词汇指不同专业都要经常使用的，但在不同的专业中却有不同的含义的词汇或术语。例如，service 在不同专业中转义为"运转、操作、维修"。

（3）派生词

英语的构词法主要有合成、转化和派生三种。这三种手段在科技论文的词汇构成中都有大量的运用，派生是主要构词法，也就是加前、后缀构成的不同词。例如：加前缀的词 **mono**atomic（单原子的）、**micro**circulation（微循环），加后缀的词 authentic**ate**（鉴别）、spectro**scope**（分光镜）等。

（4）语义确切、语体正式的词

英语中有一部分由"动词＋副词或介词"构成的词组，这类动词意义灵活，但不易确定其意义，科技论文中不宜过多使用，采用与之对应的意义明确的单个词构成的动词。例如：通常使用 absorb 来替代 take in，用 exhaust 来代替 use up 等。

科技论文多使用源于法语、拉丁语和希腊语的正式词汇，常用正式文体与非正式文体对照见表 9-6。

表 9-6　常用正式文体与非正式文体对照

非正式文体	科技论文或正式文体	非正式文体	科技论文或正式文体
finish	complete	careful	cautious
underwater	submarine	help	assist
buy	purchase	try	attempt
enough	sufficient	get	obtain
similar	identical	about	approximately
handbook	manual	use	utilize

（5）合成词

合成词是由两个或两个以上结合构成的一个词修饰或限制后一个词。例如：

horsepower, blueprint, waterproof, wavelength 等。

(6) 缩写词

有些专业术语由词组中首字母构成,这在科技论文中经常使用,例如:CD-ROM (Compact Disc Read-Only Memory)、DNA (Deoxyribonucleic Acid) 等。

9.3.1.3 句法特点

(1) 多使用被动语态

科技论文叙述的是客观事物、现象或过程,为了加强它的客观性和真实性,往往使用被动语态使论文叙述更加客观。

> 范例 9.28:The input of marine science and technology… labor investment **is measured** from the number of scientific and technological activity personnel, while the capital investment **is measured** from the total income of scientific research institutions… As the number of scientific papers published **is closely related to** the number of research projects conducted, which are usually in direct proportion, the number of research projects **is also selected** as the input variable.

(2) 较多使用动词非谓语形式

非谓语动词,指在句子中不是谓语的动词,包括分词、动词不定式和动名词。

> 范例 9.29:Numerical control machines are most useful when quantities of products **to be produced** are low or medium; the tape **containing** the information **required to produce** the part can be stored, reused or modified when required.

范例 9.29 非谓语动词形式能使语言结构紧凑,行文简练。

> 范例 9.30:A theoretical framework **is provided**, **consisting** of negative **reinforcing** feedback loops that act as drivers behind future industry change.

范例 9.30 非谓语动词形式能够体现或区分出句子的重要程度。

(3) 倾向于多用动词的一般现在时

科技论文多用一般现在时来表述经常发生的无时限的自然现象、过程等,以展现出论文的客观性。

> 范例 9.31:The boiling point of water is 100 degrees at standard atmospheric pressure.

（4）复合句多，句式结构复杂

科技论文一般描述比较复杂的活动和关系，所以经常使用结构严谨的长句和复杂句，通过文字描述将复杂的自然规律揭示出来。

9.3.2 英文科技论文写作方法

英文科技论文各部分的写作要求与中文科技论文各部分的内容基本一致，下面只针对英文科技论文的英文题名、作者英文署名及工作单位、英文摘要、引言、方法、结果与讨论、结论、英文致谢等，简要地给出英文科技论文独特的写作要求。

9.3.2.1 总体架构

英文科技论文的总体架构如图 9-11 所示。

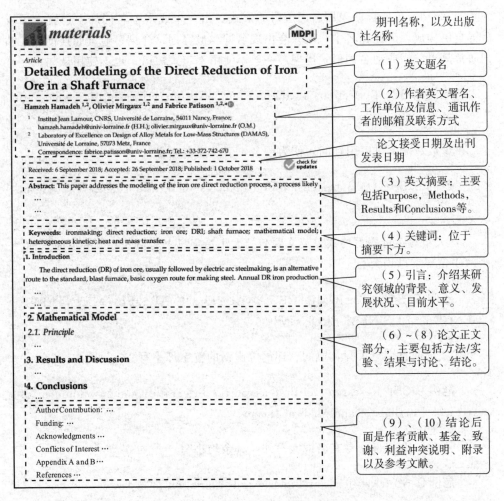

图 9-11 英文科技论文的总体架构

9.3.2.2 写作要点

（1）英文题名

选择题名的关键在于用最少的词把最为核心的内容表述出来。英文题名时要注意以下几点。

1）字数 在确保所描述内容准确、清晰的前提下，英文题名的字数应尽量精简，题名一般为 10~12 个单词，或 100 个英文字符（一个英文字母、数字、空格、标点等均为一个字符），题名最多不会超过 20 个实词。若能用一行文字表达，就尽量不用两行。在内容层次很多的情况下，如果难以简短化，最好采用主、副题名相结合的方法，主副题名之间用冒号隔开，如 "Importance of replication in microarray gene expression studies: statistical methods and evidence from repetitive CDNA hybridizations"，其中的副题名起补充、阐明作用。

2）结构 英文标题采用名词短语的形式，由一个或多个名词加上前置定语或后置定语构成，因此题名中一般只会出现名词、形容词、介词、冠词和连词等。动词通常是以分词或动名词形式出现。一般不使用不定式短语，也不使用从句。

> **范例 9.32**：Reflections on the burnout of Primary Care professionals after pandemic.

在少数情况下可以用疑问句作为题名，引发读者注意。

> **范例 9.33**：Do hypertension and diabetes mellitus influence the site of atherosclerotic plaques?

3）大小写字母书写格式 英文题名的大小写字母书写格式一般有下面三种。
① 全部字母均大写。

> **范例 9.34**：BIBLIOMETRIC ANALYIS OF ARTIFICIAL INTELLIGENCE IN BUSINESS ECONOMICS

② 实词的首字母大写，冠词、连词等虚词的首字母小写。

> **范例 9.35**：Research and Practice on the Integration and Development of Artificial Intelligence and Medical Image

③ 除第一个字母、专有名词大写外，其余均小写。

> **范例 9.36**：Artificial intelligence and simulation in urology

④ 缩略词。在英文题名中应当慎用缩略词，只有那些全称较长，缩写后已经

得到公认的，才可在英文题名中使用。

> 范例 9.37：AIDS（Acquired Immune Deficiency Syndrome，艾滋病）

> 范例 9.38：DNA（Deoxyribonucleic Acid，脱氧核糖核酸）

⑤ 特殊符号。英文题名中应尽量避免使用化学式、上下角标等特殊符号。
⑥ 中英文题名一致。

（2）作者英文署名和工作单位

论文的署名表明作者享有著作权，作者的身份、工作单位和通讯地址、邮政编码等标注时应准确、简洁。作者工作单位的标注要求和标注方法如下。

1）作者工作单位的标注要求

① 准确　即作者的工作单位名称是社会上公认的、规范的全称，而不是简称或不为外人所知的内部称谓。

② 简明　即在叙述准确、书写清楚的前提下，应力求简单、明了。

2）作者工作单位的标注方法

① 多位作者均在同一工作单位　将不同作者依次并列书写，工作单位、地址及邮编在作者姓名的下方；也可作为脚注，标于论文首页下方，并注明联系方式，有些期刊在首页下还有作者简介，如图 9-12 所示。

Metals smelting-collection method for recycling of platinum group metals from waste catalysts: A mini review

Waste Management & Research
1-10
© The Author(s) 2020
Article reuse guidelines:
sagepub.com/journals-permissions
DOI: 10.1177/0734242X20969795
journals.sagepub.com/home/wmr
$SAGE

Chuan Liu[1], Shuchen Sun[1], Xiaoping Zhu[1,2] and Ganfeng Tu[1]

ore, the PGMs are initially concentrated by physical beneficiation, followed by a hydrometallurgical or pyrometallurgical process (Kumaresan et al., 2015). Subsequently, the concentrate is leached by acid or alkali solution to obtain a leach solution containing PGMs. These metals in the leach solution are separated by precipitation or solvent extraction. Among these metals, PGMs are a form of ammonium hexachloroplatinate (IV)

[1]School of Metallurgy, Northeastern University, China
[2]School of Sciences, Northeastern University, China

Corresponding author:
Shuchen Sun, School of Metallurgy, Northeastern University, Wenhua Road, Heping District, Shenyang 110819, Liaoning, China.
Email: sunsc@smm.neu.edu.cn

图 9-12　同一工作单位多位作者的署名示例

② 多位作者不在同一工作单位　通常在每位作者的姓名后面加注编号，然后在姓名下方依次标出各工作单位、地址及邮编；也可将工作单位和联系方式作为脚注，标于论文首页下方，如图 9-13 和图 9-14 所示。

Research Article
Automatic Control Model of Power Information System Access Based on Artificial Intelligence Technology

De Yong Jiang,[1] Hong Zhang,[1] Harish Kumar,[2] Quadri Noorulhasan Naveed,[3] Chandan Takhi,[4] Vishal Jagota,[5] and Rituraj Jain[6]

[1] *Yancheng Institute of Technology, Yancheng, Jiangsu 224007, China*
[2] *Noida International University, Noida, India*
[3] *College of Computer Science King Khalid University, Abha, Saudi Arabia*
[4] *IK Gujral Punjab Technical University, Kapurthala, Punjab, India*
[5] *Department of Mechanical Engineering, Madanapalle Institute of Technology and Science, Madanapalle, Andhra Pradesh, India*
[6] *Department of Electrical and Computer Engineering, Wollega University, Nekemte, Ethiopia*

图 9-13　不同工作单位多位作者的署名示例一

Regional difference and convergence analysis of marine science and technology innovation efficiency in China

Gen Li[a], Ying Zhou[a], Fan Liu[b,*], Airui Tian[c]

[a] *School of Economics and Management, Jiangsu University of Science and Technology, Zhenjiang, Jiangsu, 212003, China*
[b] *School of Business Administration, ZhongNan University of Economics and Law, Wuhan, Hubei, 430073, China*
[c] *Business School, Shandong University, Weihai, Shandong, 264209, China*

图 9-14　不同工作单位多位作者的署名示例二

（3）英文摘要

英文摘要（abstract）与中文摘要包含的内容基本一致，主要包括目的（purpose）、方法（methods）、结果（results）和结论（conclusions）等。英文有自身语言特点，注意表达习惯以及时态，采用第三人称来写。

1）英文摘要的撰写要求

① 篇幅　英文摘要与中文摘要要有相等的信息量，是中文摘要的转译，要求简洁、准确，一般不超过180个实词。不同的期刊对摘要的要求不同，作者投稿时需要认真阅读拟投稿期刊"作者须知"中的注意事项。

② 时态　常用一般现在时、一般过去时，少用现在完成时、过去完成时，基本不用进行时态和其他复合时态。

a. 一般现在时。其主要用于说明研究目的、阐述研究内容、得出结果和结论、提出建议或讨论等。

范例 9.39：The result shows (reveals) … It is found that…

范例 9.40：The expert suggest…

b. 一般过去时。其用于叙述过去某一时刻（时段）的发现，某一研究、实验、观察、调查及作者自己所做工作的描述，如描述材料、方法和结果等。

> **范例 9.41**：The standard protocol **was followed** for the preparation of the media from stock solutions.

c. 现在完成时及过去完成时。现在完成时用于将从前发生的或从前完成的事情与现在联系起来；过去完成时用于表示过去某一时间以前已完成的事情，或在一个过去的事情完成之前就已完成的另一过去行为。

> **范例 9.42**：However, the number of scrapped vehicles **has also been increasing** rapidly owing to both intentional (service life) and unintentional reasons (car accidents).

③ 语态　根据摘要的特点，考虑采用主动语态或被动语态。

a. 主动语态。大多数期刊都提倡采用主动语态，谓语动词采用主动语态可使文字更简洁、表达更准确。

> **范例 9.43**：The author systematically introduces the equipment and materials of the tissue culture of tomato.

b. 被动语态。在指示性摘要中，为了强调动作的承受者，仍采用被动语态为好；在报道性摘要中，虽然某些场合施动者无关紧要，但也应该以需强调的事物做主语。

> **范例 9.44**：An experimental solar power plant will be built in the Australian desert.

④ 人称　最好不用第一人称。英文摘要倾向于采用被动语态或原形动词开头。

> **范例 9.45**：To study..., To determine..., To investigate..., To describe...

需要注意的是，为了简洁、清楚地表达研究成果，国内外期刊界同行认为，"在论文摘要的撰写中不应刻意回避第一人称和主动语态"。

> **范例 9.46**：**We examined** changes in sea levels, storm surge occurrences, and precipitation amounts to understand how global warming impacts coastal regions.

2) 撰写英文摘要的注意事项
① 定冠词 the 不要漏掉。

范例 9.47：The author designed a new drawing. The drawing contains the whole process.

② 不定冠词 a 和 an 的区别　以辅音字母开头或读作辅音的元音字母开头的单词前用不定冠词 a，以元音字母开头或发音以元音开头的单词前用不定冠词 an。

范例 9.48：a new report, a smelting technology, an effective strategy, an X-ray。

③ 阿拉伯数字不作首词。

范例 9.49：Three thousand birds were found to be brain dead.

范例 9.49 中的"Three thousand"不能写成"3000"。
④ 注意名词单复数以及谓语动词的形式。
⑤ 尽量使用短句。
下面给出一篇科技论文英文摘要的实例。

范例 9.50：
Regional Difference and Convergence Analysis of Marine Science and Technology Innovation Efficiency in China

Abstract：Based on panel data of 11 coastal provinces and cities in China during 2006—2015, stochastic frontier analysis (SFA) is used to calculate the efficiency of marine science and technology innovation in this study. Then, the regional differences and influencing factors of this efficiency are analyzed, and finally, a panel unit root test method is used to conduct a stochastic convergence analysis of the efficiency of marine science and technology innovation. According to the results, the overall marine science and technology innovation efficiency shows an upward trend during the statistical period and substantially differs among the 11 coastal provinces and cities. Among them, the 10-year average efficiency of marine science and technology innovation in Shandong province is the highest. In addition, there is a significant negative relation between the degree of government support and efficiency of marine science and technology innovation. The scale of marine scientific research institutions, structure of scientific research personnel, development degree of marine economy, and structure of marine industry have significant positive impacts on the marine scientific and technology innovation efficiency. In summary, there is no stochastic convergence among the Bohai Rim, Yangtze River Delta, and Pan-Pearl River Delta regions. Expanding the scale of marine scientific research institutions and promoting the development of senior personnel in the marine industry, development of marine secondary industries, and integration of marine science and technology innovation with economic development are expected to play positive roles in improving the marine science and technology innovation efficiency.

[该文 2022 年发表在 Ocean and Coastal Management，SCI 收录]

（4）关键词

为便于读者选读与检索文献，每篇论文在摘要后应给出 3～8 个关键词，其作用是反映主题，关键词的选取要注意使读者能据此大致判断论文研究内容，并且一般按照"研究目的—研究方法—研究结果"的顺序标引关键词。

（5）引言

引言位于正文的起始部分，主要内容是介绍某研究领域的背景、意义、发展状况、目前水平。

引言的写作要求：

① 尽量准确、清楚且简洁地指出所探讨问题的本质和范围，对研究背景的阐述做到繁简适度。

② 在背景介绍和问题提出中，应引用"最相关"的文献以指引读者。不要大量引用作者本人的文献，尽量引用一些经典的有说服力的文献。

③ 用最合理的方式表达作者在本次研究中最重要的发现或贡献。

④ 解释或定义专门术语或缩写词。

⑤ 适当地使用"I""We"或"Our"，以明确地指示作者本人的工作。

范例 9.51：Our experiment is to discover...

叙述前人工作的欠缺以强调自己研究的创新时，应慎重且留有余地。

范例 9.52：There is little information available in literature about...

⑥ 时态运用。

a. 一般现在时。在叙述有关现象或事实时，主要动词用一般现在时。

范例 9.53：Hydrogen is a clean-burning fuel that can be...

b. 现在完成时。在描述特定研究领域中最近的某种趋势或强调表示某些"最近"发生的事件对现在的影响时，主要用现在完成时。

范例 9.54：The ability of marine science and technology innovation **has become** one of the key areas for major maritime countries to compete for the leading position and voice in the global ocean.

c. 在阐述作者本人研究目的的句子中应有类似"This paper""The experiment reported"等词，以表示所涉及的内容是作者的工作，而不是指其他学者过去的研究。

范例 9.55：This paper focuses on the costs associated with hydrogen pipeline installation.

（6）方法

方法部分用于说明研究对象、条件、使用的材料、实验步骤或计算的过程、公式的推导、模型的建立等。具体要求如下。

1) 对材料的描述要做到准确、清楚。

2) 对方法进行描述时要详略得当、突出重点，要给出足够的细节信息让同行能重复实验。

3) 力求语法正确、描述准确。用精准的英语描述材料和方法，注意以下几个方面。

① 动作执行者不能遗漏。

范例 9.56：To determine his value, inorganic...

范例 9.56 中，"inorganic"（无机物的）不能"determine"（确定）。

范例 9.57：Having completed the study the plants were unable to respond.

范例 9.57 中，"the plants"（植物）不会"completed the study"（完成研究）。

② 注意逻辑性。

范例 9.58：Blood samples were taken from 48 informed and consenting patients... the subjects ranged in age from 6 months to 22 years.

范例 9.58 中，6 个月的婴儿不能表达"informed and consenting"（知情和同意）。

③ 如果有多种方法可供选用可在引用文献时提一下。

范例 9.59：Molecules were broken by as previously described.

范例 9.59 表达得不够清楚，应改为 "Molecules were broken by chemical reagent as previously described."。

④ 注意时态与语态。

a. 一般现在时（描述不受时间影响的事实）。

> 范例 9.60：The three-phase asynchronous motor consists of stator, rotor and other accessories.

b. 过去式（描述特定、过去的行为或时间）。

> 范例 9.61：This work was carried out at an ultrasonic impregnation facility at Tsinghua University's School of The Environment, and is described in detail elsewhere.

c. 被动语态（方法主要是描述实验的步骤及采用的材料，因为作者知道进行这些步骤和采用这些材料的人就是作者本人，所以一般用被动语态）。

> 范例 9.62：The samples were immersed in an ultrasonic bath for 3 minutes in acetone followed by 10 minutes in distilled water.

d. 主动语态（当涉及表达作者的观点或看法时）。

> 范例 9.63：In the fourth trial, the system used a larger transformer. We believed this modification would improve system stability.

（7）结果与讨论

结果是对研究中所发现的重要现象的归纳，论文的讨论由此引发，对问题的判断推理由此导出，全文的一切结论由此得到。

1) 结果　结果可自成体系，作者要有逻辑地叙述使之既符合实验过程的逻辑顺序，又符合实验结果的推导过程。写作要求如下。

① 突出具有代表性的数据，对其进行高度的概括和提炼。

② 客观真实地叙述实验结果。

③ 如果测定的结果只有一个或很少，用文字在正文中描述即可，如果数据繁多，可以采用图表的形式来完整、详细地表达。

④ 适当解释原始数据，帮助读者理解。

⑤ 正文文字表达应准确、简洁、清楚。

> 范例 9.64：Figure 2 shows the relationship between A and B.

⑥ 时态的运用。

a. 一般现在时（用于指出结果在哪些图表中列出）。

范例 9.65：Figure 6 shows the variation in the temperature of the samples over time.

b. 过去时（叙述或总结研究结果的内容为关于过去的事实）。

范例 9.66：After 10 hours of acid leaching, 80 percent of the structure was destroyed.

c. 一般现在时（对研究结果进行说明或由其得出一般性推论时）。

范例 9.67：The higher incidence of back pain in civilian pilots maybe due to their greater accumulated flying time.

d. 一般现在时（不同结果之间或实验数据与理论模型之间进行比较时）。

范例 9.68：These results agree well with the findings of Smith, et al...

2) 讨论　讨论部分是对结果的解释和推断，并说明作者的态度、对结果持有的观点等，所以在撰写讨论时要避免含蓄，做到直接、明确。写作要求如下。

① 解释结果要简洁、明确、突出。
② 推论要符合逻辑，避免实验数据不足以支持的观点和结论。
③ 观点或结论表述要清楚、明确。
④ 实事求是表达结果的科学意义和实际应用，避免使用 "For the first time" "The most advanced" 等类似绝对性的表述。要选用适当的词汇来区分推测与事实。
⑤ 时态的运用。

a. 过去时（回顾研究目的时）。

范例 9.69：In this study, the precision of three different devices was examined.

b. 一般现在时（作者认为所概述的内容具有普遍的意义时）。

范例 9.70：In the second group of equipment testing, the stability is lower than the theoretical prediction. The experimental value of efficiency is in good agreement with the theoretical value.

c. 一般现在时（阐述由结果得出的推论时）。

范例 9.71：The data reported here suggest (these findings support this hypothesis, and our data provide evidence) that the reaction rate may determine the amount of hydrogen available.

（8）结论

结论是对研究的主要发现和成果进行概括总结，让读者对全文的重点有一个深刻的印象。撰写结论时不要重复论文中其他章节的内容，不应涉及前文不曾指出的新事实，或者叙述其他不重要或与该研究没有密切联系的内容。示例如下。

范例 9.72：

Conclusion：

In this study, a novel platinum recovery technology from the hydrometallurgical residue of waste automotive catalyst processing by iron collection and glass slag production was pro-posed. Results of smelting parameters indicated that the optimum operational parameters were a Fe_3O_4 addition of 15wt％, a C/Fe_3O_4 mass ratio of 0.4, CaO/SiO_2 mass ratio of 0.6, and smelting temperature of 1500℃. Under the above conditions, the platinum recovery rate was more than 98％ when the holding time of the lab-scale experiment and that of the pilot-scale experiment were 120 and 60 min, respectively. Moreover, the platinum content of molten slag was less than 5 g/t and 7 g/t in the pilot-scale and lab-scale experiments, respectively. Meanwhile, XRD, XRF, and SEM-EDS results indicated that the slag presented as a glass state in all samples, and the alloys were mainly composed of metallic iron. The platinum content in the produced alloy was more than 0.6％ in the pilot-scale experiment. This proposed method can also be further applied to the recovery of platinum group metals from waste automotive three-way catalysts, which not only ensure a steady supply of PGMs but also alleviate the shortage of PGMs mineral resources.

［该文 2020 年 10 月发表在 *Springer Nature Journal*
  (Mining, Metallurgy & Exploration)，SCI 收录］

（9）致谢

在国外期刊中，致谢常位于结论之后、参考文献之前，作为论文的独立部分来写。致谢对象有两类：一类是经费上给予支持的，另一类是在技术、方法、条件等方面给予支持和帮助的。致谢时一般项目资助单位或个人在前，其他人员在后。致谢部分的语言要求正式、诚恳、真实,下面是致谢中的常用句型。

① 感谢赞助单位或个人:Support for this program/project/study is provided by...;Funding for this program is provided by...

② 感谢提供资料的单位或个人:Data were supplied/provided by...;Permission to quote from material protected by copyright has been granted by...

③ 感谢提出建议和帮助的个人:I thank ... for comments on the manuscript...;In addition, I am grateful to ... for their valuable suggestions, and to ... for her patience and good counsel...

④ 感谢不知名的审稿人:The anonymous reviewers have also contributed considerably to the publication of this paper...

⑤ 感谢其他人:I also owe an obligation to...

下面是一个致谢的实例。

> 范例9.73:
> **Acknowledgements:**
> The authors would like to thank BAM for the presentation materials provided. Special thanks to Sam Mannan for the opportunity to work at Mary Kay O'Connor Process Safety Center -Texas A&M University.

(10) 参考文献

参阅所投刊物的"投稿须知"中对参考文献的要求,或同一刊物的其他论文参考文献的著录格式,使自己论文的文献列举和标注方法与所投刊物相一致。

参考文献一般应该包含作者、题目和有关出版事项,出版事项包括书刊名称、出版地点、出版单位、出版年份以及卷、期、页等。目前常用的正文和参考文献的标注格式有三种。

① MLA(美国现代语言协会)参考文献格式 在正文标注参考文献作者的姓和页码,文末单列参考文献项,以"Works Cited"为标题。

> 范例9.74:MLA参考文献正文引用
> The advantage of the multiple regression analysis is that it cannot show the complex interrelations between independent variables (**Bryman and Crammer 135-139**).
> ...
> **Works Cited**
> [1] Plant, Raymond, and Kenneth Hoover. Conservative Capitalism in Britain and the United States: A Critical Appraisal. London: Routledge, 2014.

② APA（美国心理学会）参考文献格式　正文引用部分注明参考文献作者姓氏和出版时间及页码，文末单列参考文献项，以"References"为标题。

> **范例 9.75**：APA 参考文献正文引用
> It has been argued that teachers' role is to provide the students with optimal conditions which can facilitate learning so that students can achieve similar results（**Bloom，2014，pp. 12-16**）.
> ...
> **References**
> [1] 2012 Fuel cell technologies market report. Office of Energy Efficiency and Renewable Energy，U. S. Department of Energy；October 2013. DOE/EE-0973.

③ Chicago（芝加哥）参考文献格式　正文中按引用先后顺序连续编排序号，在该页底以脚注（Footnotes）或在文末以尾注（Endnotes）形式注明出处，或在文末单列参考文献项，以"Bibliography"为标题。

> **范例 9.76**：Chicago 参考文献正文引用
> Bret Kloos et al.，Community Psychology：Linking Individuals and Communities，3rd ed.（Belmont：Wadsworth，2012），432.
> ...
> **Bibliography**
> [1] Mellers，B. A.（2000）. Choice and the relative pleasure of consequences. Psychological Bulletin，126，910-924.

9.3.3　英文科技论文写作示例解析

9.3.3.1　示例论文介绍

依照英文科技论文的写作方法和要点，本节以编者 2020 年发表在 *Journal of Material Cycles and Waste Management* 上的论文为例，实例解析科技论文的写作特点和规范性等，以便读者加深理解和掌握。

扫描二维码获取

9.3.3.2　示例写作解析

从论文整体来看，该论文可分为三部分：前置部分、正文部分以及结尾部分。

（1）前置部分

该论文的前置部分与本章讲述的要求基本吻合，即由标题、作者署名、作者工作单位标注、论文摘要和关键词五部分组成。

由图 9-15 可知，在该论文的标题中，列出了该研究论文所研究的问题（Feasibility of platinum recovery from waste automotive catalyst）、该问题的研究环境（waste automotive catalyst with different carriers）以及解决该问题所使用的方法（cooperative smelting-collection process）等要素。简而言之，标题简洁、清楚、准确，让读者在读完论文标题后，即能初步了解该论文的主要内容。

Feasibility of platinum recovery from waste automotive catalyst with different carriers via cooperative smelting-collection process

Chuan Liu[1], Shuchen Sun[1], Xiaoping Zhu[1,2], Ganfeng Tu[1]

Received: 28 June 2020 / Accepted: 13 November 2020 / Published online: 20 January 2021
© Springer Japan KK, part of Springer Nature 2021

图 9-15　论文的标题与署名

署名表明作者对论文的著作权以及对论文内容的承诺。图 9-15 中论文的作者有四人，为共同署名。由于该论文发表于英文期刊，按照英文姓名的书写顺序，要求名在前（Chuan），姓在后（Liu）。此外，需根据期刊的具体要求进行排版，期刊的收录日期写在了署名下方。

图 9-16 所示为论文的脚注，其内容主要是通讯作者的联系方式、文章作者工作单位及邮编。

脚注处的信息内容要求简单、精确，并符合期刊的规范要求。

✉ ▨▨▨▨ Sun
▨▨▨▨@smm.neu.edu.cn

[1] School of Metallurgy, ▨▨▨▨ University, Shenyang 110819, Liaoning, China

[2] School of Sciences, ▨▨▨▨ University, Shenyang 110819, Liaoning, China

图 9-16　论文的脚注

论文摘要是论文前置部分的重要组成部分，要求能够在有限的篇幅内完整地反映出论文的主要内容。如图 9-17 所示的论文摘要，其在内容方面，首先介绍了所做研究的背景，然后描述了该论文所针对的问题，如该论文研究铂的冶炼收集问题；接着采用层层递进的方式，描述了该论文所采用的方法、得到的结论以及对结论的分析与验证。

Abstract

Large amounts of waste automotive catalyst (WAC) containing platinum are generated as the automotive scrapped, which not only wastes platinum resources, but also causes environment impacts if WAC is not addressed. In this research, a novel and effective smelting-collection process for recovering platinum from WAC was proposed. The different WAC carriers (cordierite carrier and alumina carrier) are mixed and subjected to smelting-collection with the addition of collector metal of iron powder and flux agent of CaO. The carrier materials serves as slag constituents, and the addition of extra slagging flux such as SiO_2 and Al_2O_3 was nearly avoided compared to platinum recovery from single WAC carrier. Experimental results indicated that the maximum platinum recovery was over 98%, when cordierite carrier WAC addition, collector metal addition, CaO/SiO_2 mass ratio, smelting temperature, and holding time were 80 wt%, 10.5 wt%, 0.5, 1550 °C and 120 min, respectively. After smelting, platinum is concentrated into Fe–Pt alloy, and the glass slag which is believed to be safe to the environment is obtained. The results indicated that platinum content in obtained alloy and glass slag was 0.63 wt% and 9.4 g/t, respectively. This proposed process is an effective and economical approach for recovery platinum from WAC.

Keyword　Collector metal，Glass slag，High-temperature，Platinum recovery，Platinum-bearing alloy

图 9-17　论文的摘要与关键词

另外，论文的关键词也在论文的前置部分体现，通常紧跟摘要之后。关键词选择那些能够高度概括和反映论文研究主题、方法、重要结果和结论的词语。如图 9-17 所示的关键词中，研究的问题为"Collector metal"，研究的环境为"High-temperature"，获得的结果为"Platinum-bearing alloy"。

（2）正文部分

论文的正文部分一般由引言、研究方法和结尾三大部分组成，每一部分可以包含多个章节以体现文章的层次结构。在此分别从上述三个方面对科技论文的写作方法进行解析。

引言在不同的科技期刊中也被称作"前言"或者"序言"，如图 9-18～图 9-20 中的引言所示，论文首先介绍了铂族金属资源的分布概况和重要的战略地位，然后介绍世界范围内回收铂族金属的方法等，最后提出了一种利用高温冶炼采集工艺从废汽车尾气催化剂（WAC）中回收铂的替代方法，概括了整篇文章的主要研究内容。

正文第二部分一般由多个章节组成，第一个章节一般为研究方法或问题描述，如图 9-21～图 9-23 所示，该论文属于工科类科技论文，该章节为材料与方法，详细地介绍了材料的来源、组分、预处理方法、实验程序、分析方法。

Introduction

Waste automotive catalyst (WAC) from automotive is generated at a growing rate due to intentional or unintentional reasons such as service life and the car crash. It was estimated that approximately 40 million vehicles were scrapped worldwide in 2010, which accounted for about 4% of total global ownership [1, 2]. Platinum group metals (PGMs) are widely used in automotive catalyst applications due to their excellent heat stability, corrosion resistance, stable electri-

图 9-18　论文引言部分一

from WAC, which contains biological, physical separation pretreatment, hydrometallurgical, and pyrometallurgical methods [9–23]. In hydrometallurgical methods, PGMs are directly dissolved with a strong oxidizing acid, such as hydrochloric acid and aqua regia with chlorine gas. The hydrometallurgical process, featured of low-energy consumption, appears to be effective in extracting PGMs from WAC due to the selectivity of leaching solution on metals.

图 9-19　论文引言部分二

In the present paper, an alternative method for recovering platinum from WAC is proposed using high-temperature smelting-collection process. In this study, various WAC with different carriers (cordierite carrier and alumina carrier) are first mixed with a proper amount of flux and followed by smelting-collection under high-temperature. In this process, carrier materials, including SiO_2, Al_2O_3, from WAC server as slag constituents, thereby the addition of extra slagging flux such as SiO_2, Al_2O_3 is avioded. This method not only

图 9-20　论文引言部分三

Materials and methods

Materials

The waste automotive catalyst with different carrier material used in this study was obtained from a secondary resource recycling enterprise in Jiangsu province, China. The chemi-

图 9-21　材料与方法

结尾部分一般通过设置适当的场景、参数，进而验证论文提出的方法在此场景中的效果。如该论文实例中，研究了不同条件对铂回收率的影响，如图 9-24 所示，堇青石载体的加入对铂回收率的影响，对结果以及所提回收工艺进行分析，进一步验证论文所提方法的有效性、可行性。

Experimental procedure

The process route of this technology is shown in Fig. 1. The feeding materials were prepared by mixing 200 g of different carriers WAC with an appropriate amount of flux, namely 30–80 g CaO. After homogenization, the mixture was placed into a high-purity graphite cylindrical crucible, 7–35 g collector metal of iron powder was placed on the top of it. Subsequently, this graphite crucible was placed into an electric resistance furnace (SSX2-14-17, Shanghai Y-Feng Electrical Furnace Co., Ltd., China) with eight U-shape $MoSi_2$ heating elements when the internal temperature of the furnace reached the target smelting temperature. The temperature of the furnace was heated to the target temperature of 1450–1600 °C and held for 60–180 min. In this

图 9-22 实验程序

Analysis

The compositions of waste automotive catalysts, glass slag, and alloy were measured by XRF analysis, and the platinum content was confirmed by ICP-MS. All experiments were repeated twice, and the mean values were used to calculate the recovery rate of platinum.

The X-ray diffraction (XRD, CuK radiation on PANalytical B.V./X'Pert Pro diffractometer) was utilized to characterize the crystalline phases of WAC, the iron alloy and glass slag. Microstructural characterizations of the iron alloy were investigated by a scanning electron microscopy (SEM, Ultra Plus, Zeiss, Heidenheim, Germany) with an accelerating voltage of 15 kV, equipped with energy-dispersive X-ray spectroscopy (EDS, X-Max 50, Oxford Instruments, Oxford, UK) detector.

图 9-23 分析方法

  论文的结论部分是对整个文章的研究问题、研究方法以及相关的研究结果进行总结性的描述。例如，在图 9-25 中，结论部分的第一句话就明确地说出本文主要研究的问题，提出方法，接着分析不同条件下的影响，证明方法的有效性、可行性，以及对比其他载体处理方法，体现该方法的优势，证明提出的方法是一种经济、环保、适用的技术。

Results and discussion

Effect of cordierite carrier WAC addition on platinum recovery rate

As indicated by Fig. 2a, the platinum recovery rate initially increased sharply with the increase of cordierite carrier WAC addition and then held on a high level of more than 97%, reaching its maximum at cordierite carrier WAC addition of 90 wt%. This indicates that platinum could be effectively recovered from WAC by the different carriers cooperative smelting-collection process. In addition, the platinum contents in the obtained slag were all below 10 g/t when the addition of the cordierite carrier WAC was more than 70 wt.%. This finding can be attributed

图 9-24 堇青石载体的加入
对铂回收率的影响

Conclusions

An alternative platinum recovery technology from the WAC was proposed by using a combined smelting-collection process with different carrier WAC. Through this method, the platinum was effectively recovered into Fe–Pt alloy, and the clean slag, namely glass slag, was generated simultaneously. With the 80 wt% of cordierite carrier WAC additions, a high platinum recovery rate over 98% was successfully obtained by controlling the iron collector addition, CaO/SiO_2 mass ratio, smelting temperature, and holding time at 10.5 wt%, of 0.5, 1550 °C, and 120 min, respectively. Compared with other treatment of single carrier WAC, the key advantage of this proposed method is that it achieves platinum recovery and glass slag synthesis from different WAC carriers by adding only iron powders and CaO. Therefore, it not only creates economic value by decreasing the amount of flux addition including SiO_2 and Al_2O_3, but also increases the treatment types of WAC by treating two different WAC carriers simultaneously. Meanwhile, this method provides a refenrence for comprehensive treatment of different WAC carriers and different type of hazardous waste for future works. Therefore, it can be concluded that the proposed method in this study is applicable technology for WAC detoxification and reutilization, which is also economical and friendly to the environment.

图 9-25 结论部分

本篇论文致谢是在结论之下、参考文献之上，不同的期刊致谢部分位置也不尽相同，本文作者感谢了国家重点研究开发项目的帮助，如图9-26所示。

Acknowledgments The authors acknowledge the financial support from the National Key R&D Program of China (No: 2019YFC1907500).

图 9-26　致谢部分

对于"Compliance with ethical standards"，一些期刊在作者投稿进行审评之前添加此声明，参考说明，确保论文符合本期刊的道德准则。

参考文献是科技论文必要的部分，本论文共列出了39条参考文献，如图9-27所示，这些参考文献的表现形式要具体参考所投期刊要求，做到准确无误。

6. Mouza AA, Peolides CA, Paras SV (1995) Utilization of used auto-catalytic converters in small countries: The Greek paradigm. Resour Conserv Recycl 15(2):95–110
7. Jha MK, Lee JC, Kim MS, Jeong JK, Kim BS, Kumar V (2013) Hydrometallurgical recovery/recycling of platinum by the leaching of spent catalyst: a review. Hydrometallurgy 133:23–32
8. Seetharaman S (2013) Treatise on process metallurgy, industrial processes, vol 3. Elsevier, Amsterdam

图 9-27　参考文献

第10章 企业标准

10.1 概述

10.1.1 标准的定义和对象

简单地说，标准是对一定范围内的重复性事务和概念所做的统一规定（这些规定最终表现为一种规范性文件）。重复投入、重复生产、重复加工、重复出现的产品和事物才需要标准。事物具有重复出现的特性，才有制定标准的必要。

标准的载体即标准的表现形式是一种文件。最初标准的载体表现为纸质的文件，现在既有纸质文件也有磁盘、光碟等电子版的文件。因此，无论什么标准，总要表现为一种文件。

制定标准的对象是活动或其结果。就工业而言，包括诸如设计、生产、试验、检验、包装、贮存、运输等。活动的结果是指产品，产品可以是有形的或无形的，也可以是它们的组合。根据 ISO 8402 的定义，产品被分成四种通用的类别。

① 硬件（如零件、部件、组件）。

② 软件（如计算程序、工作程序、信息、数据、记录）。

③ 流程型材料（如原材料、流体、气体、板材、丝材）。

④ 服务（如保险、金融、运输）。

总之，标准是一种产品，是技术性产品，是由专家依据一定的程序和规则生产出来的。

10.1.2 标准的分级和分类

10.1.2.1 按标准的适用范围分类

国际上大多数国家和我国标准按适用范围分类，如图 10-1 所示。

（1）国际标准

国际标准是由国际标准化组织（International Organization for Standardization，ISO）、国际电工委员会（International Electrotechnical Commission，IEC）

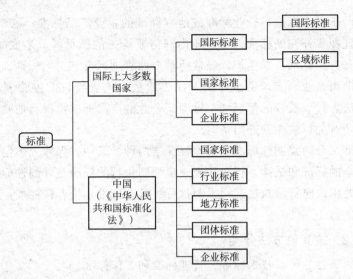

图 10-1 按标准的适用范围分类

和国际电信联盟（International Telecommunication Union，ITU）制定的标准，以及国际标准化组织确认并公布的其他国际组织制定的标准。

（2）区域标准

区域标准是由世界区域性集团的标准化组织制定和发布的标准。

（3）国家标准

国家标准是指对需要在全国范围内统一的技术要求所制定的标准。由国务院标准化行政主管部门制定。国家军用标准属国家标准范畴，它由国防科工委制定。

（4）行业标准

行业标准是指对没有国家标准而又需要在全国某个行业范围内统一的技术要求所制定的标准。由国务院有关行政主管部门制定，并报国务院标准化行政主管部门备案，但在相应的国家标准公布之后，该项行业标准即行废止。

（5）地方标准

地方标准是指对没有国家标准和行业标准而又需要在省、自治区、直辖市范围内统一的工业产品的安全、卫生要求所制定的标准。由省、自治区、直辖市标准化行政主管部门制定，并报国务院标准化行政主管部门和国务院有关行政主管部门备案，但在相应的国家标准或者行业标准公布之后，该项地方标准即行废止。

（6）团体标准

由团体按照团体确立的标准制定程序自主制定发布，由社会自愿采用的标准。

（7）企业标准

企业标准是指对在企业范围内需要协调、统一的技术要求、管理要求和工作要求所制定的标准。企业标准主要包括以下几个方面：①企业生产的产品，没有国家标准、行业标准和地方标准的，制定的企业产品标准；②为提高产品质量和技术进步,制定的严于国家标准、行业标准或地方标准的企业产品标准;③对国家标准、行业标准的选择或补充的标准;④企业内部需要统一的原材料、半成品、零部件、工艺、工装和方法标准;⑤生产、经营活动中的管理标准和工作标准。

企业标准由企业制定,由企业法人代表或法人代表授权的主管领导批准、发布,由企业法人代表授权的部门统一管理。企业的产品标准需报当地政府标准化行政主管部门和有关行政主管部门备案。

国家标准又分为强制性标准和推荐性标准两种。其中,保障人体健康、人身安全、财产安全的标准和法律、行政法规规定强制执行的标准是强制性标准,一经发布生效,就要由政府行政执法部门强制执行。其他标准是推荐性标准,推荐性标准由企业自愿实行。

10.1.2.2 按其他方法分类

按标准的属性分类:技术标准、管理标准和工作标准。

按标准的约束力分类:强制性标准和推荐性标准。

按标准化的对象分类:基础标准(术语标准、符号标准、代码标准)、产品标准、方法标准、安全标准、环保标准、材料标准、包装标准、工艺过程标准、施工过程标准等。

其中的几个主要类别内容如下。

① 基础标准 指在一定范围内,作为其他标准的基础并普遍通用或具有广泛指导意义的标准。例如:名词、术语、符号、代号、标志等标准;图形符号、机械制图、计量单位制、公差与配合、形位公差、表面粗糙度、螺纹及齿轮模数标准;基础试验方法和检验方法标准;优先数系、基本参数系列、系列型谱等标准;产品环境条件及可靠性要求等标准;图样和技术文件管理制度、标准编写方法等标准。

② 产品标准 是规定某一类或某一种产品要达到的部分或全部技术要求的标准,包括产品的品种、规格、要求、试验方法、检验规则,以及包装、标志、运输、贮存、使用、维修等。

③ 方法标准 是以试验、检查、分析、抽样、统计、计算、测定、作业等各种方法为对象制定的标准,如试验方法、检修方法、分析方法、测定方法、抽样方法、设计规程、工艺规程、生产方法、操作方法等。

④ 安全、卫生与环境保护标准 指一切有关设备与人身安全、卫生及环境保护的专门标准。其中,安全标准是以保护人和物的安全为目的而制定的标准;卫生标准是为保护人的健康,对食品、医药及其他方面的卫生要求而制定的标准;环境保护标准是为保护环境和有利于生态平衡对大气、土壤、水体、噪声、振动、电磁波等环境质量、污染管理、监测方法及其他事项而制定的标准。

10.1.2.3 标准分类法组合关系

标准的分类法是从各种不同的角度对同一个标准集合所进行的划分。仅按上述使用范围、对象、属性分类法，可以组合种类繁多的标准，如图10-2所示。

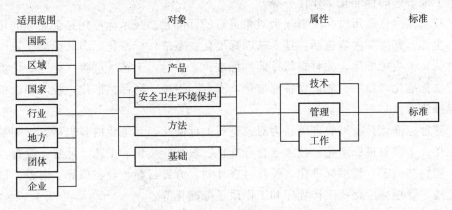

图 10-2 标准分类法组合关系图

在图10-2中，按照自左到右的顺序，把任何一条可以连接起来的线上的"词"组合起来，便可以形成一类（或一种）属于一定使用范围、一定对象和一定属性的标准，如行业级产品技术标准、企业级基础管理标准等。

按照《中华人民共和国标准化法》的规定，行业标准和地方标准与国家标准之间是从属关系。对没有推荐性国家标准、需要在全国某个行业范围内统一的技术要求，可以制定行业标准。行业标准由国务院有关行政主管部门制定，报国务院标准化行政主管部门备案。为满足地方自然条件、风俗习惯等特殊技术要求，可以制定地方标准。地方标准由省、自治区、直辖市人民政府标准化行政主管部门制定；设区的市级人民政府标准化行政主管部门根据本行政区域的特殊需要，经所在地省、自治区、直辖市人民政府标准化行政主管部门批准，可以制定本行政区域的地方标准。地方标准由省、自治区、直辖市人民政府标准化行政主管部门报国务院标准化行政主管部门备案，由国务院标准化行政主管部门通报国务院有关行政主管部门。

10.1.3 标准的形式和企业标准化的工作内容

标准一般以文字形态或实物形态给出。

① 文字形态标准 所有用文字或图形表达的标准都叫文字形态标准。绝大多数标准都属于这一类。

② 实物形态标准 如国际千克原器、国际米原器等。这类标准都难以用文字表达准确，故只好用实物表示。

企业标准化的主要日常工作包括：建立、健全企业标准化管理制度（标准）；编制企业标准体系表；编制标准化工作规划和计划，制定、修订和实施各级标准，对标准的实施情况进行监督检查；配合科研、生产处理有关标准化方面的问题并编制或签署有关技术文件；标准信息和标准资料的管理；标准化统计和经济效果的分析与计算；标准化经费的管理，标准化宣传教育和人员培训，标准化现代化管理；承担上级下达的标准化工作任务等。

技术标准化是指以技术事项为对象进行的标准化。技术标准化是企业标准化工作的主体。其主要内容包括：技术基础标准化；零部件标准化，产品标准化，工艺标准化，工装标准化，原材料与外购件标准化；设计、工艺、试验、检验、计量测试方法标准化，加工、测试设备标准化，安全、卫生、环保标准化，技术和设备引进标准化等。

管理标准化是指以管理事项为对象进行的标准化。其主要内容包括：管理基础标准化；生产管理标准化；技术（含标准化、设计、质量、工艺、计量、设备、能源、资料和档案）管理标准化；经营（含计划、方针目标、经济核算、财务、销售和运输）管理标准化；工作程序和工作质量标准化等。

10.1.4 标准的内容和层次

在一般情况下，针对一个标准化对象应编制成一项标准并作为整体出版。特殊情况下，可编制成若干个单独的标准或在同一个标准顺序号下将一项标准分成若干个单独的部分。标准分成部分后，需要时，每一部分可以单独修订。一项标准分成若干个单独的部分，主要有两种划分方式：按内容划分"部分"；按内容划分单独标准。

10.1.4.1 按内容划分"部分"

一般按内容划分"部分"的具体原因如下。
① 标准篇幅过长。
② 后续部分的内容相互关联。
③ 标准的某些部分可能被法规引用。
④ 标准的某些部分拟用于认证。

如果标准化对象的不同方面有可能分别引起各相关方（如生产者、认证机构、立法机关等）的关注，应清楚地区分这些不同方面，最好将这些不同方面分别编制成一项标准的若干个单独的部分或若干项标准。例如，这些不同方面有：
① 健康和安全要求。
② 性能要求。
③ 维修和服务要求。
④ 安装规则。
⑤ 质量评定。

注意：标准化对象的不同方面也可编制成若干单独的标准，从而形成一组系列标准。

一项标准划分成若干部分的两种方式如表10-1所示。

表 10-1　一项标准划分成若干部分的两种方式

序号	方式内容	示例
1	将标准化对象分为若干个特定方面，各个部分分别涉及其中的一个方面，并且能够单独使用	第1部分：术语和定义 第2部分：要求 第3部分：试验方法 第4部分：……
2	将标准化对象分为通用和特殊两个方面： 通用方面作为标准的第1部分。 特殊方面（是第1部分的补充，不能单独使用）作为标准的其他各部分	第1部分：一般要求 第21部分：电熨斗的特殊要求 第22部分：旋转脱水机的特殊要求 第23部分：洗碗机的特殊要求

在第二种方式下，由于这些特殊方面可能修改或补充通用方面，因此它们都不能单独使用。这种方式较多地用于产品标准，因为涉及某一类具体产品时，不需要在一个具体产品的标准中重复通用要求。

在这种方式所形成的部分中，从其中一个部分引用另一个部分的内容，应引用最新版本。为此，可采用下列两种方法。

① 如果引用部分中特定的要素，则引用文件应注日期。

② 如果引用整个部分，应符合不注日期引用文件的规定。是将各部分之间的相互引用看成一个标准的内部引用，还是将每个部分作为单独标准对待呢？这要视具体情况而定。

a. 在保证所有部分中相应的改变能同步进行时，引用文件允许不注日期。一般情况下，只有某项标准的所有部分由同一个工作组负责起草，或者由同一个技术委员会或归口单位管理时，才能使各部分中相应改变同步进行，并且能够了解各部分的变化情况，不会出现不注日期引用了另一个部分的内容后，该部分内容发生了不可接受的变化的情况。

注意：这里是将同一标准的各个部分之间的相互引用当作一个标准的内部引用。而如果是标准和标准之间相互引用，即使能保证所有标准中相应的改变同步进行，也不允许标准和标准之间的不注日期引用。

b. 如果做不到相应改变同步进行，即使引用整个部分，引用文件也不允许不注日期，只有从标准本身的角度考虑，可接受所引用条文将来所有的变化时，规范性引用文件才可不注日期。

10.1.4.2　按内容划分单独标准

一项标准，无论其涉及的标准化对象是什么、范围如何、叙述内容多少，都是由各种要素构成的。划分一项单独标准的内容有两种方式：一是以规范性要素或资料性要素的性质及其在标准中的位置来划分；二是以必备要素或可选要素来划分。

（1）按要素的规范性或资料性的性质及其在标准中的位置来划分

根据要素的性质划分，可将标准的要素划分为规范性要素和资料性要素，如表

10-2所示。对标准中的要素进行此类划分的目的就是区分出：标准中的要素是应遵守的要素，还是不必遵守的、只是为符合标准而提供帮助的要素。

表 10-2　根据要素的性质划分

要素性质	要素内容
规范性要素	是"声明符合标准而需要遵守的条款的要素"。 也就是说当声明某一产品、过程或服务符合某一项标准时，并不需要符合标准中的所有内容，而只要符合了标准中的规范性要素的条款，即可认为符合了该项标准。要遵守某一标准，就要遵守该标准中的所有规范性要素中所规定的内容。
资料性要素	是"标识标准、介绍标准、提供标准的附加信息的要素"。 也就是说在声明符合标准时无需遵守的要素。这些要素在标准中存在的目的，并不是要让标准使用者遵照执行，而只是要提供一些附加资料。

除了按照要素的性质（规范性或资料性）来划分以外，还可根据这些要素在标准中所处的位置来划分，如表10-3所示。

表 10-3　根据要素在标准中所处的位置划分

要素性质	要素内容
资料性概述要素	标识标准，介绍其内容、背景、制定情况以及该标准与其他标准的关系的要素。具体到标准中就是标准的"封面、目次、前言、引言"等要素。
规范性一般要素	是位于标准正文中的前几个要素，也就是标准的"名称、范围、规范性引用文件"等要素。这些要素构成了标准的规范性一般要素。
规范性技术要素	是标准的核心部分，也是标准的主要技术内容，如"术语和定义、符号和缩略语、要求……附录（规范性）"等要素。
资料性补充要素	提供附加信息，以帮助理解或使用标准的要素。具体到标准中就是标准的"附录（资料性）、参考文献、索引"等要素。

（2）按必备要素或可选要素来划分

表10-4界定了标准文件中要素的类别、构成及其表述形式。

表 10-4　标准文件中要素的类别、构成及其表述形式

要素	要素的类别		要素的构成	要素所允许的表述形式
	必备或可选	规范性或资料性		
封面	必备	资料性	附加信息	标明文件信息
目次	可选	资料性	附加信息	列表（自动生成的内容）
前言	必备	资料性	附加信息	条文、注、脚注、指明附录
引言	可选	资料性	附加信息	条文、图、表、数学公式、注、脚注、指明附录

续表

要素	要素的类别		要素的构成	要素所允许的表述形式
	必备或可选	规范性或资料性		
范围	必备	规范性	条款、附加信息	条文、表、注、脚注
规范性引用文件①	必备/可选	资料性	附加信息	清单、注、脚注
术语和定义①	必备/可选	规范性	条款、附加信息	条文、图、数学公式、示例、注、引用、提示
符号和缩略语	可选			条文、图、表、数学公式、示例、注、脚注、引用、提示、指明附录
分类和编码/系统构成	可选			
总体原则和/或总体要求	可选			
核心技术要素	必备			
其他技术要素	可选			
参考文献	可选	资料性	附加信息	清单、脚注
索引	可选			列表（自动生成的内容）

①章编号和标题的设置是必备的，要素内容的有无根据具体情况进行选择。

10.1.4.3 层次的描述和编号

标准可能具有的层次名称如表 10-5 所示。有些层次可能有，也可能没有，如"部分""段""附录"等。

表 10-5 标准可能具有的层次名称

名称	编号示例
部分	9999.1
章	3
条	3.1
条	3.1.1
段	[无编号]
列项	列项符号：字母编号 a)、b) 和下一层次的数字编号 1)、2)
附录	A

图 10-3 给出了层次编号的示例。

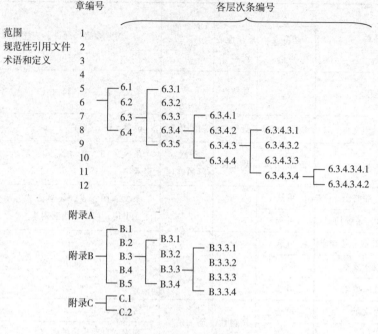

图 10-3　层次编号的示例

（1）部分

应使用阿拉伯数字从 1 开始对部分编号，部分的编号应置于标准顺序号之后，并用下脚点与标准顺序号隔开，如 9999.1、9999.2 等。不应将部分再分成分部分。部分的名称的组成方式应符合标准名称起草规则，同一标准的各个部分的名称应有相同的引导要素（如果有）和主体要素，而补充要素应不同，以便区分各个部分。在每个部分的名称中，补充要素前均应标明"第×部分："（×为阿拉伯数字）。

（2）章

章是标准内容划分的基本单元。在每项标准或每个部分中，应使用阿拉伯数字从 1 开始对章编号。编号应从"范围"一章开始，一直连续到附录之前。每一章均应有标题。标题应置于编号之后，并与其后的条文分行。

（3）条

条是章的细分。应使用阿拉伯数字对条编号。第一层次的条（如 6.1、6.2 等）可分为第二层次的条（如 6.3.1、6.3.2 等），需要时，一直可分到第五层次（如 6.3.4.3.4.1、6.3.4.3.4.2 等）。同一层次中有两个以上（含两个）的条时才可设条。例如，第 10 章的条文中，如果没有 10.2 条，就不应设 10.1 条。第一层次的条宜给出标题。标题应置于编号之后，并与其后的条文分行。第二层次的条可同样处理。在某一章或条中，同一层次的条，有无标题应统一，如 10.1 有标题，则 10.2 也应有标题。

（4）段

段是章或条内没有编号的细分层次，段不编号。尽量不出现"悬置段"，以避免在引用这些段时产生混淆。段的示例如图10-4所示。

示例：

下面左侧所示，按照章条的隶属关系，第5章不仅包括所标出的"悬置段"，还包括5.1和5.2。这种情况下，引用这些悬置段时有可能发生混淆。避免混淆的方法之一是将悬置段改为条。见下面右侧所示：将左侧的悬置段编号并加标题"5.1　通用要求"（也可给出其他适当的标题），并且将左侧的5.1和5.2重新编号，依次改为5.2和5.3。避免混淆的其他方法还有，将悬置段移到别处或删除。

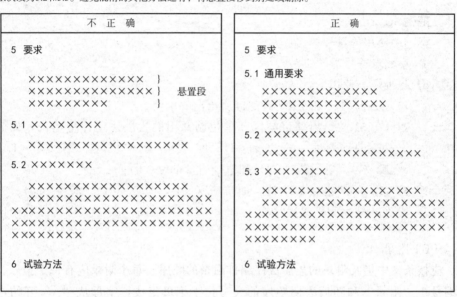

图10-4　段的示例

（5）列项

列项可用下述形式引出：一个句子［见范例10.1（1）］；一个句子的前半部分，该句子由分行列举的各项来完成［见范例10.1（2）］。列项中每一项前应加破折号或圆点。如果需要识别，则在每一项前加上后带半圆括号的小写拉丁字母序号。在字母形式的列项中，如果需要对某个项进一步细分成需要识别的分项，则应使用后带半圆括号的阿拉伯数字序号（见范例10.2）。在列项的各项中，可将其中的关键术语或短语标为黑体，以标明各项所涉及的主题。

> 范例10.1：
>
> （1）下列各类仪器不需要开关：
>
> ——在正常操作条件下，功耗不超过10W的仪器；
>
> ——在任何故障条件下使用2min，测得功耗不超过50W的仪器；
>
> ——用于连续运转的仪器。

> （2）仪器中的振动可能产生于：
> - 转动部件的不平衡；
> - 机座的轻微变形；
> - 滚动轴承；
> - 气动负载。

> **范例 10.2：**
> 标准中使用的量和单位：
> a）小数点符号为"，"。
> b）标准应只使用：
> 　1）GB 3101、GB 3102 各部分所给出的单位；
> 　2）GB 3101 给出的可与国际单位制并用的我国法定计量单位，如分（min）、小时（h）、天（d）、度（°）、分（′）、秒（″）、升（L）、吨（t）、电子伏（eV）和原子质量单位（u）；
> 　3）GB 3102 给出的单位，如奈培（Np）、贝尔（B）、宋（sone）、方（phon）和倍频程（oct）。

（6）附录

应按条文中提及附录的先后次序编排附录的顺序。每个附录应有一个编号。附录编号由"附录"和随后表明顺序的大写拉丁字母组成，字母从"A"开始，如"附录 A"。如果只有一个附录，仍应标为"附录 A"。附录编号下方应标明附录的性质，即"（规范性）"或"（资料性）"，再下方是附录标题。每个附录中章、图、表和数学公式的编号应重新从 1 开始，编号前加上级附录编号中表明顺序的字母，字母后跟下脚点。例如：附录 A 中的章用"A.1""A.2""A.3"等表示；图用"图 A.1""图 A.2"等表示。

（7）层次与结构中的常见问题

在层次与结构中，容易出现如下问题。

① 条的层次可能根据需要一直分到第五层次（如 6.2.3.2.1.2）。一般习惯于将条的层次分到第三层次（如 4.3.4.2），然后进行列项说明，但是当列项说明的层次较多时，往往就不好处理了。当列项说明的层次较多时，可根据需要，将条的层次分到第五层次。

② 同一层次中有两个以上（含两个）的条时才可设条。如第 5 章的条文中，如果没有 5.2 条，就不应设 5.1 条。

③ 在某一章或条中同一层次的条，有无标题应统一。如 7.1.1 有标题，7.1.2 也应有标题。

④ 条款顺序应避免出现错误。

⑤ 引用正文的条款应避免出现错误。

⑥ 应按条文中提及附录的先后次序编排附录的编号，而不是以附录的性质（规范性、资料性）顺序编号。

⑦ 附录中条文、图、表、公式编号。例如：附录 B 中的章用 "B.1" "B.2" "B.3" …… 表示；图用 "图 B.1" "图 B.2" "图 B.3" ……表示；表用 "表 B.1" "表 B.2" "表 B.3" ……表示；公式用 "公式（B.1）" "公式（B.2）" "公式（B.3）" ……表示。

10.2 企业产品标准的编写

10.2.1 企业产品标准的编写标准

GB/T 20001.10 规定了起草产品标准所遵循的原则、产品标准结构、要素的起草要求和表述规则以及数值的选择方法（如图 10-5 所示），适用于国家、行业、地方和企业产品标准的编写，具体适用于编写有形产品的标准，编写无形产品的标准可参照使用。

产品标准的制定基于下列文件。凡是注日期的引用文件，仅注日期的版本适用于产品标准编写。凡是不注日期的引用文件，其最新版本（包括所有的修改单）适用于产品标准编写。

▶GB/T 1.1《标准化工作导则　第 1 部分：标准化文件的结构和起草规则》

▶GB 190《危险货物包装标志》

▶GB/T 191《包装储运图示标志》

▶GB/T 321《优先数和优先数系》

▶GB/T 5296（所有部分）《消费品使用说明》

▶GB/T 6388《运输包装收发货标志》

▶GB/T 9969《工业产品使用说明书　总则》

▶GB/T 20000.1《标准化工作指南　第 1 部分：标准化和相关活动的通用术语》

▶GB/T 20000.4《标准化工作指南　第 4 部分：标准中涉及安全的内容》

▶GB/T 20001.4《标准编写规则　第 4 部分：化学分析方法》

▶GB/T 20002.3《标准中特定内容的起草　第 3 部分：产品标准中涉及环境的内容》

▶GB/T 27000《合格评定词汇和通用原则》

起草产品标准时，首先应确定标准化对象或领域。产品标准的标准化对象通常

图 10-5　产品标准封面

为有形产品、系统、原材料等，编写产品标准涉及的标准化对象或领域通常有：
——某领域的产品，如"家用电器"；
——完整产品，如"电视接收机"；
——产品部件，如"电视接收机显示屏"。
起草产品标准时，应明确标准的使用者。产品标准的使用者通常有：
——制造商或供应商（第一方）；
——用户或订货方（第二方）；
——独立机构（第三方）。
国家标准、行业标准中的产品标准的使用者通常为上述三方。因此，在起草这类产品标准时应遵守"中立原则"，即应使得产品标准的要求能够作为第一方、第二方或第三方合格评定的依据。

产品标准各要素的起草以及标准的结构和编排格式除应符合 GB/T 1.1 的相关

规定外,还应符合以下部分的规定。

10.2.2 企业产品标准文件中的要素

产品标准的必备要素包括：封面、前言、标准名称、范围、技术要求等。产品标准中要素的典型编排以及每个要素所允许的表述方式如表 10-6 所示。

表 10-6 产品标准中要素的典型编排

要素类型	要素[①]的编排	要素所允许的表达形式
资料性概述要素	**封面**	**文字**
	目次	文字（自动生成的内容）
	前言	**条文** 注、脚注
	引言	条文、图、表、注、脚注
规范性一般要素	**标准名称**	**文字**
	范围	**条文** 图、表 注、脚注
	规范性引用文件	文件清单（规范性引用） 注、脚注
规范性技术要素	术语和定义 符号、代号和缩略语 分类、标记和编码 **技术要求** 取样 试验方法 检验规则 标志、标签和随行文件 包装、运输和贮存 规范性附录	条文、图、表 注、脚注
资料性补充要素	*资料性附录*	条文、图、表、注、脚注
规范性技术要素	规范性附录	条文、图、表 注、脚注
资料性补充要素	*参考文献*	文件清单（资料性引用）、脚注
	索引	文字（自动生成的内容）

① 黑体表示"必备要素"；正体表示"规范性要素"；斜体表示"资料性要素"。
注：表中各类要素的前后顺序即其在标准中所呈现的具体位置。

根据产品的特点，一项产品标准不但不一定包括表 10-6 中的所有规范性技术要素，而且可以包含表 10-6 之外的其他规范性技术要素。按照产品标准的表述需要，表 10-6 中的规范性技术要素可以合并或拆分，其标题可做相应调整。

10.2.2.1 封面

每项标准均应有封面（如图 10-6 所示）。封面应包括图 10-6 右侧所示内容。如果标准有对应的国际标准，应在封面上标明一致性程度的标识，一致性程度的标识由对应的国际标准编号、国际标准名称（使用英文）、一致性程度代号等内容组成。如果标准的英文译名与国际标准名称相同，则不标出国际标准名称。一致性程度的含义及其代号见 GB/T 20000.2。注意：不同类别的替代或标准的废止情况不在封面上标识。

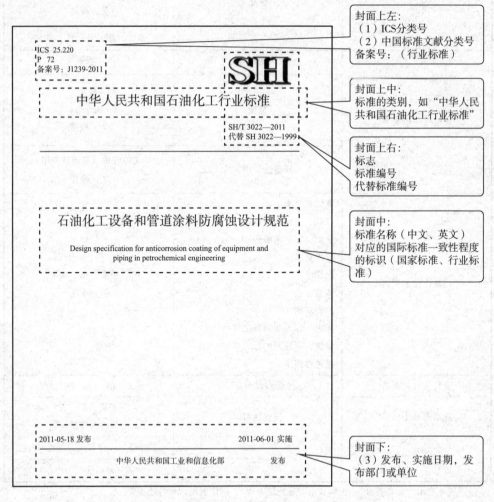

图 10-6 标准封面的总体架构

细节注释：

（1） ICS 分类号

国际标准分类法（International Classification for Standards，ICS）是由国际标准化组织编制的，主要用于国际标准、区域性标准和国家标准及其他标准文献的分类。

为实现我国标准文献分类与国际接轨，国家质量技术监督局决定于 1997 年 1 月 1 日起在我国国家标准、行业标准和地方标准上标注国际标准分类法分类号，取代原有的国际十进分类法（Universal Decimal Classification，UDC）分类号。

国际标准分类法采用三级分类，第一级由 41 个大类组成，第二级分为 405 个二级类目，第三级为 884 个三级类目。国际标准分类法采用数字编号，第一级和第三级采用两位数，第二级采用三位数。各级类目之间以实圆点（中文版新增补的类目采用短横线）相隔。

《国际标准分类法 ICS》（第七版）一书由国家质量技术监督局编译，中国标准出版社出版。

分类规则如下。

① 按标准文献主题的专业归属分类（石油天然气标准入石油类）。

② 一项标准可以分入一个或两个二级类或三级类，术语等通用标准可以在通用类之外再给一个类号，各类号之间用分号相隔。

③ 如果一个标准所涉及的主题包含了一个二级类的全部三级类，则应标注此二级类并应标注为"××.××.00"。

④ 技术随相应产品入类。

⑤ 凡入类困难的，可以入"综合"（.01）类或"其他"（.99）类。

（2）中国标准文献分类号

分类号标记采用拉丁字母与阿拉伯数字相结合的方式。一级大类主要按专业划分为 24 个，以一个字母表示一个大类。如 A—综合，B—农业、林业，C—医药、卫生、劳动保护，D—矿业，E—石油，F—能源、核技术，G—化工……Z—环境保护。二级类以两位数字（00～99）表示。

《中国标准文献分类法》由国家技术监督局编制，1989 年 11 月出版第一版。

常见问题：缺 ICS 号（行标）、中国标准文献分类号（行标、企标）或编号不对。

（3）标准的发布和实施日期

由标准的审批部门在发布标准时确定。

强制性国家标准由国务院批准发布或授权批准发布。推荐性国家标准由国务院标准化行政主管部门制定。

行业标准由国务院有关行政主管部门制定，报国务院标准化行政主管部门备案。

地方标准由省、自治区、直辖市人民政府标准化行政主管部门制定；设区的市级人民政府标准化行政主管部门根据本行政区域的特殊需要，经所在地省、自治区、直辖市人民政府标准化行政主管部门批准，可以制定本行政区域的地方标准。地方标准由省、自治区、直辖市人民政府标准化行政主管部门报国务院标准化行政主管部门备案，由国务院标准化行政主管部门通报国务院有关行政主管部门。

企业可以根据需要自行制定企业标准，或者与其他企业联合会制定企业标准。

10.2.2.2 目次

"目次"这一要素用来呈现文件的结构。为了方便查阅文件内容，通常有必要设置目次（如图10-7所示）。根据所形成的文件的具体情况，应依次建立目次列表。

GB/T 20001.10—2014

目　次

前言 ……………………………………………………………………………………………… Ⅲ
引言 ……………………………………………………………………………………………… Ⅳ
1 范围 …………………………………………………………………………………………… 1
2 规范性引用文件 ……………………………………………………………………………… 1
3 术语和定义 …………………………………………………………………………………… 1
4 总则 …………………………………………………………………………………………… 2
　4.1 规范性 …………………………………………………………………………………… 2
　4.2 技术要素的选择原则 …………………………………………………………………… 2
　4.3 避免重复和不必要的差异 ……………………………………………………………… 3
5 结构 …………………………………………………………………………………………… 3
6 要素的起草 …………………………………………………………………………………… 4
　6.1 引言 ……………………………………………………………………………………… 4
　6.2 标准名称 ………………………………………………………………………………… 5
　6.3 范围 ……………………………………………………………………………………… 5
　6.4 分类、标记和编码 ……………………………………………………………………… 5
　6.5 技术要求 ………………………………………………………………………………… 5
　6.6 取样 ……………………………………………………………………………………… 8
　6.7 试验方法 ………………………………………………………………………………… 8
　6.8 检验规则 ………………………………………………………………………………… 9
　6.9 标志、标签和随行文件 ………………………………………………………………… 9
　6.10 包装、运输和贮存 ……………………………………………………………………… 10
7 数值的选择 …………………………………………………………………………………… 10
　7.1 极限值 …………………………………………………………………………………… 10
　7.2 可选值 …………………………………………………………………………………… 10
　7.3 由供方确定的数值 ……………………………………………………………………… 10
附录A（资料性附录）质量评定程序或检验规则 …………………………………………… 11
附录B（资料性附录）包装、运输、贮存要求的编写规则 ………………………………… 12
参考文献 ………………………………………………………………………………………… 13

图10-7 标准的目次示例

目次所列的内容和顺序如下。
① 前言。
② 引言。
③ 章。
④ 带有标题的条（需要时列出）。
⑤ 附录应在圆括号中标明其性质，即"（规范性）"或"（资料性）"。
⑥ 附录的章和带有标题的条（需要时列出）。
⑦ 参考文献。
⑧ 索引。
⑨ 图（需要时列出）。
⑩ 表（需要时列出）。

上述各项内容后还应给出其所在的页码。在目次中不应列出"术语和定义"中的条目编号和术语。注意：目次应置于前言之前。

电子文本的目次宜自动生成。

10.2.2.3 前言

每项标准均应有前言，即前言为必备要素。前言不应包含要求和推荐，也不应包含公式、图和表。根据所形成的文件的具体情况，在前言中应依次给出下列适当的内容，如图10-8所示。

细节注释：

（1）文件起草所依据的标准

具体表述为"本文件按照 GB/T 1.1—2020《标准化工作导则 第1部分：标准化文件的结构和起草规则》的规定起草"。

（2）文件与其他文件的关系

需要说明以下两方面的内容。
① 与其他标准的关系。
② 分为部分的文件的每个部分说明其所属的部分并列出所有已经发布的部分的名称。

（3）文件与代替文件的关系

需要说明以下两方面的内容。
① 给出被代替、废止的所有文件的编号和名称。
② 列出与前一版本相比的主要技术变化。

（4）文件与国际文件关系的说明

GB/T 20000.2中规定了与国际文件存在着一致性对应关系的我国文件，在前言中陈述的相关信息。

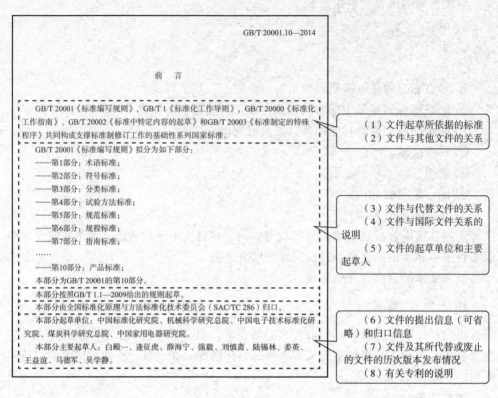

图 10-8 标准的前言示例

（5）文件的起草单位和主要起草人

使用下列表述形式：

①"本文件起草单位：……。"

②"本文件主要起草人：……。"

其他说明：

（1）文件的提出信息（可省略）和归口信息

对于由全国专业标准化技术委员会提出或归口的文件，应在相应技术委员会名称之后给出其国内代号，使用下列适当的表述形式。

①"本文件由全国××××标准化技术委员会（SAC/TC×××）提出。"

②"本文件由××××提出。"

③"本文件由全国××××标准化技术委员会（SAC/TC×××）归口。"

④"本文件由××××归口。"

（2）有关专利的说明

GB/T 20000.2 的附录 D.2 中规定了尚未识别出文件的内容涉及专利时，在前言中需要给出的相关内容。

注意：强制性标准前言还应符合《关于强制性标准实行条文强制的若干规定》的规定。

（3）编写前言应注意的事项

① 有些标准错误地将编制说明或标准的引言中的内容写入标准的前言。例如：

a. 阐述标准的目的意义（不应有此内容）；

b. 介绍标准的任务来源和起草过程（不应有此内容）；

c. 在前言中给出要求（不应有此内容）。

② 对于全文强制形式的标准在"前言"的第一段以黑体字写明："本文件的全部技术内容为强制性。"

③ 对于条文强制形式的标准，应根据具体情况，在标准"前言"的第一段以黑体字并采用下列方式之一写明。

a. 当标准中强制性条文比推荐性条文多时，写明："本文件的第×章、第×条、第×条……为推荐性的，其余为强制性的。"

b. 当标准中强制性条文比推荐性条文少时，写明："本文件的第×章、第×条、第×条……为强制性的，其余为推荐性的。"

c. 当标准中强制性条文与推荐性条文在数量上大致相同时，写明："本文件的第×章、第×条、第×条……为强制性的，其余为推荐性的。"

④ 标准的表格中有部分强制性技术指标时，在"前言"中只说明"表×的部分指标强制"，并在该表内采用黑体字，用"表注"的方式具体说明。

注意：标准中的同一条中不应同时出现强制性内容和推荐性内容（用表格方式表述技术指标的情况除外）。

10.2.2.4 引言

标准的引言如图10-9所示。

引言为可选要素。如果需要，可在引言中给出编制该标准的原因，以及有关标准技术内容的特殊信息或说明。

引言不应包含要求。如果已经识别出标准涉及专利，则在引言中给出相关内容。

引言不编号。当需要对引言的内容分条时，条的编号为0.1、0.2等。如果引言中有图、表、公式或脚注，则应从引言开始使用阿拉伯数字从1编号。

10.2.2.5 标准名称

标准名称为必备要素，它置于正文首页和标准的封面。名称力求简练，并应明确表示出标准的主题，使之与其他标准相区分。名称不应涉及不必要的细节。任何其他必要的详细说明应在范围中给出。名称应由几个尽可能短的要素组成，其顺序由一般到特殊。通常，所使用的要素不多于下述三种。

引导要素（可选）：表示标准所属的领域。

> **引 言**
>
> 标准化是为了建立最佳秩序、促进共同效益而开展的制定并应用标准的活动。为了保证标准化活动有序开展，促进标准化目标和效益的实现，对标准化活动本身确立规则已经成为国内外各类标准化机构开展标准化活动的首要任务。……
>
> 在该标准体系中，GB/T1《标准化工作导则》是指导我国标准化活动的基础性和通用性的标准。GB/T 1旨在确立普遍适用于标准化文件起草、制定和组织工作的准则，拟由三个部分构成。
>
> ——第1部分：标准化文件的结构和起草规则。……
> ——第2部分：标准化文件的制定程序。……
> ——第3部分：标准化技术组织。……
>
> 标准化活动的工作之一是为建立完善的技术规则而起草高质量的标准化文件。为了做好这项工作，我国在1958年就发布了有关标准出版印刷规定的国家标准，1981年以来先后发布了五个版本的GB/T 1.1，规定了标准的结构和起草规则。GB/T 1.1—2009发布实施已十余年，这期间标准化的作用受到越来越广泛的重视，与标准起草有关的标准化理论研究和实践以及国际规则都发生了变化。……
>
> 对各类标准化对象进行标准化，首先需要的是确立条款，也就是确定文件的规范性要素；其次是编制标准化文件。本次对GB/T 1.1的修订，重点考虑了……

图 10-9　标准的引言示例

主体要素（必备）：表示在上述领域内所要论述的主要对象。

补充要素（可选）：表示上述主要对象的特定方面，或给出区分该标准（或该部分）与其他标准（或其他部分）的细节。

标准名称是标准的规范性一般要素，它包括中文名称和英文名称，在标准封面中位于十分重要的位置。一个标准的名称应是对标准主题的最集中、最简明的概括。标准名称可直接反映标准化对象的范围和特征，也直接关系到标准信息的传播效果。标准名称还是读者使用、收集和检索标准的主要判断依据。

（1）起草标准名称的基本要求

在起草标准名称时，应仔细斟酌名称的措辞。所起草的名称要尽可能简练，并应明确表示出标准的主题，使该标准与其他标准的主题能够容易区分。

（2）标准名称的构成

名称应由几个尽可能短的要素组成。通常，所使用的要素不多于三种：引导要素、主体要素和补充要素。这三个要素在名称中的顺序由一般到特殊，即引导要素—主体要素—补充要素。

引导要素：如果标准有归口的标准化技术委员会，则可考虑用技术委员会的专业作为标准名称的引导要素。例如，全国天然气标准化技术委员会可用"天然气"作为标准名称的引导要素，如《天然气取样导则》。引导要素是一个可选要素，可根据具体情况决定标准名称中是否有引导要素。

主体要素：表示在上述领域内所要论述的主要对象。它是一个必备要素，即在标准名称中一定要有主体要素。

补充要素：表示该主要对象的特定方面，或给出区分该标准（或部分）与其他标准（或其他部分）的细节。该要素也是可选要素，即它也是可酌情取舍的。

（3）标准名称的具体结构

标准名称的具体结构有如下几种形式。

一段式：只有主体要素，如"咖啡研磨机"。

两段式：引导要素＋主体要素，如"图形符号 术语"；主体要素＋补充要素，如"工业用过硼酸钠 容积密度测定"。

三段式：引导要素＋主体要素＋补充要素，如"叉车 钩式叉臂 词汇"。

（4）名称要素的选择

标准名称的命名是否确切，将直接影响到标准的检索和使用。因此，应准确选择标准名称的三个要素。每个标准的名称都应有主体要素，在任何情况下，主体要素不能省略。而名称中是否有引导要素和补充要素应视具体情况而定。如果标准名称中没有引导要素，主体要素所表示的对象就不明确时，则应有引导要素，以明确标准化对象所属的专业领域。

> 范例10.3：
> 正确：叉车 钩式叉臂 词汇
> 不正确：钩式叉臂 词汇

如果标准名称的主体要素（或主体要素和补充要素一起）能确切地概括标准所论述的对象，则应省略引导要素。

> 范例10.4：
> 正确：工业用过硼酸钠 容积密度测定
> 不正确：化学品 工业用过硼酸钠 容积密度测定

省略引导要素还有两种情况值得注意：一是主体要素虽然没有专门用以指明该标准化对象所属专业类别的词语，但已是不言而喻的，如"工业用过硼酸钠"不必写为"化学品 工业用过硼酸钠"。二是主体要素虽有表明该标准化对象所属专业类别的词语，但从标准体系看没有必要抽出单列为引导要素，如"热轧钢筋"不必写为"钢 热轧钢筋"。还有一种情况是，如果在一个专业类别里自成一个体系，即使中文名称没有相应的词语，也宜列出引导要素，如"单向推力轴承"，为保持系列的完整性，编译时应写成"滚动轴承 单向推力轴承"。

如果标准仅包含主体要素所表示的对象的一两个方面，则需要有补充要素。

> 范例10.5：
> 视觉工效学原则 室内工作系统照明

当标准分部分出版时,应用补充要素来区分和识别各个部分,并且在补充要素之前加上"第×部分:"。这种情况下,每个部分的主体要素应保持相同,如果名称中有引导要素,则引导要素亦应相同。

> **范例 10.6:**
> GB/T 17888.1 机械安全 接近机械的固定设施 第1部分:固定设施的选择及接近的一般要求
> GB/T 17888.2 机械安全 接近机械的固定设施 第2部分:工作平台与通道

如果标准包含主体要素所表示的对象的几个(但不是全部)方面,这些方面应由诸如"规范"或"机械要求和测试方法"等一般性的术语来表达,而不需要一一列举。

> **范例 10.7:**
> 工业机器人 性能规范
> 散装牛奶冷藏罐 技术条件

如果标准具备以下两个条件,应省略补充要素:包含主体要素所表示的对象的所有基本方面,并且是有关该对象的唯一标准(而且打算今后继续保持这种状态)。

> **范例 10.8:**
> 正确:咖啡研磨机
> 不正确:咖啡研磨机 术语、符号、材料、尺寸、机械性能、额定值、试验方法、包装

(5)起草标准名称应注意的问题

① 避免无意中限制标准的范围 标准名称中不应涉及任何不必要的细节,以免无意中限制了标准的范围,也就是要防止出现小帽子、大内容的现象。如果有一些必要的详细说明,则应在"范围"中给出。然而,如果标准仅涉及一个特定类型的产品,这一点应在名称中反映出来。

> **范例 10.9:**
> 航天 1100MPa/235℃级单耳自锁固定螺母

② 避免无意中扩大标准的范围 也就是要防止出现大帽子、小内容的现象。例如,标准名称为《管道渗漏检测方法》,实际标准内容并未将各种管道全部包括进去,这就形成了大帽子、小内容的现象。

③ 注意措辞

a. 标准名称中表达相同概念的术语应保持一致。名称中表示技术特征的用语,

应采用专用的统一术语，不应随便选用词语。建议从有关标准化的术语标准中选择确切表达有关技术特征的规范化术语，而不应随便自撰。

b. 涉及术语的标准，只要可能就应使用下述表述方式：如果包含术语和定义，使用"词汇"；如果仅仅给出多语种的术语，使用"术语对照表"。

c. 标准名称中无需对文件作为国家标准或标准化指导性技术文件的性质进行描述。因此，不应使用"……标准""……国家标准"或"……标准化指导性技术文件"等表述。

④ 避免名称中出现"标准"二字　在实际标准名称的起草中，常常出现将名称之后又加上"标准"二字的情况，如《××××煤灰分测定标准》，这里"标准"二字是多余的，起草者往往因为想强调这是一项国家标准或行业标准而多加了"标准"二字。一般情况下，标准名称中都不应使用"标准"二字。在标准名称最后使用"规范""规则""规程"等是可以的。"规定"一词也最好不用。

⑤ 标准英文译名的起草　为了便于国际贸易和对外技术交流，在标准封面上除标准的中文名称外，还应在中文名称之下给出标准的英文译名。目前许多国家，如日本、德国、法国、俄罗斯等，都在本国标准上书写标准的英文译名。英文译名的编写除遵守以上规则外，还应注意：

a. 英文译名应尽量从相应国际标准的名称中选取；在采用国际标准时，宜采用原标准的英文名称。如果标准中规定的内容与相应的国际标准的标准化对象及其技术特征有差异，应研究是否可以使用原文的英文译名，如确实不能使用原文的名称，则应根据标准化对象的范围，使英文译名的引导要素、主体要素和补充要素名副其实。

b. 不必直译标准的中文名称而得到其英文译名。

c. 涉及试验方法的标准，只要可能其英文译名的表述方式应为"Test method"或"Determination of …"，应避免"Method of testing""Method for the determination""Test code for the measurement of …""Test on …"这样一些表述。

d. GB/T 1.1—2020 的规定采用的是"导则"对国际标准名称的要求，其特点就是"分段式"（各要素在标准封面和首页上分行列出，引用时中文空一格，英文以一字连接号隔开），这些规定适用于标准的中文名称和英文译名，但首先对英文译名更为适合，也就是说，中文名称没有用"分段式"的，英文译名要用。

e. 切忌按中文名称逐字对译，编写石油天然气国家标准和行业标准的英文译名时，应按国外石油界通行的习惯用语对中文名称进行编译。所谓"国外石油界通行的习惯用语"可主要参考 API 标准所用的术语，"编译"即在不产生歧义的原则下允许合理简化或补充。

f. 引导要素即标准化对象所属的专业类别（基本领域、大类），可以基于标准体系和国际标准化组织的技术委员会来考虑。例如，国际标准化组织石油、石化和天然气工业用设备材料及海上结构技术委员会（ISO/TC 67）制定的标准多以"石油天然气工业"作为标准名称的引导要素，天然气技术委员会（ISO/TC 193）的标准多以"天然气"为引导要素。

g. 补充要素即标准的技术特征或"部分"。

补充要素常见于以下几种情况：

> ▶标准仅包括所述主题的一个或少数几个方面。例如：
> 石油钻机　　　　　petroleum drill rigs　　　　　　　　（主体要素）
> 型式与基本参数　　types and basic parameters　　　　　（补充要素）
> ▶作为一系列独立部分出版时，例如：
> 石油天然气工业　　petroleum and natural gas industries　（引导要素）
> 海上构筑物　　　　offshore structures　　　　　　　　　（主体要素）
> 第1部分：通用要求Part 1：General requirements　　　　（补充要素）
> ▶方法标准用来表明是何种具体方法。例如：
> 原油　　　　　　　crude petroleum　　　　　　　　　　（引导要素）
> 水分测定　　　　　determination of water　　　　　　　（主体要素）
> 蒸馏法　　　　　　distillation method　　　　　　　　　（补充要素）

英文译名各要素第一个词的首字母大写，其余字母小写；各要素之间的连接号为一字线。

标准的英文译名应在标准审查会上慎重讨论、确定。今后在确定标准的中文名称时应注意规范化，将标准的中、英文名称同时考虑，约束中文词语使用上的随意性。

标准英文名称中常用的词的选择如下。

> 导则 directive 或 guide
> 规范 specification
> 总规范 generic specification
> 技术规范 technical specification
> 详细规范 detail specification
> 分规范 sectional specification
> 空白详细规范 blank detail specification
> 规程 code　例如：试验规程 test code；安全规程 safety code
> 规则（规定）rule　例如：一般规定 general rule(s)
> 指南 guide
> 技术报告 technical report
> 指导性技术文件 technical guide

要求 requirement　　例如：一般要求 general requirement(s)；基本要求(basic requirement(s))
技术条件 technical requirement(s) 或 technical specification
测试 testing
试验 test
试验方法 test method
测定 determination
分类 classification
标志（标识）marking
劳动定额 work quota 或 labor quota
劳动定员 men power quota

10.2.2.6 范围

"范围"这一要素用来界定具体产品和产品所覆盖的各个方面，并指明文件的适用界限［文件（而不是标准化对象）适用的领域和使用者］。必要时，范围宜指出那些通常被认为文件可能覆盖但实际上并不涉及的内容。分为部分的文件的各个部分，其范围只应界定各自部分的标准化对象和所覆盖的各个方面。如果必要，还应针对编制标准的目的指出技术要求所涉及的方面。

该要素应设置为文件的第 1 章，如果确有必要，可以进一步细分为条。

范围的陈述应简洁，以便能作为内容提要使用。在范围中不应陈述可在引言中给出的背景信息。范围应表述为一系列事实的陈述，使用陈述型条款，不应包含要求、指示、推荐和允许型条款。

范围的陈述应使用下列适当的表述形式。

- ▶ "本文件规定了……的要求/特性/尺寸/指示"
- ▶ "本文件确立了……的程序/体系/系统/总体原则"
- ▶ "本文件描述了……的方法/路径"
- ▶ "本文件提供了……的指导/指南/建议"
- ▶ "本文件给出了……的信息/说明"
- ▶ "本文件界定了……的术语/符号/界限"

文件适用界限的陈述应使用下列适当的表述形式。

- ▶ "本文件适用于……"
- ▶ "本文件不适用于……"

> **范例 10.10:**
> 1 范围
> 　　本文件确立了标准化文件的结构及其起草的总体原则和要求,并规定了文件名称、层次、要素的编写和表述规则以及文件的编排格式。
> 　　本文件适用于国家、行业和地方标准化文件的起草,其他标准化文件的起草参照使用。
> 　　注:在不引起混淆的情况下,本文件中的"标准化文件"简称为"文件"。

10.2.2.7 规范性引用文件

(1) 规范性引用文件的作用

规范性引用文件为可选要素,它应列出标准中规范性引用的文件(这些文件一经引用便成为标准使用时不可缺少的文件)一览表。对于注日期的引用文件,应给出年号和完整的名称。对于不注日期的引用文件,不给出年号。不注日期引用一项标准的所有部分时,应在标准顺序号后标明"(所有部分)"及其名称的相同部分,即引导要素和主体要素。

一览表中引用文件的排列顺序为:国家标准、行业标准、地方标准(适用于地方标准的编写)、国内有关文件、ISO 标准、IEC 标准、ISO 或 IEC 有关文件、其他国际标准以及其他国际有关文件。国家标准、ISO 标准、IEC 标准按标准顺序号排列,行业标准、其他国际标准先按标准代号的拉丁字母顺序排列,再按标准顺序号排列。简记为:先上(级)后下(级)、先内后外;先"国内"后"国外";先标准后文件。同一标准按顺序号(由小到大),不同标准按拉丁字母顺序。

规范性引用文件一览表应由下述引导语引出:

"下列文件中的内容通过文中的规范性引用而构成本文件必不可少的条款。其中,注日期的引用文件,仅该日期对应的版本适用于本文件;不注日期的引用文件,其最新版本(包括所有的修改单)适用于本文件。"

规范性引用文件中的国家标准或行业标准如果有对应的国际标准,应注明与国际标准的一致性程度。

该一览表不应包含:非公开的文件;资料性引用文件;在标准编制过程中参考过的文件。

此三类文件可列入"参考文献"。

本要素由过去的"引用标准"改为现在的"规范性引用文件"说明了两点:

① 所列文件在标准中的引用方式应是规范性的(标准中一些文件的引用可能是资料性,包括在资料性要素中引用的文件,以及规范性要素中仅被提及的——不是标准使用时不可缺少的,这些文件应列入"参考文献",即标准中引用文件分为规范性和资料性两类)。

② 不仅可列出标准，还可列出其他文件。国内文件有：标准、标准化指导性技术文件、法规等。国际文件有：标准、规范、规程、法规、技术法规、指南（给出有关国际标准化的非规范性问题的指导、意见或建议的资料性文件）、技术报告（含有收集到的材料的资料性文件，其与作为国际标准正式出版的出版物性质不同）。

需要注意的是，指南注重所有国际标准使用者感兴趣的问题。例如，这些材料可包括由在国家团体内实施的调查中所获得的材料、基于其他国际组织的工作材料或就某特殊主题与国家团体所颁标准有关的"当今技术发展最高水平"的材料等。

（2）规范性引用文件的两种方式的特点

引用的方式明确区分为"注日期引用"和"不注日期引用"。这不只是一个简单的日期是否被标注的问题，它表明了引用文件的严谨性。"注日期"与"不注日期"的意义是不相同的。由于任何标准或文件都会被修订，因此标注日期与否意味着使用哪个版本。

① 注日期引用文件　意味着只使用所注日期的版本，其以后被修订的新版本甚至修改单（不包括勘误的内容）中的内容均不适用。这是由于在制定标准时，在对所要引用的文件的内容进行充分研究后，认为文件的内容适合引用，才被作为引用文件。如果引用文件被修订，或者发布了修改单，由于这个新的文件中的相应内容并没有被研究，它是否适用于引用它的标准还是个未知数，因此新的内容不能自动适用于引用它的标准。

如果经过认真研究，认为标准中所引用文件的修订版或修改单适用于引用它们的标准，则可使用下述两种办法之一将相应的修订版、修改单纳入标准中：发布引用了有关文件的标准修改单；修订引用了有关文件的标准。

当标准中所引用的文件有了修订版或修改单，而引用它们的标准还没有发布修订版或修改单时，使用标准的有关方面应探讨是否可以使用这些文件的最新版本。如果可行的话，最好使用最新版本。

② 不注日期引用文件　意味着所引用的文件无论如何更新，其最新版本都适用于引用它的标准。

标准中一般不使用不注日期引用文件的方式，只有在满足下列条件之一，并且为了标准本身的目的，才可不注日期引用文件：不引用文件中的具体条款（引用完整的文件或标准的某个部分），并且可接受所引用文件将来的所有改变；属于资料性的引用文件。

综上所述，规范性引用文件一章中所引用的文件是否注日期完全由标准起草者根据标准的具体情况，按照上述规则来决定。

（3）起草规范性引用文件应注意的问题

① 注意区分两类引用文件　由于 GB/T 1.1—1993 没有将引用文件区分为"规范性引用文件"和"资料性引用文件"，因此按照 GB/T 1.1—2020 起草标准时尤其要注意区分这两类文件。需要注意的是，并不是在标准中出现的文件都应列入规范性引用文件，而应将这些文件区分为"规范性引用文件"和"资料性引用文件"，前者列入"规范性引用文件"一章，后者列入"参考文献"。

② 引用标准草案问题　一般情况下，不允许引用我国标准各阶段草案。在一系列标准或标准的不同部分同时由一个工作组起草的情况下，可考虑相互引用标准草案，但要保证这些标准草案能够同时报批，等到这些标准批准发布时，所引的标准都有编号，也即成为了正式标准。

③ 其他常见问题　名称或编号有误，引用废止（或被代替）的标准，将不能公开得到的文件列入规范性引用文件；排列顺序不对；引用法规未列文号或颁布部门，未注明与国际标准的一致性程度。

10.2.2.8　术语和定义

术语和定义为可选要素，它给出为理解标准中某些术语所必需的定义。应使用下述适合的引导语：

> ▶ "下列术语和定义适用于本文件。"
> ▶ "……界定的以及下列术语和定义适用于本文件。"

术语和定义的起草和表述规则如下。

（1）类型

"术语和定义"要素根据情况有两种类型。

① 一项术语标准，如词汇、术语集或多语种术语对照表。

② 编制在含有其他规范性技术要素内容的标准的"术语和定义"一章中。在其他标准中起草"术语和定义"章时应注意：该章所列术语及其定义仅限于标准中所用的某些专用术语，有关专业术语标准已定义的通用术语一般不应列入，只需直接引用。

（2）待定义的术语的选择

在标准中，所用术语很多，没有必要将其一一列出并进行定义。只有当不对所用术语进行定义，其含义就会引起误解或对技术内容的理解产生困惑、歧义时，才有必要将这些术语一一列出并进行定义。在标准中选择需要明确定义的术语的原则如下。

① 只要不是一看就懂或众所周知以及在不同的语境中有不同解释的术语，均应通过定义有关概念予以明确。

② 对于通用词典中的词或通用的技术术语，只有在用于特定含义时，才应对其进行定义。

③ 应避免给商品名（品牌名）、旧称和俗语下定义。

④ 在优先术语后可列出拒用术语，但应指明其状态（如同义词、拒用、被取代）。

⑤ 在术语标准中，应在其范围所限定的领域内定义概念。在其他标准中，应仅仅定义标准中使用的概念以及有助于理解这些定义的附加概念及其术语。

（3）避免重复和矛盾

为避免标准之间的术语和定义产生重复或矛盾，应做到如下几点。

① 对某概念建立有关术语和定义前，要查明在其他标准中该概念是否已有其他的术语和定义。例如有关电工技术术语，需要查阅 GB/T 2900（所有部分）《电工术语》。

② 如果某概念用于几项标准，宜在其最通用的标准中或在术语标准中下定义。而其他标准宜引用对该概念下定义的标准，不必重复该概念的定义。

③ 当有必要重复某定义时，应在定义之下列出该定义所出自的标准，并将该标准列入参考文献。

④ 当不得不改写另一个专业领域中的标准化定义时，应在注释中给出说明。

⑤ 如果在一项标准中对某概念确立了术语和定义，则不应在其他标准中对所定义的概念引入不同的指称（意为概念的任何表达形式）或同义词。

（4）定义的起草

① 应符合 GB/T 20001.1—2001《标准编写规则 第1部分：术语》中规定的起草定义的规则。

② 定义既不应采用要求的形式，也不应包含要求。

③ 定义的形式应能在上下文中代替其术语。附加的信息应仅以示例或注释的形式给出。

④ 不标明适用范围的定义可看作术语的一般含义。在特殊语境中的特定含义应标明其所属的专业领域。

（5）涉及术语和定义的基础标准

a. GB/T 20001.1《标准编写规则 第1部分：术语》：GB/T 20001.1—2001 代替 GB/T 1.6—1997《标准化工作导则 第1单元：标准的起草与表述规则 第6部分：术语标准编写规定》。该标准给出了制定术语标准的目标，规定了术语标准的制定程序和编写要求。编写术语标准和标准中的"术语和定义"一章应执行该标准。

b. GB/T 10112《术语工作 原则与方法》（neq ISO/DIS 704）规定了术语统一和标准化的基本原则与方法，适用于编写我国各级术语标准和非术语标准中的术语章条。该标准参照采用了国际标准 ISO/DIS 704《术语工作 原则与方法》。

> ▶概念：概念是反映事物特征的思维单元。特征是构成概念的任何特点、属性或关系的基础，也是概念划分的基础。
> 　一个概念所包含的全部特征称为概念的内涵。属于同一抽象层面的全部的或具有该概念全部特征的一切事物的总和，称为概念的外延。
> 　▶定义：定义是用已知概念对一个概念的综合描述。定义主要用词语表述。表述定义中所用概念的词语应该是在该体系中已经用过的，或者是众所周知的，并应反映本质特征、贴切、系统、简明、适度，避免循环推理和同语反复，正确使用否定定义。
> 　▶术语：术语是指称专业概念的词或词组。

10.2.2.9　符号、代号和缩略语

（1）应遵循的一般规则

符号和缩略语对于某一项标准（独立的符号标准例外）来说为可选要素，它给出为理解标准所必需的符号和缩略语一览表。

除非为了反映技术准则需要以特定次序列出符号，所有符号宜按以下次序以字母顺序列出：

> ▶大写拉丁字母置于小写拉丁字母之前（A，a，B，b等）。
> ▶无脚标的字母置于有脚标的字母之前（B，b，C，C_m，C_2，c，d，d_{est}，d_{int}，d_1等）。
> ▶希腊字母置于拉丁字母之后（Z，z，A，α，B，β…）。
> ▶其他特殊符号和文字。

为了便于标准的编写，该要素可与要素"术语和定义"合并，将术语和定义、符号、缩略语，或许还有单位，放在一个复合标题之下，如"术语、定义、符号、单位和缩略语"。

根据具体内容的多少，在标准中可将"符号"和"缩略语"两个要素合为一章编写，也可将"符号""缩略语"两个要素分章表述。

符号是指由书写、绘制、印刷等方法形成的可表达一定事物或概念，具有简化特征的视觉形象。"符号"要素有如下两种表达形式。

文字符号（亦称文字代号）：用字母、数字、汉字等或它们的组合来表达一定事物或概念的符号。

图形符号：以图形或图像为主要特征，表达一定事物或概念的符号。例如电气图用图形符号、公众行为指示性的交通标志等。

"符号"要素根据具体情况，还可以制定成适合某一行业或专业的一项符号

标准。

"缩略语"要素一般而言是不会制定成一项独立标准的,而是编制在含有其他规范性技术要素内容的标准的"缩略语"章中。

符号标准的起草与编写应符合 GB/T 20001.2—2015《标准编写规则 第 2 部分:符号标准》的规定。

符号标准的规范性技术要素的内容一般以表的形式列出。表头格式如下。

编号	符号	名称	说明	注册号

(2)起草与编写其他标准中的"符号"章或条时的注意事项

① 该章或条所列的符号仅限于该标准中所用的某些专用符号。有关专业符号标准已规定的通用符号只需直接引用。

② 该条的标题下,符号一览表之前,宜有如下的典型引导语(必要时可做修改)开头:"下列符号适用于本文件"或"GB/T ××××给出的以及下列符号适用于本文件"。

③ "符号"编写的注意事项:

a. 每条"符号"一般不编号,空二字起编排,在"符号"之后,空一字或者用冒号":"、破折号"——"相连后,写出其相应的含义。当含义一行排不完需回行编排时,与上行含义的第一个字取齐。

对"符号"章或条中符号的排序要求,同上述符号标准中的有关规定。

符号的有关内容亦可用列表的形式表达,表头格式同上。

b. 可将一项标准的所有公式中用不同的字母符号代表不同量值及其意义解释的内容,集中在该章中表述。

c. 当该章中只有"符号"的内容,而没有"缩略语"的内容时,该章的标题为"符号"。

(3)缩略语编写

① "缩略语"要素一般仅作为章或条编写在某一项标准中。

a. 该章或条所列出的缩略语,仅限于该标准中所用的某些专用缩略语。

b. 缩略语若为字母表述的,其排序要求同上述符号标准中的有关规定。缩略语若以汉字表述,其排序要求按汉语拼音字母顺序排列;若用其他少数民族文字、字母表述,则以汉语的排序规则类推。

c. 在该章或条的标题下,缩略语一览表之前,宜有如下的典型引导语(必要时可做修改)开头:"下列缩略语适用于本文件"。

② 编写"缩略语"的注意事项

a. 每条"缩略语"一般不编号,空二字起编排。在"缩略语"之后,空一字写出"缩略语"相应的完整的词。当完整的词一行排不完,需回行编排时,与上行完整的词的第一个字取齐。

b. 如果标准中无"缩略语"章,则第一次使用一个缩略语时,应在紧跟缩略语后的圆括号中给出完整的词。

c. 术语缩略原则:

——尽量表达原意,易读易记;

——在同一技术领域或标准中,不得与另一术语已有的缩略形式相同。

d. 缩略语的缩略方式有:

——省略术语中的某些部分,如微机(微型电子数字计算机);

——术语缩合,如三废(废水、废渣、废气);

——取汉语拼音字母缩写,如 GB("国家标准"的汉语拼音);

——采用外语缩写,如 a.c.(交流电)、PC(个人计算机);

——翻译外语缩写,如"雷达"。

e. 当该章中只有"缩略语"的内容,而没有"符号"的内容时,该章的标题为"缩略语"。

③ 使用缩略语的注意事项

a. 缩略语的使用要慎重,只有在不可能引起混淆的情况下才可使用缩略语。

b. 标准中的缩略语一览表只应列出该标准直接使用的缩略语,不是直接使用的缩略语不应列出。

c. 若标准中未列出缩略语一览表,在标准中第一次使用某个缩略语时,应在该缩略语之后写出其全称,并将全称放在圆括号内,如"封面的内容有:……英文名称、ICS 号(国际标准分类号)、中国标准文献分类号……"。

d. 只有当某缩略语在标准中多次使用时,才应规定该缩略语。

e. 由拉丁字词的首字母缩略而成的缩略语,一般印成小写字母,并且在每个小写字母之后加一个下脚点".."。例如,"a.c."是"alternating current"的缩略语,表示"交流电";然而由大写字母组成的缩略语,不需要加下脚点,如"ITU"是"International Telecommunication Union"的缩写,表示"国际电信联盟"。

f. 宜使用中文或英文缩略语,如国际电工委员会的缩写使用英文"IEC",不使用法文"CEI"。

当一项标准中术语、符号和缩略语较少时,该三个要素可以合并成一章表述。

> **范例 10.11:**
> 3 术语、定义、符号和缩略语
> 3.1 术语和定义
> 下列术语和定义适用于本文件。

3.2　符号

下列符号适用于本文件。

3.3　缩略语

下列缩略语适用于本文件。

10.2.2.10　分类、标记和编码

产品标准中分类、标记和编码为可选要素，它可为符合规定要求的产品建立一个分类（分级）、标记和（或）编码体系。产品标准中的标准化项目标记应符合 GB/T 1.1 中的相关规定。根据分出的类别的识别特点，可以使用"分类""分类和命名""分类和编码""分类和标记"作为该要素的标题。

根据具体情况，该要素可并入"技术要求"，或编制为标准的一个部分，也可编制为单独的标准。

产品分类的基本要求如下。

① 划分的类别应满足使用的需要。

② 应尽可能采用系列化的方法进行分类。

③ 对于系列产品应合理确定系列范围与疏密程度等，尽可能采用优先数和优先数系或模数制。

可根据产品不同的特性（如来源、结构、性能或用途等）进行分类。产品分类一般包括下述内容。

① 分类原则与方法。

② 划分的类别，如产品品种、型式（或型号）和规格及其系列。

③ 类别的识别，通常可用名称（一般由文字组成）、编码（一般由数字、字母或它们的组合而成）或标记（可由符号、字母、数字构成）进行识别。

范例 10.12：

螺钉的 ISO 标准化项目标记是：

"Slotted pen screw ISO 1580—M5-4，8"

如果 GB/T 67 等同采用 ISO 1580，则标准化项目标记应为：

"开槽盘头螺钉　GB/T 67—ISO 1580—M5T，8"

每个标准不必都含有标记体系。

注意：如果使用标准化项目标记应按 GB/T 1.2—2020 附录 C 的具体规定。

10.2.2.11　技术要求

产品标准中"技术要求"为必备要素，它应包括下述内容。

① 直接或以引用方式规定的产品的所有特性。

② 可量化特性所要求的极限值。

③ 针对每项要求，引用测定或验证特性值的试验方法，或者直接规定试验方法。

该要素中不应包括合同要求（有关索赔、担保、费用结算等）和法律或法规的要求。

在某些产品标准中，可能需要规定产品应附带的针对安装者或使用者的警示事项或说明，并规定其性质。同时，由于安装或使用要求并不用于产品本身，因此应规定在一个单独的部分或一个单独的标准中。如果标准只列出特性，其特性值要求由供方或需方明确而标准本身并不予以规定时，在标准中应规定如何测量和如何表述（如在标志、标签或包装上）这些数值。

为了保证可用性，需要根据产品的具体情况规定产品的使用性能、理化性能、环境适应性、人类工效学等方面的技术要求。针对不同类别的产品可考虑诸如以下内容。

① 使用性能　选择直接反映产品使用性能的指标或者间接反映使用性能的可靠代用指标，如生产能力、功率、效率、速度、耐磨性、噪声、灵敏度、可靠性等要求。

注1：有可靠性要求的产品可定量地规定可靠性指标，如故障率、失效率、平均寿命（MTTF）、平均失效间隔时间或平均失效间隔工作时间（MTBF）或强迫停机率（FOR）等。

注2：用不同测试方法得出的不同指标的数据或得出的同一指标的不同数据，经过一定换算，能够在适用范围内得到同样有效的判断或结论时，可用这些数据中的某些数据代替别的数据作为衡量产品性能的指标。这时，前者被称为后者的代用指标。

② 理化性能　当产品的理化性能对其使用十分重要，或者产品的要求需要用理化性能加以保证时，应规定产品的物理（如力学、声学、热学）、化学和电磁性能，如产品的密度、强度、硬度、塑性、黏度、化学成分、纯度、杂质含量极限、电容、电阻、电感、磁感等。

③ 环境适应性　根据产品在运输、贮存和使用中可能遇到的实际环境条件规定相应的指标，如产品对温度、湿度、气压、烟雾、盐雾、工业腐蚀、冲击、振动、辐射等适应的程度，产品对气候、酸碱度等影响的反应，以及产品抗风、抗磁、抗老化、抗腐蚀的性能等。

④ 人类工效学　产品的人机界面要求，产品满足视觉、听觉、味觉、嗅觉、触觉等外观或感官方面的要求，如对表面缺陷、颜色的规定，对易读性、易操作性的规定等。

"技术要求"的其他要求：

① 结构　需要对产品的结构提出要求时，应作出相应的规定。规定产品结构尺寸时，应给出结构尺寸图，并在图上注明相应尺寸（长、宽、高三个方向），或者注明相应尺寸代号等。

② 材料　产品标准通常不包括材料要求。为了保证产品性能和安全，不得不指定产品所用的材料时，如有现行标准，应引用有关标准，或规定可以使用性能不低于有关标准规定的其他材料；如无现行标准，可在附录中对材料性能作出具体规定。

注：对于原材料，如果无法确定必要的性能特性，宜直接指定原材料，最好再补充如下文字："……或其他已经证明同样适用的原材料。"

③ 工艺 产品标准通常不包括生产工艺要求（如加工方法、表面处理方法、热处理方法等），而以成品试验来代替。然而为了保证产品性能和安全，不得不限定工艺条件，甚至需要检验生产工艺（如压力容器的焊接等）时，则可在"要求"中规定工艺要求。

"技术要求"的表述：

① 涉及产品适用性的某些要求，有时可使用产品的类型（如深水型）或等级（如宇航级），或使用需要满足使用条件的描述术语（如"防震"）来表达，以便在产品上做标记或标志（如手表外壳上的"防震"字样），同时规定只在能使用标准试验方法证明相应要求得到满足时才可使用这些术语或标志。

② 要求型条款用文字表述的典型句式为：

——对结果提要求："特性"按"证实方法"测定"应"符合"特性的量值"的规定；

——对过程提要求："谁""应""怎么做"。

③ 要求型条款用表格表述时，其表头的典型形式为：编号、特性、特性值、试验方法等。

编号	特性	特性值	试验方法

其中"试验方法"栏通常给出该标准中规定试验方法的章条编号，或者给出引用的标准编号及章条号。该表格应在正文中使用要求型条款提及。

10.2.2.12 取样

产品标准中取样为可选要素，它规定取样的条件和方法以及样品保存方法。该要素可位于要素"试验方法"的起始部分。

10.2.2.13 试验方法

产品标准中试验方法为可选要素，编写试验方法的目的在于给出证实技术要求中的要求是否得到满足的方法。因此，该要素中规定的试验方法应与技术要求有明确对应关系。

在标准中该要素可以：

——作为单独的章；

——融入技术要求中；

——成为标准的规范性附录；

——形成标准的单独部分。

技术要求、取样和试验方法虽然是不同的要素，但在产品标准中它们是相互关联的，应作统筹考虑。由于一种试验方法往往稍加变动或原封不动就适用于几种产品或几类产品，因此试验方法最容易出现重复现象。因此，在编制产品标准时，如果需要对试验方法进行标准化，应首先引用现成适用的试验方法。

规定试验方法时应考虑采用通用的试验方法标准和其他标准中类似特性的相应试验方法。只要可能，应采用无损试验方法代替置信度相同的破坏性试验方法。不应将正在使用的试验方法不同于普遍接受的通用方法作为理由，而拒绝在标准中规定普遍接受的通用方法。在标准中列出的各项试验方法并不意味着具有实施这些试验的义务，而仅仅是陈述了测定的方法，当有要求或被引用时才予以实施。

如果在标准中指明产品的合格评定采用统计方法，则符合标准的陈述是指整体的或成批的产品合格。如果标准中指定每件产品需按照标准进行试验，则产品符合标准的陈述意味着每件产品均经过了试验并满足相应的要求。

试验方法为可选要素，它给出与下列程序有关的所有细节：测定特性值、检查是否符合要求以及保证结果的再现性。如果适合，应指明试验是型式（定型）试验、常规试验还是抽样试验等。

试验方法可作为单独的章，并入要素"技术要求"中，也可作为附录、标准的单独部分或作为单独的标准。

试验方法的内容应包括用于验证产品是否符合规定的方法以及保证结果再现性步骤的所有条款。如果各项试验之间的次序能够影响试验结果，标准应规定试验的先后次序。适合的情况下，有关试验方法的细节可按下列顺序给出。

通常情况下产品标准中的试验方法应包括试样的制备和保存、试验步骤和结果的表述（包括计算方法以及试验方法的准确度或测量不确定度），也可根据需要增加其他内容，如原理、试剂或材料、仪器、试验报告等。

试验方法的起草和编写见 GB/T 20001.4，该标准的大部分内容也适用于非化学品的产品试验方法。

如果一个特性存在多种适用的试验方法，原则上标准中只应规定一种试验方法。如果因为某种原因，标准需要列入多种试验方法，为了解决怀疑或争端，应指明仲裁方法。

所选试验方法的准确度应能够对需要评定的特性值是否处在规定的公差范围内作出明确的判定。当技术上需要时，每个试验方法应包括其准确度范围的相应陈述。

若标准中需要规定检验规则，应指出该检验规则的适用范围，必要时应明确界定供制造商或供应商（第一方）、用户或订货方（第二方）和合格评定机构（第三方）分别适用的检验类型、检验项目、组批规则和抽样方案以及判定规则等，其内容编写参见 GB/T 20001.10 附录 A。

每一类检验都需要有判定规则，即判定产品为合格或不合格的条件。

10.2.2.14 标志、标签和随行文件

产品标准中标志、标签和随行文件为可选要素，可作为相互补充的内容，只要

有关，应纳入标准，特别是涉及消费品的产品标准。如果需要，标记的方法也应做出规定或建议。

该要素不应涉及符合性标志。符合性标志通常使用认证体系的规则（参见GB/T 27023）。涉及标准机构或其发布的文件（符合性声明）的产品标志参见GB/T 27050.1和GB/T 27050.2。GB/T 20000.4—2015给出了有关安全标准和涉及安全内容的条款。

可在资料性附录中给出订货资料的示例，对标志或标签加以补充。

含有产品标志内容的产品标准应规定：

① 用于识别产品的各种标志的内容，适宜时，包括生产者（名称和地址）或总经销商（商号、商标或识别标志），或产品的标志[如生产者或销售商的商标、型式或型号、标记（参见GB/T 1.1中的相关规定）]，或不同规格、种类、型式和等级的标志；

② 这类标志的表示方法，如使用金属牌（铭牌）、标签、印记、颜色、线条（在电线上）或条形码等方式；

③ 这类标志呈现在产品或包装上的位置。

如果标准要求使用标签，则标准还应规定标签的类型以及在产品或其包装上如何拴系、粘贴或涂刷标签。如果需要给出有关产品的生产日期（或表明日期的代码）、有效期、搬运规则、安全警示等，则相应的要求应纳入涉及标志和标签的章条。

用作标志的符号应符合GB 190、GB/T 191、GB/T 6388以及其他相应的标准。

产品标准可要求提供产品的某些随行文件，如可包括：

——产品合格证，参见GB/T 14436；
——产品说明书；
——装箱单；
——随机备附件清单；
——安装图；
——试验报告；
——搬运说明；
——其他有关资料。

适用时，标准中应对这些文件的内容作出规定，参见GB 5296、GB/T 9969以及其他相关标准。

10.2.2.15 包装、运输和贮存

产品标准中包装、运输和贮存为可选要素，需要时可规定产品的包装、运输和贮存条件等方面的技术要求。这样既可以防止因包装、运输和贮存不当而引起危险、毒害或污染环境，又可以保护产品。包装、运输和贮存的编写参见标准GB/T 20001.10—2014附录B包装、运输、贮存要求的编写规则。

包装、运输、贮存要求的编写规则如下。

（1）包装

需要对产品的包装提出要求时，可将有关内容编入标准，也可引用有关的包装标准。包装要求的基本内容包括：

① 包装技术和方法，指明产品采用的包装以及防晒、防潮、防磁、防震动、防辐射等措施；

② 包装材料和要求，指明采用的包装材料以及材料的性能等；

③ 对内装物的要求，指明内装物的摆放位置和方法、预处理方法以及危险物品的防护条件等；

④ 包装试验方法，指明与包装有关的试验方法。

（2）运输

对产品运输有特殊要求时，可规定运输要求。运输要求的基本内容包括：

① 运输方式，指明运输工具等；

② 运输条件，指明运输时的要求，如遮篷、密封、保温等；

③ 运输中的注意事项，指明装、卸、运方面的特殊要求以及运输危险物品的防护条件等。

（3）贮存

必要时，可规定产品的贮存要求，特别是对有毒、易腐、易燃、易爆等危险物品应规定相应的特殊要求。贮存要求的基本内容包括：

① 贮存场所，指明库存、露天、遮篷等；

② 贮存条件，指明温度、湿度、通风、有害条件的影响等；

③ 贮存方式，指明单放、码放等；

④ 贮存期限，指明规定的贮存期限、贮存期内定期维护的要求以及贮存期内的抽检要求。

10.2.2.16　规范性附录

规范性附录为可选要素，它给出标准正文的附加条款，在使用标准时，这些条款应被同时使用。因此，"规范性附录"是构成标准整体的不可分割的组成部分，它是标准的规范性要素。

在规范性附录中可对标准中某些条款进一步补充或细化。这样做可使标准的结构更加合理，层次更加清楚，主题更加突出。

由于附录分为"规范性附录"和"资料性附录"，为了让标准使用者能够迅速区分出哪个附录或哪几个附录是在使用标准时应遵守的，在编写标准时，就应使得附录的性质十分明确。附录的规范性的性质（相对资料性附录而言）应通过下述方法加以明确。

——条文中提及时的措辞方式，如"遵照附录A的规定""见附录C"等，

——目次中和附录编号下方标明。

需要强调的是在条文中提及时使用的措辞方式,如引用规范性附录可写成"按附录 A 中规定的试验方法进行试验""遵照附录 C 的规定""附录 D 给出了起草标准名称的详细规则"或"……的编写细则见附录 F"等。

标准中规定"附录应在条文中提及",换句话说,条文中没有提及的附录就没有存在的必要,应该删去。标准的条文会指出附录是应遵守的还是参考的。条文中已用措辞指明了附录的性质,所以就没有必要再加括号注明了。

条文的注和示例应只给出对理解或使用标准起辅助作用的附加信息,不应包含要声明符合标准而应遵守的条款。

注和示例宜置于所涉及的章、条或段的下方。

章或条中只有一个注,应在注的第一行文字前标明"注:"。同一章或条中有几个注,应标明"注1:""注2:""注3:"等。

章或条中只有一个示例,应在示例的具体内容之前标明"示例:"。同一章或条中有几个示例,应标明"示例1:""示例2:""示例3:"等。

条文的脚注用来提供附加信息,应尽量少用脚注,条文的脚注不应包含要求(图表的脚注遵照另外的规则)。

条文的脚注应置于相关页面的下方,脚注与条文之间用一条细实线分开,细实线长度为版面宽度的四分之一,置于页面左侧。

通常,应使用后带半圆括号的阿拉伯数字从 1 开始对脚注在全文中连续编号,即 1)、2)、3) 等。在需注释的词或句子之后应使用与脚注编号相同的上标数字 1)、2)、3) 等标明脚注。

在某些情况下,如为了避免和上标数字混淆,可用一个或多个星号代替数字及半圆括号。

10.2.2.17 资料性补充要素

(1)资料性附录

资料性附录为可选要素,它给出对理解或使用标准起辅助作用的附加信息,该要素不应包含要声明符合标准而应遵守的条款。因此,资料性附录中仅限于提供一些参考的资料,通常只提供如下方面的一般信息或情况。

① 标准中重要规定的依据和对专门技术问题的介绍。

② 标准中某些条文的参考性资料。

③ 正确使用标准的说明等。

与规范性附录一样,资料性附录的性质也应在标准中明确表示出来。附录的资料性的性质(相对于规范性附录而言)应通过下述方法加以明确。

① 条文中提及时的措辞方式,如"参见附录 B"。

② 前言中的陈述。

③ 目次中和附录编号下方标明。

（2）参考文献

参考文献的起草应遵照 GB/T 7714《信息与文献 参考文献著录规则》的有关规定。GB/T 7714 规定了各类型出版物中的文后参考文献的著录项目、著录顺序、著录用的符号、各个著录项目的著录方法以及参考文献标注法。标准的参考文献如图 10-10 所示。

```
参 考 文 献
[1] GB/T 1182  产品几何技术规范（GPS）  几何公差  形状、方向、位置和跳动公差标注
[2] GB/T 1526  信息处理  数据流程图、程序流程图、系统流程图、程序网络图和系统资源图的文件编制符号及约定
[3] GB 3100  国际单位制及其应用
[4] GB/T 4458.1  机械制图  图样画法  视图
[5] GB/T 4458.6  机械制图  图样画法  剖视图和断面图
[6] GB/T 5094（所有部分）  工业系统、装置与设备以及工业产品  结构原则与参照代号
[7] GB/T 6988.1  电气技术用文件的编制  第1部分：规则
[8] GB/T 14691（所有部分）  技术产品文件  字体
[9] GB/T 16679  工业系统、装置与设备以及工业产品  信号代号
[10] GB/T 17450  技术制图  图线
[11] GB/T 19763  优先数和优先数系的应用指南
[12] GB/T 19764  优先数和优先数化整值系列的选用指南
[13] GB/T 20003.1  标准制定的特殊程序  第1部分：涉及专利的标准
[14] ISO 128-30  Technical drawings—General principles of presentation—Part 30: Basic conventions for views
[15] ISO 128-40  Technical drawings—General principles of presentation—Part 40: Basic conventions for cuts and sections
[16] ISO 129（all parts）  Technical drawings—Indication of dimensions and tolerances
[17] ISO 690  Information and documentation—Guidelines for bibliographic references and citations to information resources
[18] IEC Guide 103  Guide on dimensional co-ordination
```

图 10-10　标准的参考文献示例

参考文献为可选要素。如果有参考文献，则应置于最后一个附录之后。如果参考文献有网络文本，应提供识别和查询出处的充分的信息。为此，应给出查询文件的方法和完整的网址，并且应使用与源文件完全相同的标点符号和大小写字母。

（3）索引

对于非术语标准，索引为可选要素。如果有索引，则应作为标准最后一个要素。非术语标准需要索引时，宜自动生成。术语标准应有按术语的汉语拼音字母顺序编排的汉语拼音索引和按英语字母顺序编排的英语对应词的索引以及所用各语种的按字母顺序的索引。

10.2.3　企业标准编写的一般规则和要素

10.2.3.1　条款表述所用的助动词

不同类型的条款的组合构成了标准中的各类要素。标准中的条款可分为要求型条款、推荐型条款和陈述型条款三类。

标准中的要求应容易识别，并且这些要求的条款要与其他可选择的条款相区分，以便于标准使用者在声明符合某项标准时，能了解哪些条款是应遵守的、哪些条款是可选择的。为此，有必要规定明确的助动词使用规则。

要求的条款要与其他可选择的条款相区分，使使用者能了解哪些条款是应遵守的、哪些条款是可以选择的。四类助动词如下。

▶要求——应/不应。

▶推荐——宜/不宜。

▶允许——可/不必。

▶能力和可能性——能/不能，可能/不可能。

一项推荐性标准包含许多条款。这些条款包括"要求""推荐""指示""陈述"等。另外，标准中还包括若干资料性的内容。因此，符合一项标准并不意味着要符合标准的所有内容。首先，标准中资料性的内容（包括资料性概述要素和资料性补充要素）就不需要执行。其次，标准中的陈述性的条款也不需要执行，推荐性的条款为首选条款，但未必是所要求的。所以，只要执行了标准中的"要求"性的条款就可认为是符合了标准。

由此可见，"要求"条款是十分重要的。因此，标准中的要求应容易识别，并且这些要求的条款要与其他可选择的条款相区分。这样，一方面，标准使用者在声明符合某项标准时，就能容易地了解哪些条款是应遵守的、哪些条款是可选择的，另一方面，判定是否符合标准也有了明确的依据。所以，明确助动词的使用规则就显得十分重要。

等效表述形式的使用规则：标准中表达不同的规范性内容时，通常应使用相关的助动词，如"应""不应""宜""不宜""可""不必""能""不能""可能""不可能"等；只有在特殊的情况下，才可使用助动词的等效表述形式，如用于表述规范性内容的条款所处的语境（语言环境，上、下文的衔接）决定了不能使用首选助动词时，可使用它们的等效表述形式。

（1）助动词"应"和"不应"的用法

在标准中若要表述要求的条款、只有使用者严格遵守这些要求才能视其符合标准，则使用助动词"应""不应"，而规定不使用"必须（must）"作为"应（shall）"的替代词（以避免将某标准的要求和客观的法定责任相混淆）。这里强调了"应（shall）"是出自标准自身的要求，而"必须（must）"则带有客观（法定责任）强加的含义，这两种表述不能混淆，为此强调在推荐性标准中不使用"必须（must）"。另外，"可（may）"表示允许，所以不使用"不可（may not）"来代替"不应（shall not）"表示禁止。

> **范例 10.13：**
> "顾客使用过的餐具，应经高温消毒后才能继续使用。"

此处所用的"应",表示"要求""要"之类的严格遵守的要求,否则("未经高温消毒")就没有达到标准要求,"不能继续使用"。

> **范例10.14:**
> "未穿绝缘靴和绝缘服的任何人,不应进入带电作业区。"

此处的"不应"表示"不准许""不允许"这种要严格遵守的要求,否则就没有达到标准要求,可能要发生意外。

(2)助动词"宜"和"不宜"的用法

助动词"宜""不宜"用于表达在几种可能性中推荐特别适合的一种,不提及也不排除其他可能性,或表示某个行动步骤是首选的但未必是所要求的,或(以否定形式)表示不赞成但也不禁止某种可能性或行动步骤。GB/T 1.1附录C的表中还给出了"宜""不宜"在特殊情况下使用的等效表述形式。

> **范例10.15:**
> "测定该溶液的pH值宜采用滴定法。"

此处首先为标准使用者推荐了测定该溶液pH值使用的方法,但未提及也不排除使用其他方法。

> **范例10.16:**
> "该装置的外壳不宜使用硬塑料。"

此处表示不赞成使用硬塑料作为该装置的外壳,但并不禁止使用这种材料。

(3)助动词"可"和"不必"、"能"和"不能"的用法

助动词"可""不必"用于表示在标准的界限内所允许的行动步骤。助动词"能""不能"用于陈述由材料的、生理的或某种原因导致的可能和能够。需注意的是,在"允许"的情况下,不使用"可能"和"不可能",也不要用"能"代替"可"。"可"代表标准所表达的许可,而"能"涉及标准使用者的能力或其面临的可能性。

(4)助动词在使用上常见的错误

① 标准的一些要素中助动词使用上的错误

a. 条文中的注和示例。由于条文中的注和示例不应包含条款,而上述助动词都是条款表述所用的助动词,因此它们都不应在注和示例中出现。

b. 资料性要素。在标准的资料性要素中,有些要素如前言、引言、资料性附录、脚注等不应使用要求的条款,因此也就不应使用助动词"应"或"不应"。这一助动词的使用改变了句子的性质,使其成为了一种"要求"。

② 将"推荐"的条款写成了"要求"的条款 这一点在采用国际标准制定我

国标准时表现得更为突出。在国际标准中，一些条款是推荐性的条款，使用的是助动词"should"，应将其译为"宜""推荐"或"建议"。但在制定我国标准的过程中，多将其译为"应"。造成这一问题往往有两方面的原因：一是没有意识到"should"和"shall"的不同，不重视助动词的使用规则；二是觉得使用"宜"不如使用"应"读起来顺畅。但是一字之差所体现的含义却是完全不同的，将"宜"误译成"应"，使得标准增加了许多要求的条款，将一些没有必要严格要求的条款变成了"要求"。

③ 用"必须"强调要求　在有些推荐性标准的条款中，标准起草者往往为了强调，使用"必须"代替"应"。但是这种代替是错误的，因为推荐性标准并不能强制使用者执行标准中的条款，所以不能使用"必须"。

10.2.3.2　组织机构的全称和简称、缩略语

标准中使用的组织机构的全称和简称（或缩写）应与这些组织机构所使用的汉语或英语的全称和简称相同。

缩略语的使用要慎重，只有在不引起混淆的情况下才使用。

如果标准中未给出缩略语一览表，则第一次使用某个缩略语时，应在该缩略语后给出其完整的词或词组，并加上圆括号。

只有在标准中随后多次使用某缩略语时，才应规定该缩略语。

通常，由拉丁字词的首字母组成的缩略语印成小写字母，并且每个字母后有一个下脚点，如"a.c."表示"交流电（alternating current）"。由大写字母组成的缩略语不需要下脚点。

组织机构名称的使用要规范，一般情况下应使用组织机构的全称或已正式使用的、规范的简称，而不可随意使用不规范的简称，避免造成误解，出现差错，如"国际标准化组织"不应简称为"国际组织"或"国标组织"。

> **范例 10.17：**
>
> | 不正确 | 正确 |
> |---|---|
> | 四川油田技安处 | 四川石油管理局技术安全处 |
> | 中油集团公司 | 中国石油天然气集团有限公司 |

10.2.3.3　商品名的使用

应给出产品的正确名称或说明，而不应给出产品的商品名（品牌名）。特定产品的专利商品名（商标），即使是通常使用的，也要尽可能避免。在特殊情况下，如果不能避免使用商品名，则应指明其性质，如用注册商标符号®注明。如最好用"聚四氟乙烯（PTFE）"代替"特氟纶®"。

如果适用某标准的产品目前只有一种，则标准中可以给出该产品的商品名，但应附上以下示例所示的脚注。

> **范例 10.18：**
> 1) ……（产品的商品名）是由……（供应商）提供的产品的商品名，给出这一信息是为了方便本文件的使用者，并不表示对该产品的认可。如果其他等效产品具有相同的效果，则可使用这些等效产品。

如果由于产品特性难以详细描述，而有必要给出适用某标准的市售产品的一个或多个实例，则可在脚注中给出这些商品名。

> **范例 10.19：**
> 1) ……［产品（或多个产品）的商品名（或多个商品名）］是适合的市售产品的实例（或多个实例），给出这一信息是为了方便本文件的使用者，并不表示对这一（这些）产品的认可。

10.2.3.4 标准中的图

（1）用法

如果用图提供信息更有利于标准的理解，则宜使用图。每幅图在条文中均应明确提及。只允许对图进行一个层次的细分。例如，图 1 可分成 a)、b)、c) 等。

（2）形式

应根据需要提供准确的制版用图。

（3）编号

每幅图均应有编号。图的编号由"图"和从 1 开始的阿拉伯数字组成，如"图 1""图 2"等。图的编号应一直连续到附录之前，并与章、条和表的编号无关。只有一幅图时，仍应标为"图 1"。

附录中图的编号用如"图 A.1""图 A.2"等表示。

（4）图题

图题即图的名称。每幅图宜有图题，并置于图的编号之后。标准中有无图题应统一。图的编号和图题应置于图下方的居中位置。

（5）字母符号、字体和说明

在一般情况下，图中用来表示角度或线性量的字母符号应符合 GB 3102.1 的规定，必要时，可使用下标区分给定符号的不同用途。

图中表示各种长度时使用符号系列 l_1、l_2、l_3 等，而不使用诸如 A、B、C 或 a、b、c 等符号。

图中的字体应符合 GB/T 14691《技术制图 字体》的规定。斜体字应用于：
——代表量的符号；
——代表量的下标符号；
——代表数的符号。

所有其他字母均应使用正体。

只要可能,建议在图中用零部件序号(参见 GB/T 4458.2)代替文字说明。

(6)技术图样

技术图样应按照有关标准绘制。

设备用图形符号应符合 GB/T 5465.2《电气设备用图形符号 第 2 部分:图形符号》、GB/T 16273《设备用图形符号》和其他有关标准的规定。

(7)简图

简图,诸如电路图和接线图(如试验电路),应按照 GB/T 6988《电气技术用文件的编制》的规定绘制。用于简图的图形符号应符合 GB/T 4728《电气简图用图形符号》、ISO 14617《简图用图形符号》和其他有关标准的规定。检索代号和信号代号应分别遵照 IEC 61346《工业系统、装置和设备以及工业产品—结构原则和检索代号》和 GB/T 16679《工业系统、装置与设备以及工业产品 信号代号》的规定。

(8)图注

图注应区别于条文的注。图注应置于图题之上,并位于图的脚注之前。图中只有一个注时,应在注的第一行文字前标明"注:"。同一幅图有多个注时,应标明"注 1:""注 2:""注 3:"等。每幅图的图注应单独编号。

图注不应包含要求。关于图的内容的任何要求应作为条文、图的脚注或由图和图题之间的段给出。

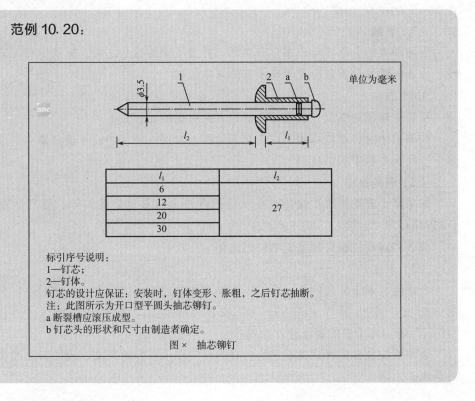

范例 10.20:

（9）图的脚注

图的脚注应区别于条文的脚注。图的脚注应置于图题之上，并紧跟图注。

图的脚注应由上标形式的从"a"开始的小写拉丁字母编号，即^a、^{b}、^{c}等。在图中需注释的位置应以相同的上标形式的小写拉丁字母标明脚注。每幅图的脚注应单独编号。

图的脚注可包含要求。因此，当起草图的脚注的内容时，应使用适当的助动词，以明确区分不同类型的条款。

10.2.3.5 标准中的表

（1）用法

如果用表提供信息更有利于标准的理解，则宜使用表。每个表在条文中均应明确提及。不允许表中有表，也不允许将表再分为次级表。

（2）编号

每个表均应有编号。表的编号由"表"和从1开始的阿拉伯数字组成，如"表1""表2"等。表的编号应一直连续到附录之前，并与章、条和图的编号无关。只有一个表时，仍应标为"表1"。

附录中表的编号方法：每个附录的表的编号重新从1开始，编号前应加上附录编号中表明顺序的字母，字母后跟下脚点。例如，附录A中的表用"表A.1""表A.2"等表示。

（3）表题

表题即表的名称。每个表宜有表题，并置于表的编号之后。标准中有无表题应统一。表的编号和表题应置于表上方的居中位置。

（4）表头

某栏中使用的单位一般应标在该栏表头中量的名称之下。

如果表中所有单位均相同，应在表的右上方用一句适当的陈述（如"单位为毫米"）代替各栏中的单位。

（5）表的接排

如果某个表需要转页接排，在随后的各页上应重复表的编号。编号后跟标题（可省略）和"（续）"或"第♯页/共＊页"。

续表均应重复表头和关于单位的陈述。

（6）表注

表注应区别于条文的注，并位于表的脚注之前。表中只有一个注时，应在注的第一行文字前标明"注："。同一个表有多个注时，应标明"注1：""注2：""注3："等。每个表的表注应单独编号。

表注不应包含要求。关于表的内容的任何要求应作为条文、表的脚注或表中的段给出。

范例 10.21：

类型	长度	内圆直径	外圆直径
	L_1^a	D_1	
	L_2	D_2^b	
包含要求的段。			
注 1：表注。			
注 2：表注。			
a 表的脚注。			
b 表的脚注。			

常见问题：

① 表注中含有要求。例如，《旋转防喷器》草案表 1 的表注"注：静密封压力为动密封压力的 2 倍或 2 倍以上。……"可改为表的脚注、"段"，或（最好）改为条文。

② 表中单位，或置于量名称的右侧（组合单位加括号），并前加斜杠；或删除计量单位符号外的括号，并将符号置于量名称的下方。

③ 表注置于表框外。

④ 表的脚注。表的脚注应区别于条文的脚注。表的脚注应置于表中，并紧跟表注。

表的脚注应由上标形式的从"a"开始的小写拉丁字母编号，即 ^{a}、^{b}、^{c} 等。在表中需注释的位置应以相同的上标形式的小写拉丁字母标明脚注。每个表的脚注应单独编号。

表的脚注可包含要求。因此，当起草表的脚注的内容时，应使用 GB/T 1.1—2020 附录 C 中适当的助动词，以明确区分不同类型的条款。

注意事项：

每个表在条文中应明确提及，不允许表中有表或将表再分为次级表。

应有编号，从 1 开始，在正文中连续。只有一个表时，仍应标"表 1"。

宜有表题，标准中有无表题应统一。

表中所有单位均相同，应在表的右上方用一句陈述代替各栏中单位。

不允许使用带斜线的表头。

10.2.3.6 引用

（1）通则

通常，应采用引用文件中特定条文的方法，而不要重复抄录需引用的具体内容。这样，可避免由于重复而可能产生的错误或矛盾，也可避免增加标准的篇幅。然而，如果认为有必要重复抄录有关内容，则应准确地标明出处。

引用应使用以下所示的形式，而不应使用页码。

（2）在标准条文中提及标准自身

通常，宜根据情况使用"本文件……"或"本标准化指导性技术文件……"等形式。然而，如果标准分为多个单独的部分，为了避免可能的混淆，可使用下列形式：

——"GB/T 1 的本部分"（只提及一个部分）；
——"GB 3102"（提及所有部分）。

由于不注日期，这种提及方式应视为包括了所引标准的所有修改单和修订版。

（3）引用条文

例如，使用下列表述方式：

——"按第 3 章的要求"；
——"符合 3.1 的规定"；
——"按 3.1 b) 的规定"；
——"按 3.1.1 给出的细节"；
——"见附录 C"；
——"参见附录 B"（针对资料性附录）；
——"按第 B.2 章给出的要求"；
——"参见表 2 的注"；
——"见 6.6.3 的示例 2"。

如果需要引用列项中无序号的某项，则使用如下表述方式："按 3.1 列项中的第二项规定。"

如果某条内无序号的列项多于一个，则引用时可使用如下表述方式："按 5.2 中第二个列项中的第二项规定。"

（4）引用图和表

标准中的每个图和表均应在条文中提及。

例如，使用下列表述方式：

——"图 A.6 所示"；
——"（见图 3）"；
——"表 2 给出"；
——"（见表 B.2）"。

（5）引用其他文件

① 通则　引用其他文件可以注日期，也可不注日期。所有规范性引用文件，

无论是注日期还是不注日期,均应在"规范性引用文件"一章中列出。

② 注日期引用文件 除了下述(不注日期引用文件)规定,规范性引用文件应注日期(针对特定的版本给出年号),引用其他文件的特定章或条、图和表时,均应注日期。

注日期的引用文件,随后如果有修改单或修订版,则引用这些文件的标准可根据需要发布修改单,以便引用这些被引用文件的修改单或修订版的内容。

注日期引用时,使用下列表述方式:

——"……按 GB ××××.3—1988 进行试验……"(注日期引用其他标准特定的部分);

——"……遵守 GB/T ××××—1997 中第 3 章……"(注日期引用其他标准中特定的章);

——"……按 GB/T ××××.4—1996 中表 1 的规定……"(注日期引用其他标准的第 4 部分中特定的表)。

③ 不注日期引用文件 只有引用完整的文件或标准的某个部分,并在满足下列条件之一的情况下,才可不注日期引用文件:根据标准的目的,可接受所引用文件将来的所有改变;针对资料性引用的文件。

不注日期引用应视为包括所引文件的所有修改单和修订版。

不注日期引用时,使用下列表述方式:

——"……按 GB/T 14574 和 GB 3102 的规定……";

——"……见 GB/T 16273……"。

10.2.3.7 数和数值

(1)数和数值的表示方法

① 小数点符号为"."。

② 小于 1 的数值写成小数形式时,应在小数点符号左侧补零。

③ 对于任何数,应从小数点符号起,向左或向右每三位数字一组,组间空四分之一个字的间隙,但表示年号的四位数除外。

范例 10.22:23 456 2 345 2.345 2.345 6 2.345 67

④ 数和数值相乘应使用乘号"×",而不使用圆点。

⑤ 表示非物理量的数(相对于物理量的数值而言),数字一至九宜用汉字表示,大于九的数字一般用阿拉伯数字表示。

表示物理量的数值,应使用后跟法定计量单位符号(见 GB 3100~3102、GB/T 14559 和 IEC 60027)的阿拉伯数字。

> 范例10.23:"用五根5m长的管子进行试验。"

> 范例10.24:"再选15根管子进行压力试验。"

常见问题及修改示例如表10-7所示。

表10-7 常见问题及修改示例

不正确	正确
20-50 V 或 14~35 V	20 V~50 V 或 14 V~35 V
原标准分为八章七十五条,本标准分为十章五十八条	原标准分为八章75条,本标准分为10章58条
……分为7个部分: 第一部分 一般要求 第二部分 电气/电子/可编程电子系统(E/E/PES)要求 第三部分软件要求	……分为七个部分: 第1部分:一般要求 第2部分:电气/电子/可编程电子系统(EZE/PES)要求 第3部分:软件要求

GB/T 15835—2011《出版物上数字用法》对出版物上数字的用法有如下规定。
基本原则:凡是可以使用阿拉伯数字的地方,均应使用阿拉伯数字。
要求使用汉字的情况:
① 定型的词、词组、成语、惯用语或具有修辞色彩的词语中作为语素的数字。

> 范例10.25:一律、二倍体、三叶虫、四书五经、五四运动、七上八下、八国联军、九三学社、十月革命。

② 中国干支纪年和夏历月日,中国清代和清代以前的历史纪年、各民族的非公历纪年。

> 范例10.26:丙寅年十月五日、正月二十日,太平天国庚申十年九月、日本庆应三年。

③ 非物理量的整数一至十(且不是出现在具有统计意义的一组数字中)。

> 范例10.27:一个人、三本书、六条意见、读了十遍。

④ 概数和约数。

> 范例10.28:一两个小时、二三米、三四天、四十五六岁、几千年、十几天、几十万分之一、十余次、一千多件、约三千名。

（2）数值修约

数值修约，就是我们平时所讲的"取近似值""对数值进行圆整"。过去惯用的修约规则是"四舍五入"。但"四舍五入"有缺陷，因为舍去的是四个数（1，2，3，4），进上的是五个数（5，6，7，8，9），造成进舍的不平衡。GB/T 8170—2008《数值修约规则与极限数值的表示和判定》规定的要点是：

① "四舍"　拟舍弃数字的最左一位数字小于5，则舍去。

范例 10.29：将 12.146 9 修约到一位小数，得 12.1。

② "六入"　拟舍弃数字的最左一位数字大于5，则进一。

范例 10.30：将 12.146 9 修约到两位小数，得 12.15。

③ "五考虑"　拟舍弃数字的最左一位数字等于5，则分别：

a. 5 后跟有非 0 数字，进一。

范例 10.31：将 0.350 1 修约到一位小数，得 0.4。

b. 5 右面的数字全为 0，则 5 前数字为奇数，进一；5 前数字为偶数，舍弃。

范例 10.32：0.350 修约到一位小数，得 0.4。
0.250 修约到一位小数，得 0.2。

为便于记忆，编成顺口溜：

四舍六入五考虑，五后非零则进一；

五后为零分奇偶：五前为奇需进一，五前为偶则舍弃。

（3）极限数值

① 极限值　在标准中，定量表示的要求应当规定极限值［最大值和（或）最小值］，它表示符合标准有关要求数值范围的界限。技术要求中特性的量值选择与确定，应遵循以下规定。

极限值反映出产品应达到的实际质量水平，应根据既满足产品完成预定功能和用户的要求又能使生产厂商以较低生产成本制造的原则，以期取得最佳社会和经济效益。

极限值的表述，根据需要可以通过给定最大值和（或）最小值［下限值和（或）上限值］或者给出标称值（或额定值）及其极限偏差等方式表达。额定值也称为公称值、基本值或目标值。额定值是质量特性指标实际值所期望的量值，它是确定极限值的基准。在标准中选用额定值时应考虑数值传递（数值扩散）的要求，并符合优先数、优先数系和模数制等标准的规定。当不能使用优先数、优先数系或模数制时，可根据产品的使用要求作出合理规定。

在标准中规定质量特性指标的额定值，必要时，可同时给出其极限值（极限偏差）。

极限值是产品的实际质量特性指标所规定的允许偏差范围，用以区分产品的合格与否。只规定指标的上限或下限称为单向极限值，同时规定指标的上限和下限称为双向极限值。对质量特性指标规定极限值时，可规定其单向极限值，也可规定其双向极限值。

通常对产品（或其他标准化对象）的每一个特性只规定一种极限值。当产品为满足不同用户的需要进行分类时，同一个特性可规定几种极限值，并且应与类别一一对应。

极限值的有效位数应全部写出。书写的位数表示的精确程度应能保证产品（或其他标准化对象）的应有性能和质量水平，从而它也规定了为检验实际产品而得到的测量值或计算值应具有的相应的精确程度。

② 由供方确定的数值　如果允许产品存在多样化，则对于产品的某些特性值可不必作出规定（尽管这些特性值对产品的性能有明显的影响）。例如，对于某些纺织品，在标准中不必具体规定羊毛含量的特性值，但要求供方在标签上注明。标准中可列出全部由供方自行选择的特性，其值由供方确定，可以采用多种形式（铭牌、标签、随行文件等）陈述特性值。

也可以在标准的要求中使用产品的类型（如深水型）或等级，或某些描述术语（如"防磁表"），并且可要求只在能使用标准化的试验方法证明相应要求得到满足时才能使用这些术语、图形或其他代码。

对于大多数复杂产品（如电器消费品），只要标准中规定了相应的试验方法，则由供方提供一份性能数据（产品信息）一览表比标准中给出具体的性能要求更好。

对于健康和安全要求，标准应规定特性值，不允许采用由供方确定特性值的做法。

③ 极限数值的表示方法　GB/T 8170—2008《数值修约规则与极限数值的表示和判定》规定了书写极限数值的方法、有关用语的含义以及将测定值或其计算值与标准规定的极限数值作比较的方法。其适用于各级标准的编写和检测结果的判定工作。该标准规定的表达极限数值的基本用语如表 10-8 所示。

表 10-8　GB/T 8170—2008 规定的表达极限数值的基本用语

基本用语	符号	特定情形下的基本用语	含义
大于 A	$>A$	多于 A，高于 A	A 值不符合标准要求
小于 A	$<A$	少于 A，低于 A	A 值不符合标准要求
大于或等于 A	$\geqslant A$	不小于 A，不少于 A，不低于 A	A 值符合标准要求
小于或等于 A	$\leqslant A$	不大于 A，不多于 A，不高于 A	A 值符合标准要求

"不多于""不少于""多于""少于"等用语宜用于叙述时间、距离指标以及仅取整数值的计数指标等场合。

"不高于""不低于""高于""低于"等用语宜用于叙述温度、高度(以向上作为正方向)指标等场合。

必要时,允许采用下列习惯用语:

"A 及以上""至少 A"指数值大于或等于 A($\geqslant A$),"A 及以下""至多 A"指数值小于或等于 A($\leqslant A$);

"超过 A"指数值大于 A($>A$),"不足 A"指数值小于 A($<A$)。

对某考核指标 x,允许采用的用语和符号如表 10-9 所示。

表 10-9 对某考核指标 x,允许采用的用语和符号

允许用语	表示方式一	表示方式二	表示方式三
从 A 到 B	$A\leqslant x\leqslant B$	$A\leqslant\cdot\leqslant B$	$A\sim B$
超过 A 到 B	$A<x\leqslant B$	$A<\cdot\leqslant B$	$>A\sim B$
至少 A 不足 B	$A\leqslant x<B$	$A\leqslant\cdot<B$	$A\sim<B$
超过 A 不足 B	$A<x<B$	$A<\cdot<B$	$>A\sim<B$

10.2.3.8 量、单位和符号

量、单位和符号的用法见 GB/T 1.1—2020 中 8.8。

(1)构成

按照《量和单位》(GB 3100~3102)的规定,我国的法定计量单位以国际单位制(SI)为基础,由以下五个部分组成。

① 国际单位制的基本单位,如表 10-10 所示。

表 10-10 国际单位制的基本单位

量的名称	单位名称	单位符号
长度	米	m
质量	千克	kg
时间	秒	s
电流	安[培]	A
热力学温度	开[尔文]	K
物质的量	摩[尔]	mol
发光强度	坎[德拉]	Cd

注:无方括号的量的名称与单位名称均为全称。方括号中的字,在不致引起混淆、误解的情况下,可以省略。去掉方括号中的字即为其名称的简称。

② 国际单位制中具有专门名称的 SI 导出单位,如表 10-11 所示。

表 10-11　国际单位制中具有专门名称的 SI 导出单位(节选)

量的名称	单位名称	单位符号	其他表示示例
[平面]角	弧度	rad	
立体角	球面角	sr	
频率	赫[兹]	Hz	s^{-1}
力	牛[顿]	N	$kg \cdot m/s^2$
压力	帕[斯卡]	Pa	N/m^2
功	焦[尔]	J	$N \cdot m$
电导	西[门子]	S	A/V

③ 国家选定的非国际单位制的单位,如表 10-12 所示。

表 10-12　国家选定的非国际单位制的单位(节选)

量的名称	单位名称	单位符号	换算关系和说明
时间	分	min	1min＝60s
	[小]时	h	1h＝60min＝3600s
	天[日]	d	1d＝24h＝86400s
平面角	[角]秒	(″)	$1'' = (\pi/648000)\text{rad}$
	[角]分	(′)	$1' = 60'' = (\pi/10800)\text{rad}$
	度	(°)	$1° = 60' = (\pi/180)\text{rad}$
旋转速度	转/分	r/min	$1r/min = (1/60)s^{-1}$
质量	吨	t	$1t = 10^3 kg$
体积	升	L(l)	$1L = 1dm^3 = 10^{-3} m^3$

④ 由以上单位构成的组合形式的单位。根据一定的规则和习惯,由 SI 基本单位、具有专门名称的 SI 导出单位和我国选定的非 SI 的单位构成的组合单位,只要具有物理意义,都是我国的法定单位。

> **范例 10.33**:速度单位 m/s(米每秒),力矩单位 N·m(牛米),摩尔热容单位 J/(mol·K)(焦每摩尔开)。

⑤ 由 SI 词头和以上单位构成的倍数单位,如表 10-13 所示。

表 10-13 SI 词头（节选）

名称	符号	代表的因数
兆	M	10^6
千	k	10^3
百	h	10^2
十	da	10^1
分	d	10^{-1}
厘	c	10^{-2}
毫	m	10^{-3}
微	μ	10^{-6}
纳	n	10^{-9}

SI 词头加在法定单位前面构成的倍数单位，仍然是我国的法定单位。

范例 10.34：g/mL（克每毫升），kg/dm^3（千克每立方分米）。

（2）量

1）量名称　量都有各自的名称。《量和单位》（GB 3100～3102—1993）中共列出了 600 多个量的名称。其与 GB 3100～3102—1986 相比，对其中约 200 个量的名称进行了修改或补充，有的还明确地废弃了旧名称。SY/T 6580—2004《石油天然气勘探开发常用量和单位》规定了石油天然气行业标准中常见量的名称、符号和单位。

石油工业常用量的名称与废弃名称的对照如表 10-14 所示。

表 10-14　石油工业常用量的名称与废弃名称的对照表

标准化名称	废弃的名称	说明
质量	重量	在科学技术中，重量表达的是力的概念，其单位符号为 **N**，而质量的单位符号为 **kg**，二者不可混淆。只在人民生活和贸易中，质量习惯称为重量，但国家标准不赞成这种习惯
体积质量，密度	比重	历史上"比重"有多种含义：当其单位为 kg/m^3 时，应称为体积质量；当其单位量纲为 1，即表示在相同条件下某一物质的体积质量与另一参考物质的体积质量之比时，应称为相对体积质量
相对体积质量，相对密度		
质量热容，比热容	比热	定义为热容除以质量，单位符号为 **J/（kg·K）**
相对原子质量	原子量	二量的单位量纲为 1
相对分子质量	分子量	
分子质量		单位符号为 **kg**，常用 U

续表

标准化名称	废弃的名称	说明
物质的量	摩尔数,克原子数,克分子数,克离子数,克当量	单位符号为 mol。"摩尔数"是在量的单位名称"摩尔"后加上"数"字组成的量名称,这类做法是错误的。使用 mol 时必须指明基本单位
质量分数	重量百分数,质量百分比浓度,浓度	单位量纲为 1,是某物质的质量与混合物的质量之比
体积分数	体积百分比浓度,体积百分含量,浓度	单位量纲为 1,是某物质的体积与混合物的体积之比
质量浓度	浓度	单位符号为 kg/m^3,是某物质的质量除以混合物的体积

在标准的编写中,应注意不要使用废弃的量的名称,如标准中常见的"硫含量,%(m/m)"应改为"硫的质量分数","氧含量,%(V/V)"应改为"氧的体积分数"。

在标准的稿件中,经常出现一些在现场上广泛使用的俗称,如泥浆、丝扣、凡尔等,但在正式出版物中,这些俗称不能用,应用正确的名称。石油天然气行业标准中常用的俗称与正确名称对照如表 10-15 所示。

表 10-15 常用的俗称与正确名称对照

俗称	丝扣	油壬	凡尔	泥浆	泥浆泵
正确名称	螺纹	活接头	阀	钻井液	钻井泵

2) 量符号

① 不同的量用不同的符号表示 物理量简称量,是现象、物体或物质可以定性区别和定量确定的一种属性。每个量都有特定的符号,不同的量用不同的符号表示。例如,地层厚度和有效厚度物理概念不同,是不同的物理量,应用不同的量符号表示。一般地,地层厚度用 d 表示,有效厚度用 δ 表示。摄氏温度的符号为 t,热力学温度的符号为 T,压力的符号为 p,载荷的符号为 P。

② 量符号应使用斜体字母 量符号必须使用斜体字母;对于矢量和张量,还应使用黑斜体,只有 pH 是例外,应采用正体。

③ 不能把化学元素符号作为量符号使用 把化学元素符号当作量符号使用这一类不规范的情况比较普遍。例如,氯根含量表示为 c_{Cl} 或 [Cl^-],注入气中氧含量表示为 $c_{i(O_2)}$ 或 O_{2a} 等,这都是不科学的。

GB 3102.8《物理化学和分子物理学的量和单位》规定:"一般宜将具体物质的符号及其状态置于与主符号齐线的括号中,如 $c(H_2SO_4)$。"

所以,氯根含量应表示为 $c(Cl^-)$,而注入气中氧含量应表示为 $c_i(O_2)$。

如果是表示 H_2 的质量，则其符号为 $m(H_2)$；如果是表示 H_2 的体积，则其符号为 $V(H_2)$。

注意：化学元素符号只能用正体表示。

④ 量的符号一般为单个拉丁字母或希腊字母　GB 3100～3102 规定：量的符号通常是单个拉丁字母或希腊字母，有时带有下标或其他说明性记号。例如质量 m、体积 V、密度 ρ 等。

用多个字母构成一个量符号（这多个字母通常是该量英文名称的缩写）是不规范的。例如，水油比表示为 WOR（来自 water oil rate 的缩写），这容易使人误解为 W、O、R 这三个量相乘。按照 GB 3100～3102 的有关规定，水油比应表示为 $R_{w,o}$。为了适应石油系统的习惯，水油比可用 $R_{w,o}$ 和 WOR 表示。类似的还有气油比 GOR、注采比 IPR、注入水腐生菌含量 TGB 等。

但是，特征数符号例外，它们由两个字母组成，如雷诺数 Re、施密特数 Sc、传质傅里叶数 Fo 等。因为它们来源于人名，所以首字母要采用大写体。

在标准中经常用错的量的符号如表 10-16 所示。

表 10-16　在标准中经常用错的量的符号

序号	量	正确符号	错误符号
1	压力	p	P
2	井径	d_h	D
3	海拔高度	h	H
4	采样间隔	Δt	ΔT
5	钻压	W	P
6	氧气的质量	$m(O_2)$	O_2
7	酸碱度	pH	pH

3）量符号的下角标　为了表示量的特定状态、位置、条件或测量方法等，常常需要在量的符号上附加其他标志，如上角标、下角标等。在实践中，附加下角标的情况最多。量符号下角标的书写和印刷的规则是由国际标准化组织——国际电工委员会（IEC）提出的，我国也广泛采用这些规则。GB 3100～3102 中有许多量符号下角标的规定，其主要依据也是这些规则。

正确区分量符号下角标字母正斜体的规则是：凡量符号和代表变动性数字及坐标轴的字母做下标，采用斜体，其他情况为正体。现举例说明如下。

① 斜体下标。

范例 10.35：体胀系数 a_V，V 为体积量符号。

范例 10.36：质量点 m_i（$i=1, 2, 3$），i 代表变动性数字。

范例 10.37：力的 y 分量 F_y，y 为坐标轴符号。

② 正体下标。

范例 10.38：油层深度 D_O，O 是 oil（油）的缩写。

范例 10.39：最小压强 p_{min}，min 是 minimum（最小的）的缩写。

范例 10.40：B 的体积分数 ϕ_B，B 是某物质的代号（GB 3102.8 规定，代表物质的符号表示成右下角，如 C_B、w_B、P_B）。

范例 10.41：地层砂粒度中值 d_{50}。阿拉伯数字做下标均采用正体。

③ 正体、斜体混合下标。

范例 10.42：摩尔定压热容 $C_{p,m}$，p 是压力的量符号，m 为 molar（摩尔）的缩写。

但复合下标确实有全部采用正体字母的。

范例 10.43：最大钩载 $P_{h,max}$，h 是 hook（大钩）的缩写，max 是 maximum（最大的）的缩写。

④ 下标字母的大小写。
下标字母大小写的一般规律为：
——量符号和单位符号做下标，其字母大小写同原符号。

范例 10.44：体胀系数 α_V 中 V 为体积量符号，大写。

——来源于人名的缩写做下标用大写。

范例 10.45：康普顿波长 λ_C 中的 C 来自科学家康普顿的姓 Compton。

——凡不是来源于人名的缩写做下标，一般都用小写体。

范例 10.46：天然气体积系数 B_g 中的 g 为 gas（气体）的缩写。

——在某些特定情况下使用汉语拼音字母做下标,也应采用小写体。

范例 10.47:v_j(进气速度)和 v_c(出气速度)中的 j(jin,进)和 c(chu,出)都是小写。

4)量的符号组合与运算　量符号相乘的组合形式。
① 一个量与另一个量相乘,其组合形式可表示为:
ab,$a \cdot b$,$a \times b$
② 一个量与另一个量相除,其组合形式可表示为:
a/b,$a \cdot b^{-1}$,ab^{-1}
③ 多个量相加减乘除时,应注意以下几点。
$ab/c = abc^{-1}$。
$(a/b)/c = ab^{-1}c^{-1}$,但不得写成 $a/b/c$。
$a/(b \cdot c)$,不得写成 $a/b \cdot c$。
$(a-b)/(c-d)$,不得写成 $a-b/c-d$。

(3)单位
① 所有量单位的符号均应采用正体字母。
② 应注意区分单位符号的大小写。一般单位符号为小写,如米(m)、千克(kg)等;来源于人名的单位,其符号的首字母大写,如焦(J)、牛(N)等。
③ 组合单位符号的构成。
——相乘组合单位符号的形式。

范例 10.48:电阻率单位符号为 $\Omega \cdot m$。

——相除组合单位符号的形式。

范例 10.49:速度单位符号为 m/s 或 $m \cdot s^{-1}$。

——相除组合单位符号中的斜分数线"/"不能多于一条;当分母有两个以上单位时,分母应加圆括号。

范例 10.50:采油指数单位 $10^{-6} m^3/(d \cdot Pa)$,不能写成 $10^{-6} m^3/d/Pa$ 或 $10^{-6} m^3/d \cdot Pa$。

④ 分子为1的组合单位符号,采用负指数的形式。

范例 10.51:钻井液剪切速率单位 s^{-1} 不能写成 1/s。

⑤ 平面角的单位度、分、秒的符号在组合单位中时,应采用(°)、(′)、(″)

的形式。

> 范例 10.52：造斜率单位（°）/m，不能写成°/m。

⑥ 单位符号与中文符号构成组合形式的单位。
GB 3100～3102 规定，不应在组合单位中同时使用单位符号和中文符号。

> 范例 10.53：速度单位符号不得写作 km/时。

但是，当组合单位中含有计数单位或没有国际符号的计量单位时，允许同时使用汉字和单位的国际符号构成组合单位符号。例如，元/t、m^2/人、kg/（月·人）等。

按照上述规定，射孔孔眼密度的单位符号应表示为孔密；注水成本的单位符号应表示为元/m^3，而不是￥/m^3，因为"￥"不是单位符号。

⑦ 不要使用非标准化的缩略语表示单位。

> 范例 10.54：不应用"sec"代替秒的"s"，不应用"hr"代替小时的"h"，不应用"lit"代替升的"L"等。

⑧ 不应使用"ppm"之类的缩略语。这些缩略语在不同的语种中含义不同，可能产生混淆。它们只代替数字，所以用数字表示更清楚。

> 范例 10.55："××××为 2.5ppm"应改为"××××为 2.5μg/g""××××为 2.5cm^3/m^3"或"××××为 2.5×10^{-6}"。

⑨ 组合单位中，单位之间的换算。在组合单位中，经常会遇到分子、分母中同时有同一个单位。在某些情况下，为了明确地表示量的物理意义，不能按运算的方式合并或消除相同的单位。

> 范例 10.56：脱氧塔喷淋密度的单位符号为 m^3/（m^3·h），不能将分子、分母中的 m^3 消除，否则其单位符号变为 h^{-1}，不能明确地表示脱氧塔喷淋密度的物理意义。

通风强度 $Φ_f$ 的单位符号为 m^3/（m^2·h），若将分子、分母中的 m^2 消除，其单位符号为 m/h，变成了速度的单位，通风强度的物理意义就不能明确地表示出来了。

天然气储量丰度的单位符号为 $10^8 m^3$/km^2，若通过单位换算，可将 m^2 消除，单位符号变成 10^2m，但这丝毫也看不出储量丰度的物理意义了。

⑩ 有关时间单位的表示方法。GB 3102.1 规定，时间的 SI 制单位为秒（s），可以使用的国家法定计量单位的非 SI 制单位为分（min）、时（h）、日（d）、年

(a) 为不推荐使用的单位（也可使用）。其中，并不包含月（mon），所以在计量单位为月时，应使用中文"月"，而不能使用 mon。

（4）量纲一的量

所有量纲指数都等于零的量，称为量纲一的量。量纲一的量的单位名称为"一"，单位符号为"1"。例如泵效率、相对渗透率等。

GB 3101 规定，在表示量值时，它们一般并不明确写出。

> **范例 10.57**：原油相对密度 $\gamma_o=0.8$

对于某些量，单位 1 是否用专门名称，取决于具体情况。

> **范例 10.58**：平面角 $\alpha=0.5$ rad$=0.5$ m/m$=0.5$

有时，用百分符号％代替数字 0.01。

> **范例 10.59**：有效孔隙度 $\phi=0.35=35\%$

（5）符号

数学符号应遵照 GB 3102.11《物理科学和技术中使用的数学符号》的规定。

① 区分字母的正、斜体。

——变量（如 x，y）、变动附标（如 X_i）、函数（如 f，g）用斜体字母表示。

——正文和图中的点 A、线段 AB、弧 CD 用斜体字母表示。

——具有特殊定义的算子用正体字母表示，如 df/dx 中的 d。

② 正确书写函数符号。

——$f(x)$ 不能写作 fx，也不能写作 f(x)。

——$g(x,y)$ 不能写作 g (xy)。

——$\sin(a+\pi)$ 不能写作 $\sin a+\pi$。

③ 对数符号要用对。log$x$ 的表示方法是错误的，因为它没有指出底数。

——$\log_a x$ 指以任意数 a 为底数的对数。

——ln$x$ 指以 e 为底数的对数。

——lg$x$ 指以 10 为底数的对数。

——lb$x$ 指以 2 为底数的对数。

10.2.3.9 数学公式

（1）公式的类型

公式（方程式）有两类：量关系式——用物理量符号代表量值（数值乘以单位）和数值关系式。数值关系式与所选用的单位有关，而量关系式的优点是与所选用的单位无关。因此，通常都优先采用量关系式。

在量关系式和数值关系式之间应首选前者。公式应以正确的数学形式表示。由字母符号表示的变量,应随公式对其含义进行解释,但已在"符号和缩略语"一章中列出的字母符号除外。公式不应以量的描述性术语或名称的形式表示。

> **范例 10.60:**
>
> $$v = \frac{l}{t}$$
>
> 式中:
> v——一个匀速运动质点的速度;
> l——行距离;
> t——时间间隔。

> **范例 10.61:**
>
> $$v = 3.6 \times \frac{l}{t}$$
>
> 式中:
> v——一个匀速运动质点的速度的数值,单位为千米每小时(km/h);
> l——运行距离的数值,单位为米(m);
> t——时间间隔的数值,单位为秒(s)。

一项标准中同一符号绝不应既表示一个物理量,又表示其对应的数值。例如,在同一项标准中同时使用以上两个示例的公式就会导致 $l=3.6$。

物理量可分为很多类,凡可以相互比较的量都称为同一类量。例如长度、直径、距离、高度、波长等就是同一类量。若在同一类量中选出一个称之为单位的参考量,则这一类量中的任何其他量都可用这个单位与一个数的乘积表示,而这个数就称为该量的数值。由此,可用量与单位的比值来表示数值。在曲线图的坐标轴上和表的表头上尤其适合用这种表示法。例如 $v/$(km/h),l/m,t/s。

(2)表示

应尽可能避免使用多于一个层次的上标或下标符号,同样,还应避免使用多于两行的符号和公式,尽可能减少"行"。

(3)编号

需要编号时,用从1开始的带圆括号的阿拉伯数字连续编号,每个附录重新由1开始。

10.2.3.10 尺寸和公差的表示

尺寸和公差应以无歧义的方式表示。

> **范例 10.62:** 80mm×25mm×50mm(不写作 80×25×50mm)

范例 10.63：80μF±2μF 或（80±2)μF（不写作 80±2μF）

范例 10.64：10kPa～12kPa（不写作 10～12kPa）

范例 10.65：0℃～10℃（不写作 0～10℃）

范例 10.66：正确书写百分数：63%～67%（不写作 63～67%），(65±2)%（不写作 65±2%)。

10.2.3.11 规范汉字和标点符号

标准中应使用规范汉字。标准中使用的标点符号，应符合 GB/T 15834—2011《标点符号用法》的规定。

GB/T 15834—2011 规定了标点符号的名称、形式和用法。适用于汉语书面语。

（1） GB/T 15834—2011 对句子和词语的定义

① 句子 sentence 前后都有较大停顿，并带有一定的语气和语调，表达相对完整意义的语言单位。

② 复句、分句 complex sentence, clause 意义上有密切关系的小句子组织在一起构成一个大句子。这样的大句子叫复句，复句中的每个小句子叫分句。

③ 语段 expression 语言片段，是对各种语言单句（如词、短语、句子、复句等）不做特别区分时的统称。

（2） GB/T 15834—2011 对标点符号的分类

GB/T 15834—2011 列出了我国常用的标点符号 17 种，根据它们的用途可分为两大类。

1）点号

点号主要用于表示文字、说话的停顿和语气。点号又分为句末点号和句内点号。

① 句末点号用在句子的末尾，表示句末的停顿和句子的语气。包括句号"。"、问号"？"、叹号"！"三种。

② 句内点号用在句内，表示句内各种不同性质的停顿。包括逗号"，"、顿号"、"、分号"；"、冒号"："四种。

2）标号

标号主要用于标示某些成分（主要是词语）的特定性质和作用。常用的标号有 10 种，即引号、括号"（）"、破折号"——"、省略号"……"、着重号"﹒"、连接号"—、——、-、～"、间隔号"·"、书名号"《》、〈〉"、专名号"＿"（下划线）和分隔号"/"。

（3）标准中常用的标点符号

① 句号　句号用于陈述句末尾的停顿或用于语气舒缓的祈使句的末尾。

② 逗号　逗号主要用于句子内部主语与谓语之间的停顿、句子内部谓语与宾语之间的停顿、句子内部状语之后的停顿以及复句内各分句之间的停顿（有时要用分号）。

③ 顿号　顿号用于句子内部并列词语之间的停顿。

④ 分号　分号主要用于复句内部并列分句之间的停顿及分行列举的各项之间的停顿。

⑤ 冒号　冒号主要用于称呼语、提及性词语及总结性词语之后的停顿，用来提起下文或总结上文。

⑥ 引号　引号用于标示直接引用的对象、需要着重论述的对象或具有特殊含义的词语。

⑦ 括号　括号用于标示行文中注释性的内容。如果括号里的内容是注释句子里的某些词语的，括号要紧贴在被注释词语之后；如果括号里的内容是注释整个句子的，括号要放在句末的标点之后。

⑧ 破折号　破折号主要用于文中解释说明的语句或列项的各项之前。

⑨ 连接号　标准中使用的连接号主要用于相关字母、数字、文字之间的连接，表示相应的事物或数值范围。如"ZJ-20WG""20kg～40kg"。

10.2.3.12　标准的终结线

标准的最后一个要素之后，应有标准的终结线，如图10-11所示。

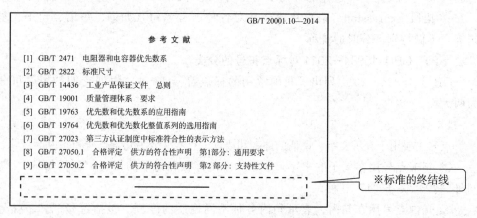

图10-11　标准的终结线

细节注释：

※终结线的画法：居中，长度为版面四分之一的粗实线。不能另起一页编排。

标准的终结线是一个具有极大实际意义的标记，可以用来检查标准文本的篇幅是否完整。标准草案中有关终结线的问题：一是漏画；二是位置不对，如画在一页的最上端。

第 11 章 技术交流材料

11.1 什么是技术交流

技术交流是各技术实力单位之间相互提供、传递、利用科技成果和先进技术的活动。技术交流就是要消除客户的疑虑，努力证明自己和其他供货商有什么技术区别，让企业明白这些技术区别对企业的重要意义，从而可以让企业很简单地做一个选型判断。

技术交流人员应具备的能力要求主要体现在以下几个方面。

① 沟通能力　善于交流，有良好的沟通能力和技巧。

② 语言表达　具有较好的心理素质，在演讲和答辩方面受过一定的训练。

③ 写作能力　具有较好的写作能力，能熟练地编写方案、标书等各种技术文件。

④ 熟悉公司的产品和技术　对公司的开发能力、技术优势、技术劣势、生产周期、配套能力等有比较清楚的认识，具有宏观思考、快速制订初步方案的能力。

⑤ 了解用户的使命任务　了解其任务目标与使用的装备的性能、功能之间的因果关系，从而更好地理解用户需求，并能帮助用户规划其装备的技术状态。

⑥ 熟悉用户对装备的使用方式　能够分析其业务流程，了解其项目、经费的审批手续，从而清晰地判断用户需求的必要性和紧迫程度，既能抓住市场机遇，又能防止过度、过早投入；知道国内外同类产品、公司的状态；具有比较全面的专业技术知识，熟悉本行业当前的技术发展方向，了解国内外总体技术水平。

⑦ 知道竞争对手进展状态　了解同类产品及竞争对手的情况和特点，了解可能的合作伙伴的情况和特点，对行业内的知名专家、学者的情况有所了解，认识乃至熟悉其中一些人；了解项目招投标的一般程序；了解市场工作的一些制度规定等，如礼仪、着装、接待、拜访等细节要求，以及出差、报销等各种办事流程。

技术交流人员最重要的工作目标是通过技术交流实现用户对公司的认同。在技术交流过程中可以击败竞争对手，给对手设置门槛，并了解对手设置的门槛，集中一点，做最有效的攻击，实事求是，击败竞争对手。

用户的需求从来都不是单纯地为了解决技术问题，而是因为用户为了达成他自己的任务目标，需要一定的技术手段和途径。要赢得用户的信任，在考虑公司利益的同时，还应该真正从用户利益的角度来考虑问题，对技术方案的评价应该诚实、中肯。不要一味地为自己的方案贴金，而把对手贬得一文不值，这样的效果往往会适得其反，丧失用户的信任。

与用户沟通的目的是取得用户的认同。取得用户认同最好的方法就是赞成用户已经认同的观点。因此，与用户的沟通，通常都有这样的一个过程：试探和辨别用户的特点，逐步地了解用户的关注点；通过一些观点或技术的陈述，引导用户说出需求，并为说服用户营造声势；选择合适的技术方案和游说策略，说服用户接受自己的方案。

11.2 技术交流材料的主要内容

技术交流材料主要让客户了解以下信息：
① 让客户了解公司实力。
② 让客户对产品有初步认识。
③ 为客户启动项目提供可行性建议分析或者用于客户初步选型阶段以期入围；针对企业业务问题提供诊断和实施的系统建议，解决方案介绍供应商的技术能力，实施计划强调实施能力和服务能力等优势。
④ 帮助客户对比不同供应商综合实力、技术能力和实施能力。
⑤ 充分说明公司各个方面综合实力以战胜对手。

工欲善其事，必先利其器。技术交流材料要合理充分使用各种视频、图片、PPT、Word 软件等工具。下面以上海纽京工业设备有限公司的技术交流 PPT 为例进行介绍。

11.2.1 封面

PPT 的封面应包含公司商标、交流题目、公司名称、交流日期等，如图 11-1 所示。

11.2.2 目录

技术交流 PPT 的目录如图 11-2 所示。

11.2.3 公司简介

公司简介主要介绍企业资质、知识产权、主要客户、制造能力等，如图 11-3～图 11-8 所示。

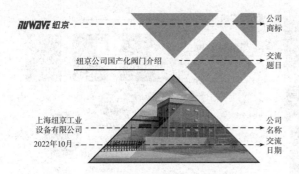

图 11-1 技术交流 PPT 的封面

图 11-2 技术交流 PPT 的目录

上海纽京公司是一家专业致力于严苛工况应用阀门零泄漏解决方案的高新技术企业。纽京公司2009年注册于上海市枫泾镇—张江高新技术产业开发区枫泾工业园，占地面积达23000多平米，注册资金1.2亿元，在册员工两百多人。

两大核心技术：
- 一、金刚石处理技术
  表面硬度达到HRC80以上，使用寿命是超音速喷涂碳化钨的3倍以上，也是目前国内第一家研发与工业化生产的阀门企业。
- 二、360°逐步镜面配磨技术
  可解决硬密封球阀达到Ⅵ级密封要求，并能实现批量化智能制造。

三大拳头产品：
- 一、高温高压球阀（CLASS4500 NPS8、538℃、氢气介质，临氢高温高压球阀）
- 二、超耐磨球阀（S-zorb耐磨程控阀、锁渣阀、硅化工耐磨阀等）
- 三、高频开关阀门（开关使用寿命达到三年300万次的PDS阀门）

图 11-3 技术交流 PPT 的公司简介页面

图 11-4 技术交流 PPT——企业资质

图 11-5 技术交流 PPT——公司知识产权

图 11-6 技术交流 PPT——主要客户

图 11-7 技术交流 PPT——制造能力

图 11-8 技术交流 PPT——洁净车间情况

11.2.4 主要产品及核心技术

技术交流 PPT 的主要产品及核心技术如图 11-9~图 11-12 所示。

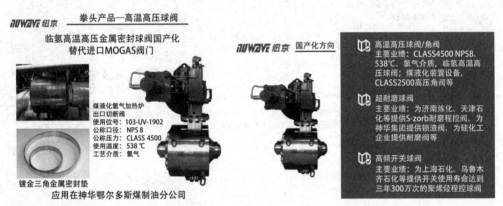

图 11-9 技术交流 PPT——主要产品一

图 11-10 技术交流 PPT——主要产品二

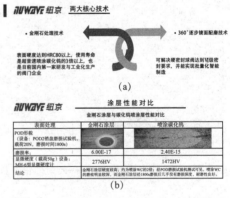

图 11-11 技术交流 PPT——产品介绍

图 11-12 技术交流 PPT——核心技术介绍

11.2.5 应用案例

技术交流 PPT 的产品应用案例如图 11-13 和图 11-14 所示。

图 11-13　技术交流 PPT——产品应用案例一　　图 11-14　技术交流 PPT——产品应用案例二

11.3　技术交流人员应遵守的原则

① 避免与客户谈论价格、成本、周期等信息，做好与市场人员的配合。在和客户交流时，遇到价格询问的时候怎么办呢？"标准"的回答是：对不起，我是技术人员，不了解具体价格，若您需要我请市场人员和您联系。

② 不要过多地炫耀技术，适可而止。没有经过事前的准备，也没有与市场人员沟通过，就炫耀技术，会造成以下不好的影响：一是现场效果不可控，如演示时可能会有意想不到的情况发生；二是"炫"出来的技术不符合客户的口味，结果反而给客户留下不好的印象；三是可能冲击公司在这个市场产品状态的完整布局，导致现有的产品或技术推销不出去，造成被动。

③ 不要与客户争执技术观点，即使你是对的。客户中每人的技术水平相差很远，既有专家，也有非技术出身的管理人员，所以在对客户不是很了解的时候，不要与客户争执技术上的观点，即使你是正确的，尤其不要反驳已经成为事实的东西，看起来技术上不合理的东西，但它已经存在，存在就是合理。

④ 善于提炼亮点，展示出差异优势。真正理解技术问题的人，善于把复杂的问题简单化。所谓"简单"并不是简化，而是能切中要害，深入浅出地表达出要点。所以，提炼出产品的技术亮点，是技术人员与客户交流的基础功课。"人无我

有，人有我精，人精我特"，有时候不一定是做出来的，而是讲出来的。

⑤ 与客户交流的目的不是技术演讲，让客户开口很重要，要给自己倾听的机会。技术交流的第一个阶段，是让客户了解你能做什么。第二阶段是客户想做什么，也就是了解客户的需求，只有这个环节清楚、明确，第三阶段的技术方案才能有的放矢、切中要害。技术交流是相互了解，不是演讲比赛，多获得有用的信息才是交流的真正目的。

⑥ 学会对客户信息的敏感，使你与市场人员配合默契。设计师负责技术方面的工作，一般对客户和市场信息不是很关心，但作为技术人员，会有经常了解到客户信息的机会。而且客户一般对工程师也比对销售人员要"坦诚"一些，因为他知道销售人员的目的就是卖给他产品，而技术人员是帮助他解决问题。所以，技术人员要注意与市场人员的配合，收集更多的客户信息，并及时反馈。

⑦ 给客户的每份资料都是经过认真准备的。资料往往是客户对你产品与服务的第一印象，印象不好，可能就没有进一步的机会了。客户"有兴趣"学习时，往往是对某种技术有实际的需求，也是厂家进行"技术洗脑"的最好时机，先入为主是大多数人的习惯。所以，客户主动索要资料的时候，一定要重视给出的每一份"资料"的质量。

11.4 技术交流材料PPT的注意事项

（1）内容充实图表化

研究发现，人们在看方案时，大部分注意力都会集中在有图表的页面，特别是整体解决方案示意图的页面。为方便阅读，要在前面对方案的关键点有所论述；结束时，还要重复这些关键点。最好把这些关键点用图形方式表示出来。

（2）关键特点突出化

在方案的开始，一定要用一句话总结方案的特点，最好能直击客户痛点。要化繁为简，给方案更准确的定位，必要的话用一个关键词给自己贴一个标签。客户需要知道：企业到底擅长什么，与其他企业的区别在哪里。撰写时，必须明确方案的独特卖点是什么，试着用一句话、一个关键词总结出来，在方案中进行适当的重复加强。

（3）排版装帧精美化

一份装帧精美、排版认真的方案往往给人以专业感。建议请专门的美工对方案中的文字、图表进行一套标准的设计、排版，这可以大大提升方案的整体可读性。少写一些文字，多在排版上动脑筋。可读性好的PPT往往有"留白"。段落之间保持适当距离，必要时边框合理留白会让一份方案可读性大大提高。

（4）素材积累规范化

PPT 中很多素材是可以通用的，要注意随时积累补充完善和归类存档，这样写作时才不会因为寻求这些基本素材而浪费大量时间。

11.5 参考资料的收集

（1）资料网

方案领域：书籍、白皮书、研究院报告。比如悟道方案网、河姆渡方案馆。

产品领域：书籍、白皮书、研究院报告。

（2）资料普通搜索

搜索网站：百度搜索、微信文章搜索、今日头条搜索、招投标网站搜索（中国采购与招标网、千里马网、采招网等）、论文网站搜索（知网、爱学术等）等。

对标（竞品）公司搜索：找到一个好的对标公司，不仅会为我们厘清思路，还会为我们提供很多好的素材内容。建议写方案时，找两到三个对标公司参考。

关键词搜索：搜索时，多增加关键词以搜索到更加准确的内容。

（3）个人资料库整理

我们平时看到好的素材要积累下来，以便节省每次找资料的时间，主要积累以下类型的资料。

① 官方政策文件。

② 竞品公司资料梳理。

③ 行业新的白皮书、研究报告等。

资料一定要分门别类整理好，以方便查阅。

参考文献

[1] 周志舰,王伟程. 技术合同签订实务 [M]. 北京:知识产权出版社,2009:225.

[2] 关键的技术合同 [M]. 北京:中国民主法制出版社,2003:391.

[3] 白慧茹,李树文. 浅谈大数据时代人工智能在计算机网络技术中的应用 [J]. 信息记录材料,2021,22(9):85-86. DOI:10.16009/j.cnki.cn13-1295/tq.2021.09.039.

[4] 牛硕,林明奇. 浅谈人工智能技术与自动化控制 [J]. 石油化工自动化,2021,57 (S1):66-68.

[5] 李巨远,骆佳录,李晨,等. 现代人工智能技术在机械电子工程中的应用 [J]. 现代制造技术与装备,2022,58 (1):179-181. DOI:10.16107/j.cnki.mmte.2022.0055.

[6] 李来库等. 怎样写好科技论文 [EB/OL]. 2012-03-03 [2023-02-20]. https://www.doc88.com/p.141805095070.html.

[7] 有关量、单位和符号的一般原则(GB 3101—1993) [S]. 北京:中国标准出版社,1993.

[8] 出版物上数字用法的规定(GB/T 15835—2011) [S]. 北京:中国标准出版社,2011.

[9] Liu C,Sun S,Zhu X,et al. Metals smelting-collection method for recycling of platinum group metals from waste catalysts:A mini review [J]. Waste Management & Research,2021,39 (1):43-52.

[10] Jiang D Y,Zhang H,Kumar H,et al. Automatic control model of power information system Access based on artificial intelligence technology [J]. Mathematical Problems in Engineering,2022:5677634.

[11] Li G,Zhou Y,Liu F,et al. Regional difference and convergence analysis of marine science and technology innovation efficiency in China [J]. Ocean & Coastal Management,2021,205:105581.

[12] Liu C,Sun S,Zhu X,et al. Platinum recovery from hydrometallurgical residue of waste automotive catalysts processing by high-temperature smelting process [J]. Mining,Metallurgy & Exploration,2021,38 (1):203-215.

[13] Liu C,Sun S,Zhu X,et al. Feasibility of platinum recovery from waste automotive catalyst with different carriers via cooperative smelting-collection process [J]. Journal of Material Cycles and Waste Management,2021,23 (2):581-590.

[14] 高圣平,马志雄. 石油工业标准化工作手册 [M]. 北京:石油工业出版社,2010.

[15] 标准化工作导则 第1部分:标准化文件的结构和起草规则(GB/T 1.1—2020) [S]. 北京:中国标准出版社,2020.

[16] 标准编写规则 第10部分:产品标准(GB/T 20001.10—2014) [S]. 北京:中国标准出版社,2015.